ADAC Reiseführer

Schweiz

**Naturschönheiten · Aussichtsgipfel · Dörfer
Museen · Kirchen und Klöster · Hotels · Restaurants**

von Rolf Goetz

☐ Intro

Schweiz Impressionen 6
Blaue Seen, weiße Gipfel –
von Skistars und Meisterschützen

Geschichte, Kunst, Kultur im Überblick 12
Rütlischwur, Reformation und Rotes Kreuz – Alpinisten, Banker, Diplomaten und Tunnelbauer

☐ Unterwegs

Bern und Berner Oberland – Alpenkanton zwischen Alm- und Pistenrausch 18

1 Bern 18
Bummel durchs Mittelalter 19
Am Rande der Altstadt 22
Highlights der Museumslandschaft 23
Riggisberg 24
Emmental 25

2 Gstaad 26
Saanen 26
Simmental 26

3 Thuner See 27
Thun – Schloss Hünegg – Schloss Oberhofen – St. Beatus-Höhlen – Spiez – Niesen

4 Interlaken 30
Harder Kulm 31
Schynige Platte 31

5 Brienzer See 31
Brienz – Freilichtmuseum Ballenberg – Giessbachfälle – Aareschlucht – Rosenlauischlucht

6 Jungfrau 32
Lauterbrunnen – Mürren – Wengen – Grindelwald – Männlichen – Jungfraujoch

Nord- und Ostschweiz – Heimat von Schweizer Banken und Appenzeller Käse 36

7 Basel 36
Vom Münsterhügel zum Petersberg 37
Kultur liegt in der Luft 39
Dornach 41
Augusta Raurica 42

8 Schaffhausen 43
Rheinfall 44

9 Stein am Rhein 45
Kartause Ittingen 45

10 Zürich 46
Westliche Altstadt 46
Am rechten Limmatufer 49
Die ›Goldküste‹ am Zürichsee 52
Innovationen in Zürich-West 52

11 Winterthur 55

12 St. Gallen 55

13 Appenzellerland 58
Stein – Appenzell – Säntis

Zentralschweiz – auf den Spuren Wilhelm Tells 60

14 Luzern 60
Auf der Kapellbrücke über die Reuss 61
Heldengedenken, Natur und Technik 63
Luzerns Hausberg 64
Rund um den Vierwaldstätter See 64

15 Schwyz 66

16 Maria Einsiedeln 66

17 Zug 67

Graubünden – wo der Wintersport laufen lernte 69

18 Chur 69
Via Mala 70
Zillis 70

19 Surselva 72
Rheinschlucht – Flims – Laax –
Falera – Ilanz – Disentis – Val Lumnezia

20 Arosa 74

21 Davos 75
Freizeit- und Skizirkus total 76
Klosters 77

22 St. Moritz 78
Samedan 79
Silvaplaner See 79
Sils-Maria 79

23 Pontresina 80
Val di Poschiavo 81

24 Scuol 82
Guarda 83

25 Kloster St. Johann in Müstair 84

26 Bergell 85

Tessin – Sonnenstube der Schweiz 86

27 Bellinzona 86

28 Valle di Blenio 88
Lottigna – Olivone – Acquacalda –
Valle Leventina

29 Lugano 89
Gandria 92
Morcote 92

30 Locarno 93
Val Verzasca 96
Corippo 96
Lavertezzo 96

31	**Ascona** 97
	Ronco sopra Ascona 98
	Isole de Brissago 99
32	**Valle Maggia** 100
	Cevio – Valle de Bosco –
	Val Bavona – Val Lavizzara
33	**Centovalli** 101
	Verscio – Intragna – Rasa

Wallis – Naturidyll zwischen Rhônetal und Matterhorn 102

34	**Brig** 102
	Grosser Aletschgletscher 103
35	**Zermatt** 104
36	**Saas-Fee** 106
37	**Leukerbad** 107
38	**Crans-Montana** 108
	Bella Lui 108
	Val d'Anniviers 108
39	**Sion** 109
40	**Martigny** 110
	St-Maurice 111
	Verbier 111

Genf und Westschweiz – französisches Savoir-vivre und kosmopolitisches Flair 113

41	**Genf** 113
	Vieille Ville, die Altstadt 115
	Attraktionen am See 117
	Internationale Angelegenheiten 117
42	**Lausanne** 118
43	**Montreux** 121
	La Tour-de-Peilz 122
	Vevey 122
	Weinbaugebiet Lavaux 122
44	**Fribourg** 123
	Gruyères 124
	Pringy 124
45	**La Chaux-de-Fonds** 125
46	**Biel** 125
47	**Solothurn** 126

Schweiz Kaleidoskop

Olala – was für Kurven 29
Traumpfade für Höhenwanderer 34
Die Narren sind los 41
Heidiland 72
Klimawanderweg und Bergtour 81
Über Stock und über Stein 83
Hermann Hesse im Tessin 92
Der Berg der Wahrheit 100
Im Schnellzug durch die Berge 106
Auf Messers Schneide 126
Mythos Gotthard 131
»Isch es rächt gsi?« – Spezialitäten vom Aargau bis Zürich 133
Alles Käse – oder was? 134

Karten und Pläne

Schweiz – vordere Umschlagklappe
Bern, Genf, Zürich – hintere Umschlagklappe
Bern 20
Basel 39
Zürich 50
Luzern 62
Lugano 90
Locarno 94
Genf 114
Lausanne 118

☐ Service

Schweiz aktuell A bis Z 129

Vor Reiseantritt 129
Allgemeine Informationen 129
Anreise 130
Bank, Post, Telefon 131
Einkaufen 132
Essen und Trinken 132
Feiertage 134
Festivals und Events 134
Klima und Reisezeit 135
Sport 136
Statistik 137
Unterkunft 138
Verkehrsmittel im Land 138

Register 141

Liste der lieferbaren Titel 140
Impressum 143
Bildnachweis 143

Leserforum

Die Meinung unserer Leserinnen und Leser ist wichtig, daher freuen wir uns von Ihnen zu hören. Wenn Ihnen dieser Reiseführer gefällt, wenn Sie Hinweise zu den Inhalten haben – Ergänzungs- und Verbesserungsvorschläge, Tipps und Korrekturen –, dann kontaktieren Sie uns bitte:

**Redaktion ADAC Reiseführer
ADAC Verlag GmbH
Hansastraße 19, 80686 München
Tel. 089/76 76 41 59
reisefuehrer@adac.de
www.adac.de/reisefuehrer**

Schweiz Impressionen
Blaue Seen, weiße Gipfel – von Skistars und Meisterschützen

In der 41 285 km² großen Alpenrepublik verbinden sich auf vergleichsweise engem Raum grandiose Natur- und traditionelle Kulturräume mit moderner Infrastruktur und perfektem Service zu einem reizvollen **Reiseland** im Herzen Mitteleuropas.

Die Schweiz hat ganzjährig Saison, wenn auch nicht überall gleichzeitig. Im Frühling verzaubert die **italienische Schweiz** durch ihre geradezu subtropische Blütenpracht. Dann wetteifern in den Tessiner Ferienorten Ascona und Locarno duftender weißer Oleander mit feuerroten Bougainvilleen und gelben Mimosen, und im lauen Seewind des Lago Maggiore rauschen Palmblätter. Im **Gebirge** hingegen zeigt sich das zaghafte Erwachen der Alpenflora erst im Juni, doch gerade dann bereitet das **Wandern** auf alten Säumerpfaden und dem vorbildlich ausgeschilderten Wegenetz besonders viel Vergnügen. Überhaupt spielt sich das Schweizer Leben im Sommer bevorzugt draußen ab: Abends flaniert man auf Promenaden und an Seeufern, genießt z. B. im August in **Lugano** oder **Zürich** ein *Seenachtsfest* mit prächtigem Feuerwerk. Zu dieser Jahreszeit präsentiert sich das Binnenland Schweiz dank seiner mehr als hundert Seen auch als wahres **Wassersportparadies**, in dem nach Herzenslust gesurft, gesegelt oder gebadet wird. In vielen der Schweizer Strandbäder, so in *Weggis* am Vierwaldstätter See, lässt sich der Wasserspaß mit einem herrlichen Panoramablick auf die Berge kombinieren.

Schön ist auch der Herbst, zumal im **Engadin**, wenn die Luft wunderbar klar

Oben: *Der 2002 m hohe Aussichtsberg Molésor ragt über Gruyères auf*
Unten: *Die Halfpipe am Gletscher von Laax lässt Snowboard-Profis abheben*
Rechts oben: *Gemütliche Fähren überqueren den Rhein in Basel*
Rechts: *Der Grindjisee ist ein beliebtes Wanderziel am Fuße des Matterhorns*

ist und das Gelb der Lärchen reizvoll mit dem satten Grün der Arven und Tannen kontrastiert. Im **Bergell** nahe der Grenze zu Italien wecken dann rot-goldene Kastanienwälder Assoziationen an den ›Indian Summer‹ – ein Farbenschauspiel, das in den Tälern des Tessins bis in den November hinein andauern kann.

Ja, und dann der Winter mit all seiner weißen Pracht! Hunderte von Bergbahnen und Schleppliften erschließen die Schweizer Alpen für die **Wintersportler**. Die Saison beginnt zwei Wochen vor Weihnachten und dauert bis in den April hinein. Gäste haben unter mehr als 30 Skigebieten die Qual der Wahl. Snowboarder zieht es nach Verbier, Arosa und Laax, der Jetset logiert in St. Moritz und Gstaad. Davos schließlich als das größte Alpinzentrum der Schweiz ist für Schneefans jeder Couleur gerüstet.

Eidgenossen und Vereinte Nationen

Vielfältig ist die Schweiz und doch gleichen sich ihre rund 7,8 Mio. Bewohner, die in 26 Kantonen leben, hinsichtlich Traditionsbewusstsein und ihrer Liebe zu Ordnung und Struktur. Diesbezüglich sind sie in der Tat ›ein einig Volk von Brüdern‹, wie es Friedrich Schiller 1804 in seinem Drama ›Wilhelm Tell‹ im **Rütlischwur** formu-

lierte. Diese Worte lässt der Dichter die Vertreter der Urkantone Uri, Schwyz und Unterwalden sagen, als sie sich – historisch verbürgt – im August 1291 auf der Rütliwiese über dem Vierwaldstätter See trafen, um ein Schutz- und Trutzbündnis gegen die damaligen Habsburger Landesherren zu schließen. Das war die Geburtsstunde der **Schweizer Eidgenossenschaft**. Nicht weniger bekannt ist die zur selben Zeit spielende – legendäre – Geschichte des **Wilhelm Tell**. Sie erzählt von dem versierten Armbrustschützen, der gezwungen war, zunächst seinem Sohn Walter in dem Ort *Altdorf* einen Apfel vom Kopf und später bei *Küssnacht* dem Landvogt Heinrich Gessler einen Pfeil ins Herz zu schießen.

Solch aufregende Zeiten gehören freilich längst der Vergangenheit an. Heute treffen sich Politiker aus aller Welt in der **neutralen Schweiz**, um hier über im wahrsten Sinne des Wortes weltbewegende Fragen zu verhandeln. Besonders bekannt ist in diesem Zusammenhang **Genf**, die weltoffene Metropole am gleichnamigen See, europäischer Sitz der *Vereinten Nationen* (United Nations, UN) und Hauptquartier bedeutender internationaler Organisationen wie *Rotes Kreuz* oder *Weltgesundheitsorganisation* (World Health Organization, WHO).

Einen hervorragenden Ruf genießt die Schweiz aber auch als innovativer **Wirtschaftsstandort**. Hier werden erstklassige Konsumgüter gefertigt, von einfalls-

reichen Taschenmessern bis zu zuverlässigen Präzisionsuhren. Eine führende Rolle in der internationalen **Finanzwelt** spielen die Schweizer Banken, die sich bevorzugt in Zürich oder Lugano niedergelassen haben. Ihre Diskretion war früher geradezu sprichwörtlich. Doch im Kampf gegen Geldwäsche und Steuerhinterziehung hat sich die Schweiz beim Bankgeheimnis internationalen Gepflogenheiten schon sehr angenähert.

Alpenglühn und Kunstschaffen

Das topografische Gesicht der Schweiz wird im Wesentlichen von Bergen bestimmt, liegt doch über die Hälfte (60 %) der Landesfläche in den **Alpen**, bekrönt von unzähligen Dreitausendern und 55 Viertausendern. Der höchste Schweizer Gipfel ist die **Dufourspitze** (4634 m) im Monte-Rosa-Massiv, den Titel des markantesten Berges beansprucht das weltberühmte **Matterhorn** (4478 m) für sich. Der **Eiger** (3970 m) mit seiner berüchtigten Nordwand schließlich hat sich einen Namen als gefährlichster Kletterplatz der Alpen gemacht.

In den Alpen vereinen sich eiszeitliche Gletscher, Wasserfälle, Wildbäche und stille Bergseen zu einem facettenreichen Naturraum. Der **Aletschgletscher** im Wallis ist mit 23 km das längste Eisfeld der Alpen, ebenso locken der tosende **Rheinfall** bei Schaffhausen, der romantische **Vierwaldstätter See** oder die wilde Klamm der **Via Mala** am Unterrhein.

Die Schweizer Bergwelt ist als **Ferienregion** bestens erschlossen, und wo keine Straße hinaufführt, bringen *Seilbahnen* Erholungsuchende bequem in luftige Höhen. Stolze 6240 m etwa legt die Kabinenumlaufbahn von Grindelwald aus auf den Aussichtsgipfel des Männlichen zurück.

Links oben: *Wertvollste Bücher besitzt die Stiftsbibliothek St. Gallen*
Links Mitte: *Das Bilderbuchdorf Soglio im Bergell im Oberengadin*
Links unten: *Die berühmte Confiserie Sprüngli in Zürichs Bahnhofstrasse*
Links: *Asconas Promenade am Nordufer des Lago Maggiore*
Oben: *Skigebiet von Zermatt mit Blick auf das Matterhorn*

Besonders unbeschwert kann man die grandiosen Berge bei einer *Zugfahrt* kennenlernen. Der **Bernina Express** etwa macht sich zwischen Frühling und Herbst auf die Reise, vorbei an blühenden Alpwiesen und hoch aufragenden Felsgiganten. Von Chur in Graubünden geht die Fahrt über den 2253 m hohen Berninapass in mehreren Schleifen hinab ins pittoreske Engadin und nach Italien, zum Zielort Tirano in der Lombardei.

Die Bernina/Albula-Route der Rhätischen Bahn hat es sogar zum **Weltkulturerbe** der UNESCO gebracht. Wie auch das Weinbaugebiet Lavaux am Genfer See und die Uhrenindustrie von La Chaux-de-Fonds und Le Locle. Dazu hat die UNESCO vier herausragende bauliche Ensemble in der Schweiz zum Weltkulturerbe erklärt, nämlich das karolingische Kloster St. Johann in Müstair, den spätbarocken Stiftsbezirk in St. Gallen, das mittelalterliche Burgentrio in Bellinzona und die ebenfalls mittelalterliche Altstadt von Bern.

Auch sonst ist die kleine Schweiz als **Kulturland** ganz groß. Es gibt z. B. die gotische *Kathedrale* von Fribourg oder das *Münster* von Basel zu bewundern, prunkvollen Barock etwa in *Solothurn*, der ›Märchenstadt mit den goldenen Dächern‹, und feudale Prachtbauten wie das auf das 11. Jh. zurückgehende *Château de Chillon* bei Montreux. Wegen ihrer malerischen Lage hoch über Locarno und der opulenten Innenausstattung aus dem 19. Jh. nimmt auch die Wallfahrtskirche *Madonna del Sasso* eine Sonderstellung ein.

Auch die Großen der modernen **Architektur** haben in der Schweiz ihre Spuren hinterlassen, z. B. *Le Corbusier* 1967 mit dem Heidi-Weber-Haus in Zürich oder *Mario Botta* mit der 1995 erbauten Kirche San Giovanni Battista in Mogno.

Ebenso stilvoll gibt sich die traditionelle Baukunst. Stellvertretend seien die massiven Holz- und Speicherbauten der *Walser* oder die archaisch anmutenden Bruchsteinhäuser im *Bergell-Tal* genannt. Oft dokumentieren in diesen Tälern kleine heimatkundliche Museen den bäuerlichen Lebensstil von anno dazumal.

Auch in anderen Landesteilen ist die **Museumslandschaft** der Schweiz außerordentlich reichhaltig. Selbstverständlich bieten die mehr als 700 Sammlungen Berühmtes aus heimischen Ateliers, allen voran Arbeiten von Arnold Böcklin, Ferdinand Hodler, Paul Klee, Jean Tinguely oder Alberto Giacometti. Daneben präsentieren die *Kunstmuseen* von Bern und Basel, das *Landesmuseum* in Zürich oder die *Pinacoteca Casa Rusca* in Locarno Meisterwerke internationaler Provenienz. Da finden sich Gemälde von Francisco

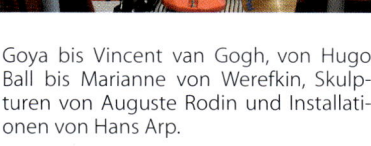

Goya bis Vincent van Gogh, von Hugo Ball bis Marianne von Werefkin, Skulpturen von Auguste Rodin und Installationen von Hans Arp.

Rösti und andere Gaumenfreuden

Exportschlager der Schweizer Küche sind *Fondue* und *Raclette* sowie das deftige Kartoffelgericht *Berner Rösti*. Die Eidgenossen ihrerseits ließen sich kulinarisch von den Nachbarländern anregen. So kann man heute im Alpenland französische Haute Cuisine ebenso genießen wie köstliche Pastagerichte *all'italiana* oder die den schwäbischen Kässpätzle nachempfundenen ›Knöpfli‹ mit würzigem Appenzeller oder Emmentaler Bergkäse. Von höchster Qualität und daher weltweit begehrt sind auch die feinen *Schokoladen* und *Pralinen* der Schweizer Confiserien.

Oben links: *Einem Triumphbogen gleich: der Haupteingang des Züricher Hauptbahnhofs*
Oben rechts: *Romantik pur verströmt Gandria am Luganer See*
Unten links: *Die Jungfraubahn erklimmt die Kleine Scheidegg*
Unten rechts: *Der Jazz Train gehört zum Montreux Jazz Festival*

Geschichte, Kunst, Kultur im Überblick
Rütlischwur, Reformation und Rotes Kreuz – Alpinisten, Banker, Diplomaten und Tunnelbauer

um 11 000 v. Chr. Steinzeitliche Jäger und Sammler leben im Gebiet des heutigen Graubünden.
um 4000 v. Chr. An den Ufern des Zürichsees entstehen Pfahlbausiedlungen.
5. Jh. v. Chr. In Mitteleuropa entwickelt sich die etwa 400 Jahre andauernde keltische Latènekultur. Der Name geht zurück auf den Ort La Tène am Neuenburger See, der wegen seiner Gräber und reichen archäologischen Funde aus dieser Epoche berühmt ist.
1. Jh. v. Chr. Der keltische Stamm der Helvetier wandert von Süddeutschland ins Schweizer Mittelland und den Jura ein.
ab 58 v. Chr. Römische Truppen unter Julius Cäsar unterwerfen die Helvetier und erobern die Schweiz. Die Römer legen Straßen an, gründen Städte und bauen Tempel. Etwa 20 000 Menschen leben zu dieser Zeit in Aventicum (Avenches), der Hauptstadt Helvetiens.
ab 445 n. Chr. Die Römer werden im Norden und Westen von Alemannen und Burgundern zurückgedrängt, die im Laufe des 6. Jh. ihrerseits von den Franken vertrieben werden.
612 Irische Wandermönche missionieren in der Nord- und Zentralschweiz. In St. Gallen und Luzern entstehen erste Klöster.
800 Unter Kaiser Karl dem Großen ist die Schweiz Teil des Fränkischen Reichs.
Ende 9. Jh. Nach dem Niedergang des Frankenreiches fällt die Westschweiz an das Königreich Burgund, der übrige Teil wird dem Herzogtum Schwaben zugeschlagen.
1157 Die schwäbischen Herzöge von Zähringen fungieren als Statthalter von Burgund und gründen die Stadt Fribourg.
1191 Der Zähringer Berchtold V. gründet Bern.
1218 Berchtold V. stirbt kinderlos. Sein Reichslehen fällt erst an die erbberechtigten Grafen von Kyburg, dann an Stauferkaiser Friedrich II.
1230 Mit dem Brückenschlag über die Schöllenenschlucht bei Andermatt wird der Passweg über das St.-Gotthard-Massiv zur wichtigsten Nord-Süd-Verbindung über die Alpen.
1231 Die an der St.-Gotthard-Route gelegene Talschaft Uri erhält von Friedrich II. die Reichsunmittelbarkeit, neun Jahre später auch die Region Schwyz.
1273 Rudolf I. von Habsburg wird deutscher König und führt in der heutigen Schweiz eine straffe Verwaltung mit ortsfremden Landvögten ein. In dieser Zeit spielt die Wilhelm-Tell-Sage um den Meisterschützen aus dem Kanton Uri.
1291 Rudolf I. von Habsburg stirbt am 15. Juli in Speyer. Am 1. August schließen sich am Vierwaldstätter See die ›Urkantone‹ Uri, Schwyz und Unterwalden, auch ›Waldstätte‹ genannt, in einem Beistandspakt gegen die Habsburger zusammen. Diesen ›Ewigen Bund‹ beeiden die Abgesandten mit dem ›Rütlischwur‹.
1315 Das Schweizerische Bauernheer der drei Waldstätte besiegt die Habsburger Soldaten in der Schlacht bei Morgaten.
1351 Die freie Reichsstadt Zürich tritt der Eidgenossenschaft bei, es folgen Luzern, Glarus und Zug (1352) sowie Bern (1353). Dieser sog. Bund der ›Acht alten Orte‹ gibt sich den Namen Schwyz.
1460 In Basel wird die erste Universität der Schweiz gegründet.
1477 Die Schweizer besiegen in den Burgunderkrie-

Eingeschworene Gemeinschaft – 1291 leisten Werner Stauffacher, Walter Fürst und Arnold Melchthal den Rütlischwur

Revolutionär Ulrich (Huldrych) Zwingli (1484–1531)

Rhetoriker Jean Calvin (1509–1564)

Rot-Kreuz-Gründer Henri Dunant (1828–1910)

gen auf der Seite Österreichs den Burgunderkönig Karl den Kühnen. Fortan werden die Eidgenossen als wehrtüchtige Söldner geschätzt und ziehen für fremde Mächte in den Krieg.

1481 Fribourg und Solothurn treten der Eidgenossenschaft bei.

1499 Im Schwabenkrieg setzen sich die Eidgenossen gegen die Schwaben, die mit Österreich verbündet sind, durch. Im darauf folgenden Frieden von Basel löst sich die Schweiz vom Heiligen Römischen Reich Deutscher Nation.

1501 Basel und Schaffhausen schließen sich der Eidgenossenschaft an.

1513 Appenzell tritt dem Zusammenschluss bei; der Bund der ›Dreizehn alten Orte‹ ist vollzählig.

1515 In der Schlacht von Marignano besiegt der französische König Franz I. das Heer der Schweizer Söldner in Diensten des Herzogs von Mailand. Im ›Ewigen Frieden von Fribourg‹ verzichten die Eidgenossen 1516 auf machtpolitische Ambitionen und bekennen sich erstmals zur Neutralität. Die Söldnerdienste für fremde Staaten werden eingestellt. Im Gegenzug erhält die Schweiz das Tessin als ›Untertanengebiet‹.

1523 Der Prediger Ulrich (Huldrych) Zwingli leitet in Zürich die Reformation ein, die sich bald auf Bern und Basel ausbreitet. Die Urkantone sowie Fribourg und Solothurn halten am katholischen Glauben fest.

1529–31 Kriege zwischen den protestantischen und den katholischen Kantonen. Zwingli fällt im Oktober 1531 bei Kappel. Die darauf folgenden Friedensvereinbarungen sehen vor, dass jeder Schweizer Ort den Glauben frei wählen darf.

1536 Bern erobert die Region Waadt im Norden des Genfer Sees und führt dort die Reformation ein. Genf entwickelt sich unter dem Theologen Jean Calvin zum europäischen Zentrum der Reformation, dem ›Protestantischen Rom‹.

1618–48 Im Dreißigjährigen Krieg bleibt die Schweiz neutral.

1648 Im Westfälischen Frieden wird die De-facto-Trennung der Schweiz vom Heiligen Römischen Reich Deutscher Nation erstmals offiziell bestätigt.

ab 1653 Der Schweizer Bauernaufstand und konfessionelle Auseinandersetzungen münden in mehrere Bürgerkriege, etwa 1656 dem Ersten und 1712 dem Zweiten Villmerger Krieg. In den jahrzehntelangen Kämpfen behalten die protestantischen Kantone Zürich und Bern schließlich die Oberhand.

1798 Napoleon Bonaparte besetzt die Schweiz und errichtet die Helvetische Republik, einen zentralistischen Einheitsstaat nach französischem Vorbild.

1803 Aufstände der Bevölkerung zwingen Napoleon zur Billigung der ›Mediationsakte‹, in der eine neue Verfassung beschlossen und der Staatenbund der Kantone wiederhergestellt wird. Diesem gehören nun auch die sechs früheren Untertanengebiete St. Gallen, Graubünden, Aargau, Thurgau, Tessin und Waadt an.

1811 Die Aargauer Brüder Rudolf und Hieronymus Meyer besteigen den Gipfel der Jungfrau – Startschuss für die Erschließung der Berner Alpen.

1815 Nach dem Sturz Napoleons werden im August auf dem Wiener Kongress die bis dato französischen Gebiete Wallis, Neuenburg und Genf als neue Kantone der Schweiz zugesprochen. Damit erreicht die Schweiz ihre heutige Ausdehnung. Im Frieden von Paris sichern die europäischen Großmächte der neutralen Schweiz territoriale Unversehrbarkeit zu.

1843 Um ihre Souveränität gegen die protestantischen Kantone zu wahren, bilden die katholischen Kantone den ›Sonderbund‹.

1847 Im Sonderbundkrieg des katholischen Kantons Luzern gegen die reformierten Kantone Bern und Zürich siegen die Protestanten.

1848 Die Eidgenossenschaft gibt sich eine neue Verfassung und wandelt sich so von einem Staatenbund souveräner Kantone in einen föderalistischen Staat mit Zentralregierung. Bern wird dessen Hauptstadt. Amtssprachen sind Deutsch, Französisch und Italienisch.

ab 1855 Angeregt durch Reisebeschreibungen, etwa von Johann Wolfgang von Goethe oder Lord Byron, entwickelt sich der Fremdenverkehr in die Schweizer Alpen. Die seit dem Mittelalter bekannte Heilquelle von St. Moritz wird zu einem Kurbad ausgebaut, Interlaken etabliert sich als Ausgangspunkt für Touren in die Berner Alpen und Luzern am Vierwaldstätter See avanciert zur Sommerfrische des europäischen Geldadels.

1856 In Zürich wird mit der Schweizerischen Kreditanstalt die erste Großbank des Landes gegründet. In den nächsten Jahren steigt die Schweiz zu einem der führenden Finanzzentren der Welt auf.

1863 Der Genfer Philantrop Henri Dunant initiiert das Rote Kreuz, eine unparteiische Hilfsorganisation für Kriegsverwundete.

1865 Eduard Whymper aus England und sechs Begleiter erklimmen erstmals das Matterhorn (4478 m). Beim Abstieg stürzen vier der Alpinisten in den Tod. Seitdem kamen mehr als 4000 Bergsteiger beim Gipfelsturm auf das alpine Wahrzeichen der Schweiz ums Leben.

1871 Der Rigi-Kulm (1798 m) bei Luzern wird durch die erste Zahnradbahn Europas erschlossen.

1882 Eröffnung der St.-Gotthard-Bahn, einem 15 km langen Eisenbahntunnel, der das Tessin mit der Zentralschweiz verbindet.

1887 In La Chaux-de-Fonds im Schweizer Jura erblickt Charles-Edouard Jeanneret das Licht der Welt († 1965). Unter dem Namen Le Corbusier wird der Architekt und Stadtplaner zu einem der einflussreichsten Baumeister der Moderne.

1900 Der Arzt Max Bircher-Benner, Erfinder des Müslis, macht durch Heilerfolge von sich reden, die auf rohkostorientierter Ernährung basieren. In seiner Privatklinik auf dem Zürichberg finden sich namhafte Kurgäste aus ganz Europa ein, u. a. Thomas Mann und Rainer Maria Rilke.

1901 Henri Dunant, Begründer des Roten Kreuzes, und der französische Pazifist Frédéric Passy erhalten den Friedensnobelpreis.

1911 In Zürich wird Max Frisch († 1991) geboren. Er entwickelt sich zu einem der bedeutendsten Vertreter der modernen Schweizer Literatur und ist bekannt für seine Kritik am Schweizer Staat.

1912 Einweihung des höchst gelegenen Bahnhofs Europas in 3454 m Höhe auf dem Jungfraujoch (Gipfelhöhe 4158 m). Die spektakuläre Zahnradbahnstrecke entlang der Eigernordwand entwickelt sich schnell zu einer Touristenattraktion.

1914 Im Ersten Weltkrieg wahrt die Schweiz strikte Neutralität.

1920 Die Schweiz tritt dem im Jahr zuvor gegründeten Völkerbund bei, der bis zu seiner Auflösung 1946 in Genf tagt.

1921 In Konolfingen bei Bern wird Friedrich Dürrenmatt († 1990) geboren, der sich später als Schriftsteller vor allem zu den Themen Macht und Verantwortung äußert.

1928 In St. Moritz finden die 2. Olympischen Winterspiele statt.

1938 Der österreichische Alpinist Heinrich Harrer durchsteigt mit einer bayerischen Seilschaft erstmals die 1800 m hohe Nordwand

Schwindelnde Höhen und Tiefen überwindet die 1882 eingeweihte St.-Gotthard-Bahn

Zwiespältig steht Dramatiker Max Frisch (1911–1991) seiner Heimat gegenüber

des Eiger (3970 m). – Das in einigen Regionen Graubündens gesprochene Rätoromanisch wird offiziell vierte Landessprache der Schweiz.
1939–45 Auch im Zweiten Weltkrieg bleibt die Schweiz neutral. Während des Krieges nimmt die Eidgenossenschaft zahlreiche politische Flüchtlinge auf, weist aber an ihren Grenzen auch Zehntausende jüdischer Flüchtlinge ab.
1946 Nach dem Zweiten Weltkrieg lassen sich viele internationale Organisationen in der Schweiz nieder. Genf wird europäischer Hauptsitz der UNO.
1948 Die Schweiz wird Mitglied der UNESCO. – Zum zweiten Mal nach 1928 richtet St. Moritz die Olympischen Winterspiele aus.
1949 In Genf beschließt die internationale Staatengemeinschaft ein aus vier Teilen bestehendes Abkommen zum Schutz der Kriegsopfer und Zivilbevölkerung. Nahezu alle Länder der Erde unterzeichnen diese Genfer Konventionen.
1971 Auf Bundesebene führt die Schweiz das Wahlrecht für Frauen ein. Die Kantone folgen dem Beispiel zögerlich im Laufe der nächsten Jahre bzw. Jahrzehnte.
1979 Nach zum Teil blutigen Auseinandersetzungen trennt sich die französischsprachige Region Jura vom Kanton Bern und wird als 26. Kanton eigenständig. Hauptstadt ist Delémont.
1980 In Zürich kommt es während der sog. Opernhauskrawalle zu gewalttätigen Zusammenstößen zwischen Jugendlichen und der Polizei. Auslöser sind Pläne der Stadt, die Oper kostspielig umzubauen und gleichzeitig ein autonomes Jugendzentrum zu schließen. Die Unruhen greifen auch auf Bern und Basel über. – Eröffnung des St.-Gotthard-Tunnels, dem mit 16,91 km bis 2000 längsten Straßentunnel der Welt.
1986 Die Schweizer lehnen in einer Volksbefragung den Beitritt zur UNO ab. Doch ist das Land auch als Nichtmitglied in vielen Unterorgani-

Gewissensfragen quälen Friedrich Dürrenmatts (1921–1990) Romanfiguren

sationen der UNO engagiert. – Unfälle in den Basler Chemiefirmen Ciba-Geigy und Sandoz verursachen eine Umweltkatastrophe, da giftige Chemikalien und Löschwasser den Rhein verseuchen.
1990 Als letzter Schweizer Kanton und ›Schlusslicht in Europa‹ führt der Halbkanton Appenzell-Innerrhoden das Frauenwahlrecht ein.
1991 Die Schweiz feiert ihr 700-jähriges Bestehen.
2000 Die UNESCO ernennt die drei mittelalterlichen Burgen von Bellinzona im Tessin zum Weltkulturerbe.
2001 Wie bereits in zwei früheren Referenden (1992 und 1997) entscheiden sich die Schweizer bei einer Volksbefragung gegen einen Beitritt ihres Landes zur EU. – In Davos kommt es am Rande des Weltwirtschaftsforums zu Ausschreitungen zwischen Globalisierungsgegnern und der Polizei. – Die UNESCO nimmt die Bergwelt um Jungfrau, Eiger, Aletschgletscher in die Weltnaturerbeliste auf.
2002 In einer Volksabstimmung entscheiden sich die Schweizer mit knapper Mehrheit für einen Beitritt ihres Landes zu den Vereinten Nationen (UNO).
2003 Der dritte heiße Sommer in Folge beschleunigt den Rückgang der Gletscher. Im Berner Oberland gibt das schmelzende Eis prähistorische Funde frei.
2004 Trotz stark steigender Kosten hält die Schweiz am Bau des Gotthard-Tunnels ›NEAT‹ fest, der mit 57 km der längste Eisenbahntunnel der Welt werden soll. Die Eröffnung ist für 2017 geplant.
2005 Die Schweizer stimmen für den Schengen-Beitritt. – Einweihung des neuen Stade de Suisse in Bern, in dem 2008 die Fußball-EM eröffnet wird. – Die Schweizer sprechen sich gegen gentechnisch veränderte Produkte aus.
2008 Österreich und die Schweiz richten gemeinsam die Fußball-EM aus.
2009 Die Schweiz lockert das Bankgeheimnis, will zukünftig anderen Staaten beim Kampf gegen Steuerhinterziehung Hilfe leisten.
2011 Aufnahme von 56 Pfahlbausiedlungen der Schweiz (weitere 55 anderer Alpenländer) in die Liste des UNESCO-Welterbes.

Wie das Land so die Burgen – eine Augenweide ist das schmucke Schloss Oberhofen am stillen Thuner See

Unterwegs

Bern und Berner Oberland – Alpenkanton zwischen Alm- und Pistenrausch

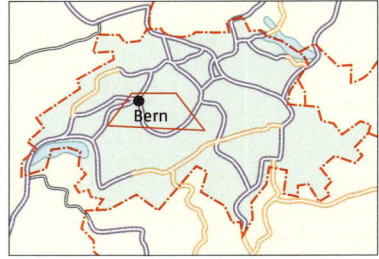

Das Berner Oberland ist *das* alpine Aushängeschild der an grandiosen Naturräumen ohnehin reichen Schweiz. Ein imposantes Hochgebirge, Talmulden mit saftiggrünen Matten und spektakuläre Wasserfälle vereinen sich zu einer Landschaft wie aus dem Bilderbuch. Nur einen Katzensprung entfernt liegt die Hauptstadt **Bern**, deren stimmungsvolle Altstadt auf drei Seiten von der Aare umflossen wird. Bei einem Rundgang darf ein Besuch des *Münsters* ebenso wenig fehlen wie ein Abstecher ins Kunstmuseum oder ein Ausflug in das Zentrum Paul Klee.

Bester Ausgangspunkt für Touren zum Gipfel-Dreigestirn Eiger, Mönch und Jungfrau ist **Interlaken**. Der pittoresk zwischen Thuner und Brienzer See gelegene Ort am Fuß der Drei- und Viertausender ist sozusagen die Wiege des Alpinismus. 1811 bezwangen die Brüder Rudolf und Hieronymus Meyer aus Aarau erstmals den 4158 m hohen Gipfel der Jungfrau. Heute ist die majestätische Bergwelt auch für ›Normalsterbliche‹ perfekt erschlossen. Eine Zahnradbahn führt hinauf zum **Jungfraujoch** (3454 m), 704 m unterhalb der Bergspitze. Der Bahnhof am Joch ist der höchste Europas, weshalb er auch als ›Top of Europe‹ bekannt ist.

1 Bern

»Sie ist die schönste, die wir gesehen haben«, so Goethe 1779 über die Stadt in der Aareschleife mit ihren schier endlosen Laubengängen.

Wie kaum eine andere Schweizer Stadt wird das 540 m hoch gelegene Bern mit Klischees bedacht, sagt man ihm doch nach, es sei eine provinzielle **Verwaltungsmetropole**. Böse Zungen behaupten gar, die Berner hätten die Langsamkeit erfunden, wozu ihr gedehnter Dialekt, das *Bärndütsch*, passen mag. Doch davon einmal abgesehen: Bern ist mit 132 500 Einwohnern die viertgrößte Stadt des Landes und hat eine bildschöne **Altstadt**. Typisch sind die beiderseits der Gassen entlangführenden, insgesamt 6 km langen Arkadengänge mit den darüber vorkragenden Hausdächern sowie die mit originellen Figuren geschmückten Renaissancebrunnen.

Geschichte Den Grundstein Berns legte 1191 der Zähringer Herzog *Berchtold V.* Die Lage hätte nicht besser gewählt sein können: Von drei Seiten durch die Aare geschützt, musste der **Marktort** lediglich nach Westen mit Mauern und Toren befestigt werden. Drei parallel angelegte Straßen durchziehen den so eingefassten lang gestreckten Landsporn von West nach Ost, handtuchschmale Gassen verbinden diese Achsen miteinander.

Bereits 1218 wurde Bern freie Reichsstadt und 1353 das achte Mitglied der damals noch jungen Eidgenossenschaft. In den folgenden 200 Jahren betrieb die städtische Aristokratie eine **Expansionspolitik**, die zu beträchtlichen Gebietsgewinnen führte. In den Berner Alpen gelegene Bauernkommunen wie das *Haslital* und das *Saanenland* wurden genauso unterworfen wie *Waadt* am Genfer See oder das hochsavoyische *Chablais* – Bern stieg im 16. Jh. zum mächtigsten Stadtstaat nördlich der Alpen auf.

Im 17. und 18. Jh. kam es zu Bauernaufständen gegen die feudale Berner Herrschaft, die mit Waffengewalt niedergeschlagen wurden. 1798 jedoch, mit dem Einmarsch der napoleonischen Truppen in die Schweiz, mussten die bisherigen Herrscher abdanken. Die Waadt und der

Plan S. 20   **1** Bern

Schützenbrunnen vor dem mittelalterlichen Zytglogge am östlichen Ende der Marktgasse

Aargau wurden zu unabhängigen Kantonen erklärt, eine neue Verfassung räumte den bei Bern verbliebenen Landgemeinden mehr Mitbestimmungsrechte ein.

Im 19. Jh. wuchs die Stadt über die Landzunge in der Aareschleife hinaus. Heute erstrecken sich die Vororte von den Flussufern bis weit ins Hinterland hinein. 1848 wählte die eidgenössische Nationalversammlung Bern zur **Hauptstadt** der Schweiz, woraufhin verstärkt Verwaltungskräfte und Beamte zuzogen. Bern ist ferner Sitz einer *Universität* und der *Schweizer Nationalbank*. 1983 erklärte die UNESCO die vollständig erhaltene Altstadt zum Weltkulturerbe.

Bummel durchs Mittelalter

Auf dem Weg vom Hauptbahnhof über die Spitalgasse in die Altstadt erreicht man nach 150 m den Bärenplatz. Hier steht anstelle eines früheren Stadttores der auffällige rechteckige **Käfigturm** ❶ (Marktgasse 67, Tel. 03 13 22 75 00, www.kaefigturm.admin.ch, Mo–Fr 8–18, Sa 10–16 Uhr). Der 1641–43 errichtete Torbau diente lange Zeit als Gefängnis der Stadt, heute beherbergt er das *Polit-Forum des Bundes*, das Ausstellungen und Events zu politischen Themen organisiert.

Östlich des Turms reihen sich beiderseits der von Laubengängen begleiteten

1 Bern

Über allem thront der Narr – Figurenreigen des Glockenspiels am Zeitglockenturm

kopfsteingepflasterten *Marktgasse* die schmucken Fassaden alter Zunfthäuser der Weber, Gerber und Schuhmacher aneinander. Am Ende der Gasse überspannt der ebenfalls viereckige **Zytglogge** ❷ (Führung mit Turmbesteigung durch Bern Tourismus, Tel. 03 13 28 12 12, www.zytglogge-bern.ch, April–Okt. tgl. 14.30, Nov. So 14.30 Uhr) die Straße bis zur Mitte. Die Fundamente des zum Wahrzeichen von Bern avancierten Zeitglockenturms wurden im 12. Jh. gelegt, später erfuhr er mehrere Umbauten. Die charakteristische Dachbekrönung mit der spitz zulaufenden Laterne kam 1770/71 hinzu. Als einstiges Stadttor erhebt sich das Gebäude über einem Torbogen, über dessen beiden Öffnungen je ein riesiges Zifferblatt prangt. Auf der Ostseite des Turms zur Kramgasse hin hat Kaspar Brunner 1530 ein *Glockenspiel* geschaffen. Jeweils vier Minuten vor jeder vollen Stunde kündigt ein Hahnenschrei den Beginn des Schauspiels an, bei dem u. a. mehrere Bären, ein Löwe, ein glockenschlagender Narr und der altgriechische Titan Kronos als Personifikation der Zeit mitwirken. Links davon befindet sich eine astronomische Uhr (1527–30), die ebenfalls aus der Werkstatt Brunners stammt.

Nördlich vom Zeitglockenturm liegt der Kornhausplatz mit dem originellen **Kindlifresserbrunnen** ❸. Der Fribourger *Hans Gieng* schuf im 16. Jh. die polychrome Brunnenfigur eines feisten, langnasigen Riesen, der sich aus einem mit Kindern gefüllten Sack bedient. Eines der puttenähnlichen Kleinen verschwindet gerade im Schlund des rotbekappten Unholds. Als Vorlage für das Motiv diente wohl eine Fasnachtsfigur.

Die Westseite des Platzes dominiert das **Kornhaus** ❹ (www.kornhausforum. ch), ein 1718 fertiggestellter Barockbau, in dem die Stadt früher Getreide und Wein

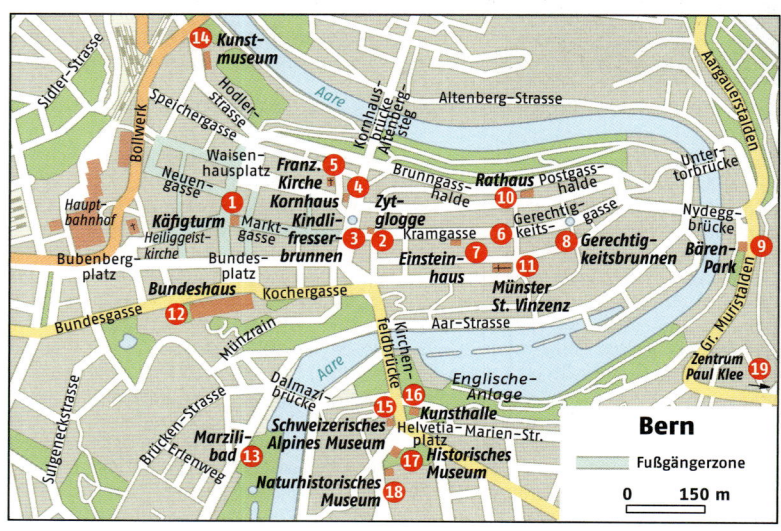

Plan S. 20 **1** Bern

Die Abgeordneten beraten im Bundeshaus, die Bürger vergnügen sich im Marzilibad

lagerte. Heute dient das Gebäude als Kulturzentrum, u.a. gibt es Ausstellungen mit den Themenschwerpunkten Architektur, Angewandte Kunst, Design und Fotografie. In den Gewölben des Souterrains hat sich das Restaurant *Kornhauskeller* [s. S. 25] mit Bar eingerichtet, im Parterre befindet sich das *Kornhauscafé*. Im Dachstock wird eine Bühne des Stadttheaters bespielt, außerdem beherbergt das Gebäude eine Bibliothek.

Hinter dem Kornhaus steht die **Französische Kirche** ❺ (Mo–Fr 9–11 und 14–17, Sa 10–15 Uhr) aus dem 13. Jh., der älteste Sakralbau Berns. Die außen wie innen schlichte Hallenkirche wurde ursprünglich vom Bettelorden der Dominikaner errichtet. Aus der ersten Bauphase blieb der gotische Chor erhalten, die barocke Westfassade entstand im 18. Jh. Der heutige Name erinnert an die französischen Hugenotten, die hier im 17. Jh. ihre Gottesdienste abhielten.

Vom Zeitglockenturm nach Osten verläuft die **Kramgasse** ❻, die mit ihren Laubengängen, stilvollen Häuserfassaden aus dem 13. Jh. und zwei weiteren Figurenbrunnen zu den malerischsten Gassen Berns zählt. Im Haus Nr. 49 wohnte in den Jahren 1903–05 Albert Einstein (1879–1955), zu dieser Zeit noch ein kleiner Angestellter im Patentamt. In seinen freien Stunden tüftelte der später so berühmte Physiker die Relativitätstheorie aus. Seine damalige Wohnung im **Einsteinhaus** ❼ (Tel. 03131200 91, www.einstein-bern.ch, Febr.–März Mo–Sa 10–17, April–Ende Dez. tgl. 10–17 Uhr) beherbergt ein kleines Museum, das mit Fotos und anderen Dokumenten an den Physik-Nobelpreisträger von 1921 erinnert. Das Einstein Kaffee im Haus lädt mit Kaminzimmer und Rauchsalon zur Pause ein.

An ihrem östlichen Ende geht die Kramgasse in die ebenfalls sehr stimmungsvolle Gerechtigkeitsgasse über. In den Geschäftszeilen der flankierenden Laubengänge haben sich schicke Boutiquen, Antiquitätenläden und Kellertheater eingerichtet. Die überdachten Arkaden erlauben auch bei schlechtem Wetter einen gemütlichen Einkaufsbummel. Der 1543 von Hans Gieng geschaffene **Gerechtigkeitsbrunnen** ❽ zeigt Justitia mit verbundenen Augen sowie Schwert und Waage in den Händen. Zu ihren Füßen symbolisieren vier Büsten von Papst, Kaiser, Sultan und Schultheiß die kirchliche und weltliche Macht.

Die Gerechtigkeitsgasse führt direkt auf die 1840–44 erbaute steinerne *Nydeggbrücke* zu, die in einem 55 m langen, bis zu 26 m hohen Bogen die Aare überspannt. An deren rechtem Ufer erstreckt

21

Bern

Das Tympanon über dem Hauptportal des Münsters St. Vinzenz schildert das Jüngste Gericht

sich der rund um die Uhr zugängliche **BärenPark** ⑨ (www.baerenpark-bern.ch, Führungen nach Anmeldung unter Tel. 03 13 57 15 25). Auf einem 6000 m² großen Gelände am Aare-Ufer mit Bäumen, Sträuchern und Höhlen haben zwei Bären, Björk und Finn, eine neue, artgerechte Heimat gefunden. Seit dem 15. Jh. ist der Bärengraben, ein von Bären bewohnter Zwinger, verbürgt, zurückgehend auf die Legende, dass Herzog Berchtold V. einst in den umliegenden Wäldern einen Bären erlegt und danach seine neu gegründete Stadt ›Bern‹ genannt haben soll.

Das *Tourist Center BärenPark* (Tel. 03 13 28 12 12, Juni–Sept. tgl. 9–18, März–Mai/Okt. tgl. 10–16, Nov.–Febr. Fr–So 11–16 Uhr) zeigt alle 20 Minuten die *BernShow*, in der ein animiertes Stadtmodell die Geschichte Berns multimedial vermittelt.

Am Rande der Altstadt

Geht man vom BärenPark zurück in die Altstadt und biegt hinter der Nydeggbrücke rechts in die Postgasse ein, erreicht man das **Rathaus** ⑩ (Rathausplatz 2, Anmeldung für Führungen unter Tel. 03 16 33 75 50). Der zweistöckige Sandsteinbau entstand 1406–17 und wurde später mehrfach umgebaut. Eine doppelläufige Freitreppe führt zum Eingang im ersten Obergeschoss, den ein vorspringender Uhrturm überdacht. Die lanzettbogenförmigen Türöffnungen lassen noch gotischen Einfluss erkennen. Unter der vorkragenden Dachtraufe sind die Wappen der 26 Schweizer Kantone zu sehen.

Über die schmale Kreuzgasse gelangt man nun zum prächtigen spätgotischen **Münster St. Vinzenz** ⑪ (Münsterplatz 2, Tel. 03 13 12 04 62, www.bernermuenster.ch, Mai–Mitte Okt. Mo–Fr 10–17, So 11.30–17, Mitte Okt.–April Mo–Fr 12–16, Sa 10–17, So 11.30–16 Uhr, der Turm schließt jeweils eine halbe Stunde früher). Von der Grundsteinlegung im Jahre 1421 bis zu seiner Vollendung 1573 vergingen rund 150 Jahre, der 100 m hohe Turm wurde gar erst 1893 fertiggestellt. Herausragend ist das von *Erhard Küng* in der letzten Dekade des 15. Jh. geschaffene Hauptportal. Sein Bogen ist mit 48 Skulpturen, u.a. den zwölf Aposteln, geschmückt, das Relief im Bogenfeld stellt das Jüngste Gericht dar. Bei den Plastiken handelt es sich um Kopien, die Originale aus Sandstein stellt das Historische Museum [s. S. 24] aus.

Man betritt das Münster durch das westliche Nordportal und steht zunächst in der *Gerbernkapelle*, in der das Informationszentrum der Kirche untergebracht ist. Im Mittelalter gab es in Bern drei Gerberzünfte, die gemeinsam die Kapelle stifteten. Sie war ursprünglich mit Altar und Gestühl ausgestattet und diente den Zunftmitgliedern für Privatandachten. In der dreischiffigen Pfeilerbasilika selbst beeindrucken vor allem die *Chorfenster*. Sehr schön ist z. B. das 1453 von der Familie von Ringoltingen gestiftete Dreikönigsfenster an der Nordseite des Chors, dessen Buntglasbild die Legende der ›Drei Weisen aus dem Morgenland‹ zeigt.

Sehenswert sind ferner das im Stil der italienischen Renaissance gearbeitete doppelreihige *Chorgestühl* (1522–25) sowie der mit 80 Heiligenfiguren ausgestattete ›Himmlische Hof‹ im Chorgewölbe. Eine Attraktion für sich ist der Blick über Bern von der *Galerie* des Kirchturmes in knapp 100 m Höhe. Wer sich den Aufstieg über die enge Wendeltreppe ersparen will, kann auch von der Terrasse an der Südseite des Münsters eine schöne Aussicht auf Stadt und Aaretal genießen.

Am *Bundesplatz*, etwa 300 m westlich vom Münster, steht auf einer kleinen Anhöhe über der Aare das **Bundeshaus** 12 (Tel. 03 13 22 85 22, www.parlament.ch, in sitzungsfreier Zeit kostenlose Führungen Mo–Sa 11.30 und 15 Uhr, telefonische Anmeldung am Vortag und Personaldokument nötig!). Das Parlamentsgebäude entstand 1894–1902 nach einem Entwurf des Semper-Schülers *Hans Wilhelm Auer* (1847–1906). Die einem römischen Tempel nachempfundene Nordfassade, die mächtige zentrale Kuppel sowie die stadteinwärts weisende Neorenaissance-Fassade vereinen sich zu einem eklektizistischen Repräsentationsbau, dessen pompöser Stil dem Geschmack der damaligen Zeit entsprach. Am ›Schweizer Volkshaus‹ bauten Handwerker und Künstler aus der ganzen Schweiz, ebenso fanden Gesteinsarten und Hölzer aus allen Landesteilen Verwendung. Im Rahmen einer Führung können die beiden Ratssäle und die mit zahlreichen allegorischen Plastiken zur Schweizer Geschichte ausgestattete Kuppelhalle besichtigt werden. Ein 15 m langes Relief des Basler Bildhauers *Adolf Meyer* (1867–1940) erzählt die Herkunftssage der Schweizer.

Auf dem Bundesplatz und in den umliegenden Gassen ist Di und Sa Vormittag *Gemüsemarkt*. Unterhalb des Bundeshauses trifft sich bei sommerlichen Temperaturen ganz Bern im **Marzilibad** 13, um sich in der kühlen Aare oder im 50-m-Becken erfrischen (Marzilistrasse 29, Tel. 03 13 11 00 46, Mai und Sept. 8.30–19, Juni–Aug. 8.30–20 Uhr, Eintritt frei).

Highlights der Museumslandschaft

Das **Kunstmuseum** 14 (Hodlerstr. 12, Tel. 03 13 28 09 44, www.kunstmuseumbern.ch, Di 10–21, Mi–So 10–17 Uhr) am nordwestlichen Rand der Altstadt beherbergt italienische, schweizerische und französische Gemälde und Skulpturen vom Mittelalter bis zur Gegenwart. Zu den Highlights zählen Werke der Impressionisten Manet, Monet und Renoir sowie von Paul Cézanne und Vincent van Gogh. Ein weiterer Schwerpunkt liegt auf der klassischen Moderne mit bedeutenden Arbeiten des bei Bern geborenen Malers Paul Klee, z. B. ›Ad Parnassum‹ (1932), das sich aus auf eine Leinwand gestempelten Punkten zusammensetzt.

Daneben werden Werke von Klees Künstlerfreunden August Macke (›Gartenrestaurant‹, 1912), Louis Moilliert (›Im Varieté‹, 1912) sowie von der Künstlergruppe ›Die Blaue Vier‹ gezeigt, die Klee, Wassily Kandinsky, Alexej von Jawlensky und Lyonel Feininger 1924 gegründet hatten. Darüber hinaus sind Schweizer Maler wie Ferdinand Hodler oder Giovanni Giacometti ebenso vertreten wie der Amerikaner Jackson Pollock mit seinen Action Paintings.

Im Süden der Altstadt führt die 1883 erbaute *Kirchenfeldbrücke* in zwei eisernen Bögen über die Aare zum *Helvetiaplatz*. Rund um den Platz konzentrieren sich einige der bedeutendsten Museen der Hauptstadt. Im Haus Nr. 4 stellt das **Schweizerische Alpine Museum** 15 (Tel. 03 13 50 04 40, www.alpinesmuseum.ch, Mo 14–17.30, Di–So 10–17.30 Uhr) den Naturraum Alpen u. a. anhand von Panora-

Kunstmuseum: ›Die Nacht‹ (1890) von Ferdinand Hodler thematisiert Schlaf und Tod

Bern

mareliefs dar. Besonders gelungen ist ein großes Modell des Berner Oberlandes mit einem Durchmesser von 5 m.

Gegenüber präsentiert die 1918 eröffnete **Kunsthalle** ⑯ (Tel. 03 13 50 00 40, www.kunsthalle-bern.ch, Di–Fr 11–18, Sa/So 10–18 Uhr) zeitgenössische Kunst in Wechselausstellungen. Diese sind nicht nur bekannten Größen der Kunstszene gewidmet, sondern zeigen auch Werke noch unbekannter Maler und Bildhauer.

An der Südseite des Platzes lädt in einem märchenhaft anmutenden Schlösschen von 1894 das **Historische Museum** ⑰ (Tel. 03 13 50 77 11, www.bhm.ch, Di–So 10–17 Uhr) zu einem Streifzug durch die Geschichte des Kantons Bern von der Frühzeit bis zur Gegenwart ein. Zu den wertvollsten Schätzen zählen die Originalskulpturen des ›Jüngsten Gerichts‹ vom Hauptportal des Berner Münsters [s. S. 22] sowie mittelalterliche Bilderteppiche wie der für den Burgunderkönig Philip den Guten (1396–1467) gefertigte *Tausendblumenteppich*. Die Gouache-Kopien des nur teilweise erhaltenen ›Berner Totentanzes‹ sind ebenfalls sehenswert. *Niklaus Manuel* (1484–1530) hatte das 80 m lange Fresko ursprünglich auf eine Kirchhofsmauer gemalt. Schön anzusehen ist die *Orientalische Sammlung*, die ihre Exponate in orientalisch dekorierten Sälen präsentiert. Die Silberarbeiten, Waffen und astronomischen Geräte sind eine Schenkung des Kaufmanns Henri Moser-Charlottenfels (1844–1923).

Das *Einstein-Museum* informiert nicht nur unterhaltsam mit Dokumenten, Fotos und Filmen über Leben und Werk des großen Physikers; es entsteht auch ein soziales und politisches Porträt des 20. Jh. Und die Relativitätstheorie wird anhand von Alltagsbeispielen und Videoanimation verständlich erklärt.

Der moderne Erweiterungsbau *Kubus/Titan* besteht aus drei Teilen. Unterirdisch liegen zwei Depotgeschose sowie ein großzügiger, flexibel nutzbarer Bereich für Wechselausstellungen, darüber ragt ein Büroturm auf. Dieser setzt mit seiner nordseitigen Glasfassade, in der sich der Altbau spiegelt, und den schiefen Flächen im Süden einen interessanten städtebaulichen Kontrapunkt.

Das benachbarte **Naturhistorische Museum** ⑱ (Tel. 03 13 50 71 11, www.nmbe.ch, Mo 14–17, Di/Do/Fr 9–17, Mi 9–18, Sa/So 10–17 Uhr) besitzt eine Mineraliensammlung, zu der seit Mai 2011 auch die aufsehenerregenden Riesenkristalle gehören, die 2005 und 2006 am Planggenstock im Kanton Glarus gefunden wurden. Dazu gibt es 220 Dioramen mit europäischen und afrikanischen Säugetieren und Vögeln. ›Star‹ ist der zum Mythos gewordene Bernhardiner Barry (1800–1812), der ausgestopft im Foyer Wache hält. Der Spürhund hatte Anfang des 19. Jh. am Grossen St. Bernhard über 40 Menschen aus Bergnot gerettet.

TOP TIPP Ein absoluter Höhepunkt für Kunstfreunde ist das **Zentrum Paul Klee** ⑲ (Monument im Fruchtland 3, Tel. 03 13 59 01 01, www.zpk.org, Di–So 10–17 Uhr) im Osten der Stadt. Das von Renzo Piano entworfene Museum beherbergt die weltweit größte Sammlung des in Münchenbuchsee bei Bern geborenen Künstlers *Paul Klee* (1879–1940). Neben wechselnden Präsentationen der Sammlung und Sonderausstellungen locken das Kindermuseum *Creaviva* und ein vielfältiges Kulturprogramm.

Ausflüge

20 km südlich von Bern liegt das herausgeputzte **Riggisberg**. Dort präsentiert die *Abegg Stiftung* (Tel. 03 18 08 12 01, www.abegg-stiftung.ch, Ende April–Mitte Nov. Mo–So 14–17.30 Uhr) u. a. persische Keramik aus dem 5. Jt. v. Chr., byzantinisches Kunsthandwerk, mittelalterliche Fresken und Goldschmiedearbeiten des 15./16. Jh, vor allem aber historische Textilien. Zu den kostbarsten Schätzen gehören ägyptische Leinen- und Seidengewebe aus dem 4. Jh. und mit Goldfäden und Perlen gearbeitete Gewänder aus dem maurischen Spanien. Eine Augenweide

Das Naturhistorische Museum erinnert an Barry, den legendären Bernhardiner

Plan S. 20 1 Bern

Das Emmental prägen saftig-grüne Wiesen und Weiden wie hier beim Dorf Lützelflüh

sind auch mit Gold und Silber broschierte florentinische Seidenstoffe des 18. Jh.

Schweizer Lochkäse ist weltbekannt, im Gegensatz zum etwa 50 km östlich von Bern gelegenen **Emmental**, in dem er hergestellt wird. Dabei präsentiert sich das Tal beiderseits des Flüsschens Emme als traditionelles Bauernland mit grünen Wiesen, wie zufällig eingestreuten Dörfern und stattlichen Einzelgehöften. Viele Hausgiebel sind kunstvoll bemalt und mit Schnitzereien verziert.

Hauptort **Langnau** ist ein guter Ausgangspunkt für Wanderungen und Biketouren. Am idyllischen Dorfplatz lädt das *Hotel Hirschen* (Tel. 03 44 02 15 17, www.hirschen-langnau.ch, Restaurant Mo geschl.) zum Verweilen und Speisen. Wer wissen will, wie die Löcher in den Käse kommen, biegt in Lützelflüh nach **Affoltern** ab und besucht dort die *Schaukäserei* (Tel. 03 44 35 16 11, www.showdairy.ch, April–Okt. tgl. 9–18.30, sonst 9–17 Uhr).

Praktische Hinweise

Information
Bern Tourismus, Bahnhofplatz 10a, Bern, Tel. 03 13 28 12 12, www.bern.com

Flughafen
Flughafen Bern–Belp, Tel. 03 19 60 21 11, www.flughafenbern.ch. 9 km südöstlich der Stadt. Zwischen Flughafen und Bahnhof Bern AirportBus (Linie 334).

Hotels
******Belle Epoque**, Gerechtigkeitsgasse 18, Bern, Tel. 03 13 11 43 36, www.belle-epoque.ch. Kleines Jugendstilhotel mit Cocktailbar, das dank exquisitem Interieur seinem Namen alle Ehre macht.

*****Goldener Schlüssel**, Rathausgasse 72, Bern, Tel. 03 13 11 02 16, www.goldener-schluessel.ch. Das älteste Gasthaus Bern residiert in einem 500-jährigen Gebäude nahe des Zytglogge. 34 modern ausgestattete Zimmer und ein Restaurant.

*****Waldhorn**, Waldhöheweg 2, Bern, Tel. 03 13 32 23 43, www.waldhorn.ch. Ruhig am rechten Aare-Ufer gelegenes Eckhaus mit 46 bequemen, zweckmäßig eingerichteten Gästezimmern.

Restaurants
Altes Tramdepot, Grosser Muristalden 6, Bern, Tel. 03 13 68 14 15, www.altestramdepot.ch. Im ehem. Tramdepot werden in Kantinenatmosphäre Pfannengerichte, Kesselfleisch und hausgebrautes Weizenbier aufgetischt. Von der Terrasse herrlicher Blick auf die Altstadt.

Kornhauskeller, Kornhausplatz 18, Bern, Tel. 03 13 27 72 72, www.kornhauskeller.ch. Das riesige Kellerlokal mit ausgemaltem Deckengewölbe gehört zur Restaurantkette Bindella. Daher gibt es mediterrane Gerichte, aber auch die Bärner Platte mit geräuchertem Schweinefleisch, Zungenwurst, Sauerkraut und Kartoffeln.

Bern

Ob Märchenschloss oder Hotelburg – jedenfalls steigen im Hotel Gstaad Palace seit über 90 Jahren noble Gäste ab

Schwellenmätteli, Dalmaziquai 11, Bern, Tel. 03 13 50 50 01, www.schwellenmaetteli.ch. Mediterrane Küche direkt an der Aare, im Sommer auf der Flussterrasse. Fr und Sa Partys in der Lounge-Bar.

Nachtleben

Kulturhallen Dampfzentrale, Marzilistr. 47, Bern, Tel. 03 13 10 05 40, www.dampfzentrale.ch. Konzerte, Theater und Tanzaufführungen im stillgelegten Heizkraftwerk am Aare-Ufer.

Marian's Jazzroom, Engestr. 54 (im Hotel Innere Enge), Bern, Tel. 03 13 09 61 11, www.mariansjazzroom.ch. Jazz-Adresse mit Konzerten internationaler Stars.

2 Gstaad

Mondäner Jetset-Treff der Wintersportler.

Das **Saanenland** in der westlichsten Ecke des Kantons Bern ist liebliches, von offenen Weiden geprägtes Voralpenland. Touristisches Zentrum ist das 1000 m hoch im Talgrund gelegene **Gstaad**, ein charmanter Bergort mit rund 3300 Einwohnern, in dem sich im Winter Prominenz aus aller Welt ein Stelldichein gibt.

1913 öffnete in dem kleinen Gstaad das *Palace Hotel*, das noch heute zu den exklusivsten Grandhotels der Welt zählt. Der kometenhafte Aufstieg zum Tummelplatz des internationalen Jetsets begann 1920, als hier das renommierte Internat *Le Rosey* eröffnet wurde und die Reichen und Superreichen fortan ihre Sprösslinge der Bildung wegen nach Gstaad schickten. Die sonnige Tallage, frische Luft sowie Wanderwege und Skipisten taten ein Übriges, um Gstaad zum Nobelferienort zu machen. Hinzu kommt ein Veranstaltungskalender mit zahlreichen kulturellen und sportlichen Events. Highlights sind im Juli die **Swiss Open**, ein Tennisturnier der ATP-Tour, sowie die klassischen Konzerte, die zwischen Juli und September im Rahmen des **Menuhin Festivals** [s. S. 135] stattfinden.

Ausflüge

Der Nachbarort **Saanen** (1020 m) ist der Verwaltungssitz des Saanetals. In dem schmucken Dorf mit etlichen historischen, bis zu 400 Jahre alten Chalets lohnt ein Besuch der spätgotischen *Mauritiuskirche*. Das kleine Gotteshaus beherbergt Wandmalereien aus dem 15. Jh. und eine kunstvoll mit Intarsien verzierte Renaissancekanzel.

Von Saanen aus in Richtung Thun zweigt in Zweisimmen ein Sträßchen ins obere **Simmental** ab, das vor allem für seine mit dekorativer Zimmermannskunst geschmückten Bauernhäuser bekannt ist. Hauptort des malerischen Tales ist das Wintersportzentrum *Lenk*, das sich durch seine Schwefelquellen auch als Kurbad einen Namen gemacht hat. Vom Talschluss in Oberried gelangt man in ei-

Spätgotische Fresken aus dem 15. Jh. schmücken die Wände der kleinen Mauritiuskirche im Wintersportort Saanen

ner halbstündigen Wanderung zur Räzlialp, bei der sich die Wasser mehrerer Gebirgsbäche wie der Simme, des Iffig- oder des Wallbaches zu den eindrucksvollen *Simmenfällen* vereinen.

ℹ Praktische Hinweise

Information
Gstaad Saanen and Tourismus,
Haus des Gastes, Promenade 41, Gstaad,
Tel. 03 37 48 81 81, www.gstaad.ch

Hotels
*****Gstaad Palace, Palacestr., Gstaad, Tel. 03 37 48 50 00, www.palace.ch. Das Nobelhotel thront wie ein Märchenschloss aus Disneyland über dem Ort. Die 106 Zimmer und Suiten bieten jeglichen Komfort, grandiose Sicht auf die Berner Alpen inklusive.

***Posthotel Rössli, Promenade 10, Gstaad, Tel. 03 37 48 42 42, www.posthotelroessli.ch. Kleines, gemütliches Hotel im Dorfzentrum, das älteste Gasthaus von Gstaad. Das Hotel im Chaletstil verfügt über zwei Restaurants.

Restaurant
Chesery, Alte Lauenenstr. 6, Gstaad, Tel. 03 37 44 24 51, www.chesery.ch. Die einfallsreichen Menüs von Spitzenkoch Robert Speth begeistern Gourmets und Restaurantkritiker (Mo/Di und Okt./Nov., April/Mai geschl.).

3 Thuner See

Thun – Schloss Hünegg – Schloss Oberhofen – St. Beatus-Höhlen – Spiez – Niesen

Märchenschlösser und romanische Kirchen an einem traumhaft schönen Bergsee.

Bis zur letzten Eiszeit bildete der Thuner See mit seinem Nachbarn, dem Brienzer See, im Tal der Aare ein einziges Gewässer, das jedoch durch Verlandung in die beiden *Oberländer Seen* geteilt wurde. Die Ufer des 18 km langen und bis zu 4 km breiten Thuner Sees erschließt eine *Panoramastraße*. Segler und Surfer wissen die stete Brise zu schätzen, kleine Seebäder laden im Hochsommer zu einem Sprung ins kühle Nass des Sees ein.

›Tor zum Berner Oberland‹ wird das 560 m hoch gelegene **Thun** (43 000 Einw.) gerne genannt. Die Stadtgrün-

Am Fuße von Schloss Thun lädt der hübsche Rathausplatz des gemütlichen Städtchens zu einer Rast ein

dung geht auf den Zähringer Herzog Berchtold V. zurück, der 1191 auf einem Hügel über dem Austritt der Aare aus dem See ein befestigtes Schloss anlegen ließ. Die verkehrsgünstige Lage förderte das Wachstum des in seinem Schutz entstandenen Städtchens. Als 1835 die Dampfschifffahrt auf der Aare und den Seen begann sowie 1859 die Bahntrasse nach Bern fertiggestellt worden war, avancierte Thun gar zum wichtigsten Handelszentrum im Berner Oberland.

Den geschlossenen Altstadtkern beidseits der Aare beherrscht **Schloss Thun**, dessen massiger Donjon mit vier schlanken runden Ecktürmchen unübersehbar am Nordufer aufragt. Das fünfstöckige Schloss beherbergt das **Historische Museum** (Tel. 03 32 23 20 01, www.schlossthun.ch, Febr./März tgl. 13–16, April–Okt. tgl. 10–17, Nov.–Jan. So 13–16 Uhr), zu dessen kostbarsten Exponaten Antependien (Altarbekleidungen) aus dem 13. und 14. Jh. gehören. Auch der Rittersaal sowie die Militaria- und Keramiksammlung verdienen Beachtung. Auf dem überdachten Kirchtreppenweg gelangt man zurück zum großzügigen, mit Kopfstein

Thuner See

gepflasterten **Rathausplatz** oberhalb des Aare-Ufers. Ihn umgeben behäbig-breite Laubenhäuser, unter denen das 500 Jahre alte *Rathaus* mit dem aufgesetzten Uhrturm und dem 1585 angebauten Archivturm auffällt.

TOP TIPP Im südwestlichen Ortsteil Scherzlingen liegt **Schloss Schadau** zauberhaft in einem ausgedehnten Park am Seeufer. Das kompakte turmgeschmückte Schlösschen wurde 1849–54 von einem Neuenburger Bankier errichtet und wirkt durch den verspielten Stilmix aus Gotik, Renaissance und Barock äußerst gefällig. Innen zeigt das *Schweizerische Gastronomiemuseum* (Tel. 03 32 23 14 32, www.gastronomiemuseum-thun.ch, Di–Do 14–17 Uhr, Gruppen auch nach Vereinbarung) Zuckerdosen, Korkenzieher sowie eine Sammlung von Kochbüchern und Speisekarten. Im Erdgeschoss findet das Feinschmeckerlokal *Arts Restaurant* [s. S. 29] einen würdigen Rahmen. Im Schadaupark wurde 1961 ein Rundbau für das **Thun-Panorama** (Tel. 03 32 23 24 62, www.thun-panorama.com, Ostern und Mai–Okt. Di–So 11–17 Uhr) errichtet. Das älteste noch erhaltene Rundbild der Welt, eine 39 x 7,5 m große Stadtansicht von Thun, schuf der Basler Künstler *Marquard Wocher* 1809–1814.

Schloss Hünegg (Tel. 03 32 43 19 82, www.schlosshuenegg.ch, Mitte Mai–Mitte Okt. Mo–Sa 14–17, So 11–17 Uhr) in Hilterfingen am Nordufer des Thuner Sees ist eine weitere Perle der Schweizer Schlösserarchitektur. 1861–63 im Stil der französischen Renaissance erbaut, wurde es um 1900 erneuert und mit schmuckem Jugendstilmobiliar ausgestattet.

Direkt am See steht auch **Schloss Oberhofen** (Tel. 03 32 43 12 35, www.schlossoberhofen.ch, Mitte Mai–Mitte Okt. Mo 14–17, Di–So 11–17 Uhr) im gleichnamigen Nachbarort. Es wurde im 12. Jh. als Wasserschloss erbaut, im 19. Jh. erfolgte ein Umbau im romantischen Stil mit Türmchen und Balkonen. In den Sälen zeigt ein Wohnmuseum, wie es sich der Adel in früheren Zeiten gemütlich machte. Im mächtigen Bergfried richtete sich der Schlossherr um 1855 einen türkischen Rauchsalon ein, der durch die ornamentale Holzdecke und die Diwane entlang der Wände einen Hauch von Tausendundeiner Nacht vermittelt.

Fährt man auf der Panoramastraße entlang des Nordufers weiter, zweigt nahe Sundlauenen die Zufahrt zu den **St. Beatus-Höhlen** (Tel. 03 38 41 16 43, www.beatushoehlen.ch, Führungen Ende März–Ende Okt. tgl. 9.30–17 Uhr) im Niederhorn-Massiv ab. In den weitläufigen Grotten faszinieren bizarr geformte Tropfsteine und unterirdische Wasserfälle. Das angegliederte *Höhlenmuseum* erklärt die Entstehungsgeschichte des unterirdischen Labyrinths.

Hauptort am Südufer des Thuner Sees ist **Spiez** (12 700 Einw.), das sich pittoresk um eine halbkreisförmige Bucht erstreckt. Zentrales Bauwerk an der Uferpromenade ist **Schloss Spiez** (Tel. 03 36 54 15 06, www.schloss-spiez.ch, Karfreitag–Mitte Okt. Mo 14–17, Di–So 10–17, Juli/Aug. bis

Architekturzitate aus ganz verschiedenen Stilepochen: Schloss Schadau

3 Thuner See

Weite Panoramaausblicke bietet eine Fahrt über Grimsel-, Furka- und Sustenpass

Olala – was für Kurven

Innertkirchen am Ende des Haslitals bietet sich als Ausgangspunkt für die spektakuläre **Drei-Pässe-Fahrt** über Grimsel-, Furka- und Sustenpass an. Für die ca. 100 km lange, mit Spitzkehren und Haarnadelkurven gespickte Rundtour über 25 Brücken und durch 23 Tunnels sollte man einen ganzen Tag einplanen.

Zunächst windet sich die Kantonsstrasse 6 zum **Grimselsee** (1909 m) hinauf, der relativ schmal, aber 5,5 km lang wie ein Fjord ins Hochgebirge eingelassen ist. Von der Grimselpasshöhe (2163 m) geht es erst einmal runter ins Tal nach Gletsch, dann aber Richtung Osten auf der Furkastrasse wieder hinauf bis zum ›Belvedere‹ mit einem schönen Blick auf den **Rhônegletscher**.

Über den Furkapass (2431 m) erreicht man **Andermatt** (1447 m) am Fuß des St.-Gotthard. Der beliebte Wintersportort im Zentrum der Schweizer Alpen liegt an vier wichtigen Passstraßen und ist als ›Schneeloch‹ bekannt. Die Schweizer Armee unterhält hier eine Rekrutenschule der Gebirgsinfanterie und sichert die beiden Eingänge des St.-Gotthard-Tunnels [s. S. 131] militärisch. Von Andermatt läuft die Straße über die sagenumwobene Teufelsbrücke und in engen Kehren durch die **Schöllenenschlucht** nach Göschenen (1106 m) hinab. Zurück nach Innertkirchen geht es auf der großzügig ausgebauten Sustenstrasse durch das Meiental und über den Sustenpass (2224 m).

18 Uhr) aus dem 12. Jh. mit seinem fast 40 m hohen Donjon. Nachdem das weiße Gebäude den Adelsgeschlechtern der Bubenbachs und Erlachs bis 1875 als repräsentative Residenz gedient hatte, ist es heute Sitz der Kommunalverwaltung. Die wenige Schritte entfernte **Schlosskirche** stammt bereits aus dem 11. Jh. Sie ist eine von zwölf Thunersee-Kirchen, die mit ihren jeweils drei Apsiden deutlich von der oberitalienischen Architektur beeinflusst sind. Ein Blickfang im Inneren ist das Chorgewölbe mit romanischen Wandmalereien.

7 km südlich fährt vom Dorf Mülenen aus eine *Standseilbahn* (Tel. 03 36 76 77 11, www.niesen.ch. Ende April–Mitte Nov.) auf den **Niesen** (2362 m). Der wie eine Pyramide über dem Thuner See aufragende Spiezer Hausberg lockt mit grandiosen Aussichten auf das Jungfraumassiv.

Praktische Hinweise

Information
Thun Welcome-Center, Bahnhof, Thun, Tel. 03 32 25 90 00, www.thunersee.ch

Restaurant
TOP TIPP **Arts Restaurant**, Schloss Schadau, Seestr. 45, Thun, Tel. 03 32 22 25 00, www.schloss-schadau.ch. Erstklassige Küche in noblem Ambiente mit Blick über den malerisch bergumstandenen Thuner See (Mai–Okt. Mo, Nov.–Jan. und März/April Mo/Di, Febr. geschl.).

29

4 Interlaken

Zum Bummeln und Flanieren lädt die verkehrsberuhigte Innenstadt von Interlaken ein

Wiege des schweizerischen Alpentourismus.

Das 569 m hoch gelegene Interlaken (5600 Einw.) ist die touristische Drehscheibe im **Berner Oberland**. Zur reizvollen Lage auf dem ›Bödeli‹ genannten Schwemmland zwischen Thuner und Brienzer See kommt die Nähe zur Jungfrauregion, die den Ort als Ausgangspunkt für Touren ins umliegende Hochgebirge prädestiniert. Der Name des Städtchens geht auf das 1133 gegründete Augustinerkloster *Inter Lacus* (lat. ›zwischen den Seen‹) zurück. Aus der einstigen Klosterherberge entstand bereits im 14. Jh. das erste Hotel des beliebten Ortes (heute Hotel Interlaken), in dem im 19. Jh. so illustre Gäste wie Lord Byron und Felix Mendelssohn Bartholdy abstiegen.

Es erwies sich als Glücksfall für den durch Molkekuren bekannt gewordenen, aufstrebenden Kurort, dass eine im Zentrum gelegene, 14 ha große, lang gestreckte Wiese Mitte des 19. Jh. unbebaut blieb. Am Nordrand dieser so genannten **Höhematte** legte man eine heute von Luxushotels gesäumte Promenade an, den **Höheweg**, von dem sich ein unvergleichlich schöner Blick auf das Jungfraumassiv ergibt. Nahe des Höhewegs liegt auch der von einem fernöstlich inspirierten Pagodendach gezierte, 1859 erbaute **Kursaal**. Das Gebäude beherbergt u.a. ein Spielkasino, im Sommer steht zudem mehrmals wöchentlich eine zünftige Schweizer Folkloreshow mit Jodlern und Alphornbläsern auf dem Programm.

Östlich der Höhematte erhebt sich auf dem Areal eines 1528 säkularisierten Augustinerkonvents das **Schloss Interlaken** (Tel. 07 98 44 15 48, www.zinnworld. ch, Juli/Aug. Di–Sa 14–17 Uhr). In dem 1750 von *Emanuel Zehender* errichteten, dreiflügeligen Bau mit vorspringendem Walmdach residierten einst die Berner Landvögte. Heute sind in der Propstei Zinnfiguren zu sehen, die sich zu 150 Bildern aus der Weltgeschichte gruppieren.

Nordwestlich von Interlaken liegt zu Füßen des Harders die kleine Gemeinde *Unterseen*. Hier gibt im ehem. Pfarrhaus aus dem 16. Jh. das **Touristikmuseum der Jungfrauregion** (Tel. 03 38 22 98 39, www.touristikmuseum.ch, Mai–Mitte Okt. Di–So 14–17 Uhr) einen Einblick in die Geschichte des Fremdenverkehrs im Berner Oberland. Modelle, Fotos und historische Verkehrsmittel dokumentieren die Erschließung der Region durch Dampfschiffe, Eisen- und Bergbahnen.

Ausflüge

Der Aussichtsberg **Harder Kulm** (1322 m) ist von Interlaken aus auf einer 8-minütigen Fahrt mit der Standseilbahn (Talstation gegenüber dem Bahnhof Interlaken-Ost, Ende April–Ende Okt.) erreichbar. Oben bietet sich vom Bergrestaurant *Harder Kulm* (Tel. 03 38 28 73 11, www.harderkulm.ch) mit seinem zipfelig ausgezogenen Dach ein herrlicher Rundblick auf Seen und Berge sowie auf die im Süden aufragende Jungfrauengruppe.

Noch grandioser ist die Aussicht allerdings von der **Schynigen Platte** (2100 m) südlich von Interlaken [s. S. 34]. Von der Talstation in Wilderswil benötigt die 1893 erbaute Zahnradbahn (Ende Mai–Ende Okt.) 50 Minuten für die Fahrt auf das weitläufige Plateau und zum modernisierten und erweiterten Berggasthaus. An der Bergstation macht der *Alpengarten Schynige Platte* (Tel. 03 38 22 28 35, www.alpengarten.ch, Ende Mai bis Ende Okt. 8.30–18 Uhr) mit über 600 Arten heimischer Blumen und Farne bekannt. Je nach Blütezeit ist hier von Alpenrose bis Enzian und Ede weiß alles vertreten.

Praktische Hinweise

Information
Interlaken Tourismus, Höheweg 37, Interlaken, Tel. 03 38 26 53 00, www.interlaken.ch

Bergbahn
Jungfraubahnen, Höheweg 37, Interlaken, Tel. 03 38 28 72 33, www.jungfrau.ch. Teils moderne, teils historische Seil- und Zahnradbahnen zum Jungfraujoch, nach Grindelwald, Lauterbrunnen, Wengen.

Schiff
BLS Schifffahrt Berner Oberland, Seestr. 9, Thun, Tel. 05 83 27 48 11, www.bls.ch. Linienbootsfahrten auf dem Brienzer und dem Thuner See.

Hotels
TOP TIPP *******Victoria-Jungfrau Grand Hotel**, Höheweg 41, Interlaken, Tel. 03 38 28 28 28, www.victoria-jungfrau.ch. Die Nobelherberge mit Belle-Époque-Flair gehört zu den besten Schweizer Hotels: Eine monumentale Architektur, prächtige Säle sowie 212 Zimmer und Suiten in klassischer Eleganz. Kulinarisch verwöhnen die beiden Lokale La Terrasse und Jungfrau Brasserie.

*****Chalet Swiss**, Seestr. 22, Interlaken, Tel. 03 38 26 78 78, www.chalet-swiss.ch. Das heimelige Chaletotel liegt in Zentrumsnähe, Aussicht auf Eiger und Jungfrau.

Restaurant
Hirschen, Hauptstr. 11, Interlaken (Ortsteil Matten), Tel. 03 38 22 15 45, www.hirschen-interlaken.ch. Traditionelle Schweizer Küche und ein 3-Sterne-Hotel im rustikalen Ambiente eines 300 Jahre alten Bauernhauses.

5 Brienzer See

Brienz – Freilichtmuseum Ballenberg – Giessbachfälle – Aareschlucht – Rosenlauischlucht

Hier werden Brauchtum und altes Handwerk liebevoll gepflegt.

Bis zu 259 m tief ist das an seiner Oberfläche meist hellgrün schimmernde Wasser des Brienzer Sees. Der 14 km lange und bis zu 2,5 km breite zweite Oberländer See [vgl. Nr. 3] wird im Süden vom Gebirgszug des Faulhorns (2681 m) und im Norden vom geringfügig niedrigeren Brienzer Grat eingefasst. Das am Nordostufer auf 571 m Höhe gelegene, 3060 Einwohner zählende **Brienz** ist ein Zentrum der Holzschnitzkunst. In der *Schule für Holzbildhauerei* (Schleegasse 1 Tel. 03 39 52 17 51, www.holzbildhauerei.ch, Mo–Do 8–11.30 und 14–17, Fr 8–11.30 und 14–16 Uhr, Schulferien geschl.) kann man dem Nachwuchs bei der Arbeit zusehen. Die Werkstätten der *Schweizer Geigenbauschule* (Oberdorfstr. 94, Tel. 03 39 51 18 61, www.geigenbauschule.ch) können nur auf Anfrage besichtigt werden. Eine Fahrt

5 Brienzer See

Schroffe Felswände rahmen das Lauterbrunnental, eindrucksvoll akzentuiert vom Staubbachfall beim Dorf Lauterbrunnen

mit der *Brienz Rothorn Bahn* (Tel. 03 39 52 22 22, www.brienz-rothorn-bahn.ch, Juni–Ende Okt.), einer Dampfzahnradbahn, auf das Rothorn hinauf bietet eine grandiose Sicht auf Brienz.

Westlich von Brienz, bei Hofstetten, befindet sich das **Freilichtmuseum Ballenberg** (Tel. 03 39 52 10 40, www.ballenberg.ch, Mitte April–Okt. tgl. 10–17, Restaurants bis 17.30 Uhr). Das Gelände (200 ha) versammelt rund 80 hierher versetzte Gebäude aus der gesamten Schweiz, darunter eine alte Mühle aus dem Wallis und eine Alpkäserei aus dem Kandertal. Auch vollständig eingerichtete Wohnstuben und Küchen sind zu besichtigen.

Am Südufer des Brienzer Sees lohnt ein Besuch der **Giessbachfälle**. Hier stürzen die Wasser mehrerer Gebirgsbäche in 14 Kaskaden 400 m über eine teilweise baumbestandene Felswand hinab. Den schönsten Zugang hat man über den Schiffsanleger ›Giessbach See‹, von dem aus eine Standseilbahn direkt an den Wasserfällen gelegenen *Grand Hotel Giessbach* (www.giessbach.ch) führt.

Ein Naturwunder ist die **Aareschlucht** (Tel. 03 39 71 40 48, www.aareschlucht.ch, Westeingang ab April, Osteingang ab Ende Mai geöffnet, April–Juni und Sept./Okt. tgl. 9–17 Uhr, Juli/Aug. 8–18, Do auch 21–23 Uhr) rund 15 km östlich von Brienz. Dort hat sich zwischen Meiringen und Innertkirchen der Gebirgsfluss Aare eine 1400 m lange und 200 m tiefe Klamm durch den Gebirgszug des Kirchet gegraben. Ebenfalls beeindruckend ist die 8 km südwestlich an der Straße zur Grossen Scheidegg gelegene **Gletscherschlucht Rosenlaui** (Tel. 03 39 71 24 88, www.rosenlauischlucht.ch, Mai und Okt. 10–17, Juni–Sept. 9–18 Uhr).

6 Jungfrau
Lauterbrunnen – Mürren – Wengen – Grindelwald – Männlichen – Jungfraujoch

Majestätische Drei- und Viertausender machen die Bergwelt zum ›Top of Europe‹.

Die Jungfrauregion mit dem Dreigestirn Eiger (3970 m), Mönch (4099 m) und Jungfrau (4158 m) ist das Herzstück der Berner Alpen. Ende 2001 ernannte die UNESCO die Region Jungfrau – Aletsch – Bietschhorn gar zum ›Weltnaturerbe‹.

Eingebettet in die großartige Berglandschaft liegen kleine Ferienorte, die sich als Ausgangspunkte für Ausflüge anbieten. Da ist z. B. **Lauterbrunnen** (800 m) im Trogtal, das zu beiden Seiten von schroff aufragenden Kalkwänden eingefasst wird. Hier gibt das gegenüber der Bushaltestelle gelegene *Talmuseum* (Tel. 03 38 55 35 86, www.talmuseumlauterbrunnen.ch, Mitte Juni–Mitte Okt. Di und Do–So 14–17.30 Uhr) in der ehemaligen Getreidemühle einen Einblick in die bäuerliche Kultur der Region. Wahrzeichen von Lauterbrunnen ist der *Staubbachfall*, der nahe der oberen Dorfhälfte von einer überhängenden Felswand fast 300 m zu Tal stürzt. Johann Wolfgang von Goethe, der 1779 im hiesigen Pfarrhaus übernachtete, sah sich angesichts des Wasserfalls zu seinem Gedicht ›Gesang der Geister über den Wassern‹ inspiriert.

4 km taleinwärts kann man an den **Trümmelbachfällen** (www.truemmelbachfaelle.ch, April–Juni und Sept.–Anfang Nov. tgl. 9–17, Juli/Aug. tgl. 8.30–18 Uhr) ein ohrenbetäubendes Naturschauspiel beobachten. Bis zu 20 000 l Wasser pro Sekunde donnern schäumend über zehn Gletscherfälle hinab – immerhin befinden sich im Einzugsbereich die Gletscherwände von Eiger, Mönch und Jungfrau. Der Clou: Die insgesamt etwa

6 Jungfrau

200 m hohen Fälle liegen im Inneren des Berges Schwarzer Mönch und sind über einen Aufzug zugänglich.

Von der Talstation Stechelberg in Lauterbrunnen führen **Berg- und Gondelbahnen** bergan, etwa in das autofreie **Mürren**, das in 1650 m Höhe am Fuß des *Schilthorns* auf einer sonnigen Terrasse liegt. Vom kleinen Bergdorf aus kann man schöne Wanderungen unternehmen, etwa zur Grütschalp (3 Std.). Im Winter locken 53 km präparierte Skipisten. Gern fahren Besucher mit der Gondelbahn auf das **Schilthorn** (2970 m), zu Fuß dauert der Aufstieg 4,5 Std. Vom Gipfel sieht man an klaren Tagen den Mont Blanc. In Sportkreisen ist der Name bekannt, seit hier 1928 erstmals das *Inferno-Rennen* (www.inferno-muerren.ch), das mit 12 km längste Abfahrtsrennen der Welt, ausgetragen wurde. Außerdem war das Drehrestaurant ›Piz Gloria‹ auf dem Gipfel 1968 Schauplatz des James-Bond-Films ›Im Geheimdienst Ihrer Majestät‹.

Gegenüber von Mürren an der Ostflanke des Lauterbrunnentals und am Fuß des Jungfraumassivs liegt **Wengen**. Der renommierte Luftkur- und Wintersportort auf 1275 m Höhe ist ebenfalls autofrei und mit Lauterbrunnen und Grindelwald durch Zahnradbahnen verbunden. Von der Wengener Bergstation befördern Elektroautos das Gepäck der anreisenden Gäste zu gediegenen Jugendstil-Hotelpalästen und pittoresken Chalets. In Wengen wird jedes Jahr im Januar das *Lauberhornrennen* (www.lauberhorn.ch) ausgetragen, eines der schwierigsten im internationalen Skizirkus.

Grindelwald (1090 m) ist mit 4000 Einwohnern größter Ferienort in der Jungfrauregion. Das Bergsteiger-, Wander- und Skizentrum breitet sich in einer Talmulde des Flüsschens Schwarze Lütschine aus, im Süden überragt von der gewaltigen Kulisse der Eigernordwand, im Osten von Schreckhorn und Wetterhorn, im Norden von Faulhorn. Zu den landschaftlichen Attraktionen gehört die wildromantische *Gletscherschlucht* (Mitte Mai–Okt. tgl. 10–17 Uhr, Hochsaison 9–18 Uhr). Künstliche Stege durch Felsgalerien und Tunnels führen 1000 m weit ins Innere. Am Eingang der Schlucht werden im Kristallmuseum Mineralien aus den Berner Alpen ausgestellt. Will man zum *Oberen Gletscher* (Mitte Mai–Ende Okt. tgl. 9–18 Uhr), fährt man vom Bahnhof

Verstreut liegen die Häuser des Bergdorfes Grindelwald zu Füßen des Wetterhorns

6 Jungfrau

Grindelwald Richtung Grosse Scheidegg bis zum Parkplatz am Hotel Wetterhorn. Dort führt von der Schwarzen Lütschine eine teils sehr steile Holztreppe mit 890 Stufen den Fels hoch. Von oben hat man einen fantastischen Blick über Grindelwald. Auf der Terrasse der Gletscherbar kann man sich vom Aufstieg erholen.

Als Aussichtsgipfel mit Blick auf die Drei- und Viertausender der Jungfrauregion bietet sich der im Westen aufragende **Männlichen** (2345 m) an, der auch als Skigebiet geschätzt wird. 30 Minuten dauert die Fahrt von Grindelwald auf den Gipfel mit der längsten Gondelbahn Europas (6,2 km). Vom Männlichen lassen sich auch reizvolle Wanderungen unternehmen, beispielsweise in 2 Std. hinab nach Wengen [s.o.]. Eine Seilbahn führt von Grindelwald aus auch auf den *First* (2168 m) im Norden des Orts. An der Bergstation beginnt der **Alpenrose-Trail**, auf dem man in 50 Minuten zum *Bachalpsee* gelangt. In dem ruhigen Bergsee spiegelt sich malerisch die Silhouette des Eiger.

> **TOP TIPP** Die Attraktion der Region schlechthin ist das **Jungfraujoch** (3454 m) unterhalb des 4158 m hohen Jungfrau-Gipfels. Die Konstruktion der Bahnstrecke hinauf ins ewige Eis war eine technische Meisterleistung. Ab 1896 wurde Tag und Nacht im Schichtbetrieb gearbeitet, bis schließlich 1912 – nach 16 Jahren – die Zahnradstrecke eröffnet werden konnte. Von der 9,4 km langen Trasse ab der Kleinen Scheidegg verlaufen 7,2 km in einem Tunnel durch den Berg. Zubringer zur Jungfraubahn starten von Interlaken, Lauterbrunnen, Wengen und Grindelwald. Jedes Jahr lassen sich eine halbe Million Fahrgäste zum Jung-

Traumpfade für Höhenwanderer

Die Berner Alpen sind ein **Wanderparadies** par excellence, das durch Hunderte von markierten Routen erschlossen ist. Zwei schöne Höhenwege sind besonders zu empfehlen: Die insgesamt 12 km lange **Faulhorn-Wanderung** beginnt an der Schynigen Platte [s. S. 31], die man von Wilderswil mit der Nostalgiezahnradbahn erreicht. In 6 Stunden kann man von dort über das Faulhorn (2681 m) zum First (2167 m) wandern und dann mit der Gondelbahn hinab nach Grindelwald fahren. Ein besonderes Erlebnis ist diese Wanderung in Vollmondnächten, zum Sonnenauf- oder Sonnenuntergang (Infos: Jungfraubahnen, Tel. 03 38 28 72 33).

Besonders beliebt und viel begangen ist die landschaftlich attraktive **Kleine Scheidegg-Wanderung** (5 km). Startpunkt ist der Männlichen (2342 m) (s.o.), von dem aus man – immer mit spektakulären Ausblicken auf die Eigernordwand – etwa 2 Stunden Richtung Südosten zur Kleinen Scheidegg (2061 m) geht. Beide Gipfel sind via Bergbahnen mit Lauterbrunnen verbunden, wodurch sich An- bzw. Abstieg bequem gestalten lassen.

Wandern bei Grindelwald: Viertausender wie das Schreckhorn sind immer im Blick

Jungfrau

Vorbei an der berüchtigten Eigernordwand erklimmt die Jungfraubahn das Jungfraujoch

fraujoch hinaufbringen – zum höchst gelegenen Bahnhof Europas, dem ›Top of Europe‹. Durch den 230 m langen ›Sphinxstollen‹ gelangt man auf den **Jungfraufirn**, wo die Besucher je nach Gusto auch im Sommer Ski und Snowboard fahren, über das ewige Eis des Aletschgletschers wandern oder eine Schlittenpartie mit Polarhunden unternehmen können. Vom Sphinxstollen führt ein Lift zur Aussichtsplattform der *Wetterstation Sphinx* (3573 m), von der man einen einzigartigen Blick über die Berner Alpen genießt.

Praktische Hinweise

Information

Mürren Tourismus, Alpines Sportzentrum, Mürren, Tel. 03 38 56 86 86, www.mymuerren.ch

Wengen Tourismus, Dorfstr., Wengen, Tel. 03 38 56 85 85, www.mywengen.ch

Grindelwald Tourismus, Sportzentrum, Grindelwald, Tel. 03 38 54 12 12, www.grindelwald.ch

Bergbahnen

Jungfraubahnen, Höheweg 37, Interlaken, Tel. 03 38 28 72 33, www.jungfrau.ch

Männlichenbahn, Grindelwald, Tel. 03 38 54 80 80, www.maennlichen.ch

Schilthornbahn AG, Höheweg 2, Interlaken, Tel. 03 38 26 00 07, www.schilthorn.ch

Hotels

****Regina**, Wengen, Tel. 03 38 56 58 58, www.hotelregina.ch. Viktorianische Architektur signalisiert die mehr als 100-jährige Tradition des Hauses, die Zimmer atmen biedermeierliche Gemütlichkeit. Im Erdgeschoss befindet sich das Spitzenrestaurant ›Chez Meyer's‹.

***Sonnenberg**, Grindelwald, Tel. 03 38 53 10 15, www.sonnenberg hotel.ch. Familiäres Häuschen in ruhiger Hanglage. Alle Zimmer sind gemütlich mit Holzmöbeln eingerichtet und haben einen Balkon.

Eiger Guesthouse, Mürren, Tel. 03 38 56 54 60, www.eigerguesthouse.com. Hotel gegenüber der Mürrenbahn-Station mit neu renovierten Zimmern, Restaurant, Pub und Billard.

Restaurants

Alpenruh, Mürren, Tel. 03 38 56 88 00, www.alpenruh-muerren.ch. Solide Schweizer Küche in 3-Sterne-Hotel und eine Terrasse mit Blick auf die Jungfrau.

Bären, Wengen, Tel. 03 38 55 14 19, www.baeren-wengen.ch. Gasthof mit Zimmern sowie trendiger Küche und gepflegter Weinkarte (Sa/So mittags, im Sommer So ganztägig geschl.).

Ristorante Da Salvi, Grindelwald, Tel. 03 38 53 89 89, www.steinbock-grindelwald.ch. Gutes italienisches Restaurant im Hotel Steinbock nahe der Gondelbahn-Talstation hinauf zur First. Pizza, Pasta, Menüs sowie eine reiche Auswahl an Weinen.

Nord- und Ostschweiz – Heimat von Schweizer Banken und Appenzeller Käse

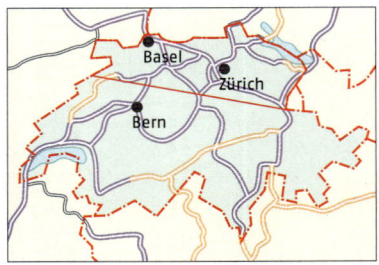

Auf immerhin 2501 m bringt es der **Säntis** im Kanton Appenzell Innerrhoden, was ihn zum höchsten Aussichtsgipfel in der Nord- und der Ostschweiz macht. Doch außer dem Blick auf die mächtigen Gipfel des Alpenhauptkammes im Süden und der schönen Berglandschaft hat die Region noch einiges mehr zu bieten. In **Basel** etwa gibt es eine gut erhaltene Altstadt zu entdecken. Gleichzeitig ist die Stadt am Rheinknie mit ihren renommierten Museen eines der bedeutendsten Kulturzentren der Schweiz. Auch in der heimlichen Hauptstadt **Zürich** kommen Kunst und Kultur nicht zu kurz. Die kreative Szene mit Galeristen, Designern und Tanz-Clubs macht den *Kreis 5* in Zürich-West zu einem der angesagtesten und innovativsten Trendviertel Europas.

Als Kontrapunkt zu den umtriebigen Metropolen bietet sich das ruhigere **Appenzellerland** an, in dessen schmucken Dörfern althergebrachte Handwerkskunst und folkloristisches Brauchtum noch heute gepflegt werden. Bei Schaffhausen schließlich bietet der **Rheinfall** als einer der größten Wasserfälle Europas ein imposantes Schauspiel.

17 Basel

Kultur- und Wirtschaftsmetropole im Dreiländereck.

Basel, bedeutender **Industriestandort** und **Messeplatz** sowie mit knapp 169 000 Einwohnern die drittgrößte Stadt in der Schweiz, liegt verkehrstechnisch günstig am Rheinknie in unmittelbarer Nachbarschaft zu Deutschland und Frankreich. In der gesamten *Regio Basiliensis* leben und arbeiten über 731 000 Menschen. Die linksrheinisch auf einem Hügel gelegene ältere Stadthälfte Gross-Basel ist durch sechs Brücken und vier nostalgische Personenfähren mit dem rechtsrheinischen Klein-Basel verbunden.

Geschichte Um 15 v. Chr. errichteten die Römer auf dem heutigen Münsterhügel von Gross-Basel einen Militärposten, um den bald eine bescheidene Siedlung entstand. Alemannen und Franken bauten dieses *Basilia* zu einem Städtchen aus, das 740 zum Bischofssitz avancierte. Der Bau der ersten Rheinbrücke über den ab hier auch für größere Schiffe befahrbaren Strom leitete im Jahr 1226 den wirtschaftlichen Aufstieg ein. Um den Brückenkopf auf der rechtsrheinischen Seite entstand der neue Stadtteil Klein-Basel. Überaus belebend auf das Geistesleben der Stadt wirkte die Gründung der Universität 1460. Hier lehrten beispielsweise ab 1521 der Humanist *Erasmus von Rotterdam* (1466–1536) und in den Jahren 1527/28 der Heilkundige *Paracelsus* (1493–1541).

1501 trat Basel dem eidgenössischen Bund bei, 1529 bekannten sich die Bürger zu einer gemäßigten reformatorischen Glaubensrichtung. In der religiös toleranten Stadt fanden nach Aufhebung des Edikts von Nantes 1685 zahlreiche französische Hugenotten eine neue Heimat. Die Glaubensflüchtlinge brachten Seidenbandweberei und Textilfärberei mit, zwei neue Erwerbszweige, die Basel zu beträchtlichem Wohlstand verhalfen.

Als Glücksfall für die Steuerkasse sollte sich Jahrhunderte später die aus den Färbereien hervorgegangene chemisch-pharmazeutische Industrie erweisen. In den Basler Labors wurden im 20. Jh. die ersten künstlichen Vitamine sowie Psychpharmaka und Insektizide wie DDT produziert. Die Fusion von Ciba-Geigy und Sandoz ließ im Jahr 1997 am Rheinknie

Die farbigen Dachziegel aus dem 15. Jh. kennzeichnen das Basler Münster

mit Novartis den größten Pharmakonzern der Welt entstehen (heute Platz 2).

Vom Münsterhügel zum Petersberg

Hoch über dem Fluss thront im mittelalterlichen Zentrum am linken Rheinufer das Wahrzeichen der Stadt, das **Basler Münster** ❶ (www.baslermuenster.ch, Sommerzeit Mo–Fr 10–17, Sa 10–16, So 11.30–17, Winterzeit Mo–Sa 11–16, So 11.30–16 Uhr) mit den zwei filigran gegliederten Türmen (Turmbesteigung: Tickets am Kiosk im südlichen Seitenschiff, Tel. 06 12 72 91 57) und dem farbig gedeckten Dach.

7 Basel

Basels Rathaus wurde zur Feier des Beitritts zur Eidgenossenschaft 1501 gebaut

Ihre Baugeschichte geht bis ins 9. Jh. zurück, doch wurde die Kirche später mehrfach umgebaut und erweitert. Die romanische Bauphase ist noch an der *Galluspforte* des nördlichen Querhauses erkennbar. Das um 1180 entstandene Figurenportal wird von Statuen der vier Evangelisten flankiert und zeigt im Tympanon das Jüngste Gericht. Die Frühgotik prägt die rote Sandsteinfassade mit den beiden schlank aufragenden Türmen, dem 65 m hohen Georgs- und dem knapp 63 m hohen Martinsturm, sowie das fünfschiffige **Innere** des Münsters. Zu beiden Seiten des Mittelschiffs strukturieren je zwei Säulenreihen den 65 x 32,5 m großen Kirchenraum. Dahinter liegen jeweils Kapellen. Am Fuß der Säule vor der Schalerkapelle neben dem nördlichen Seitenschiff ist die *Grabtafel* des 1536 in

Basel verstorbenen *Erasmus von Rotterdam* angebracht. Gegenüber an der Südseite des Hauptschiffs befindet sich die reich geschnitzte gotische *Kanzel* von 1486. Ein Umgang führt um den erhöhten *Chor*, an dessen beiden Seiten Treppen in die *Krypta* hinabführen. Dort sind romanische Friese an den Pfeilern sowie um 1400 entstandene Deckenmalereien mit Szenen aus dem Leben Jesu zu sehen.

Auf dem **Marktplatz** nordwestlich des Münsterhügels wird wochentags jeden Vormittag Markt gehalten. Die zum Rhein gewandte Seite des Platzes dominiert das **Rathaus** ❷ mit der roten Fassade. Die spätgotischen Arkaden (1504–21) im Mittelteil sind das älteste Element des später mehrfach erweiterten Repräsentationsbaus. Die von *Meister Wilhelm* 1511–12 geschaffene *Rathausuhr* wird von einem Figurenensemble gekrönt, das Justitia, die personifizierte Gerechtigkeit, zwischen Kaiser Heinrich II. (973–1024) und seiner Gemahlin Kunigunde darstellt.

An den Marktplatz schließt sich nordwestlich der **Fischmarkt** ❸ an. Den von Jugendstilhäusern und der modernen Anlage des Spiegelhofs eingefassten Platz ziert der gotische *Fischmarktbrunnen*. Engel- und Heiligenfiguren schmücken den aus einem zwölfeckigen Becken ragenden Brunnenstock.

Schmale Treppenwege und Gassen führen im Westen bergauf zum **Petersplatz** ❹, an dem die Mitte des 20. Jh. neu erbauten Kollegiengebäude der *Universität* liegen. In unmittelbarer Nachbarschaft lädt der kleine *Botanische Garten* (Tel. 06 12 67 35 19, www.unibas.ch/botgarten, April–Okt. tgl. 8–18, sonst 8–17, Gewächshäuser ganzjährig 9–17 Uhr) mit idyllischen Seerosenteichen zu einer Rast ein. Nahebei steht das **Spalentor** ❺, eines von drei erhaltenen Stadttoren aus dem 14. Jh. Mit seinen beiden zinnengekrönten Rundtürmen und dem mit bunten Ziegeln gedeckten Spitzdach ist es eines der prächtigsten historischen Torbauten der Schweiz.

Kultur liegt in der Luft

Basels hat mehr als 30 Museen und Sammlungen. Seit 1970 findet hier jeden Juni eine der renommiertesten Kunstmessen der Welt statt: die **Art Basel** (www.artbasel.com). Das 2011 wieder eröffnete, räumlich und gestalterisch neuausgerichtete **Museum der Kulturen** ❻ (Tel. 06 12 66 56 00, www.mkb.ch, Di–So 10–17 Uhr) ist mit seinem farbig schimmernden Dach ein Blickpunkt am Münsterplatz. Mit mehr als 300 000 Exponaten aus Europa, Afrika, Amerika, Ozeanien und Asien, spannenden Wechselausstellungen und Veranstaltungen informiert es über die Kulturen dieser Erde. Am Theaterplatz südlich des Münsters steht seit 1977 der skurrile **Fasnachtsbrunnen** ❼ mit den

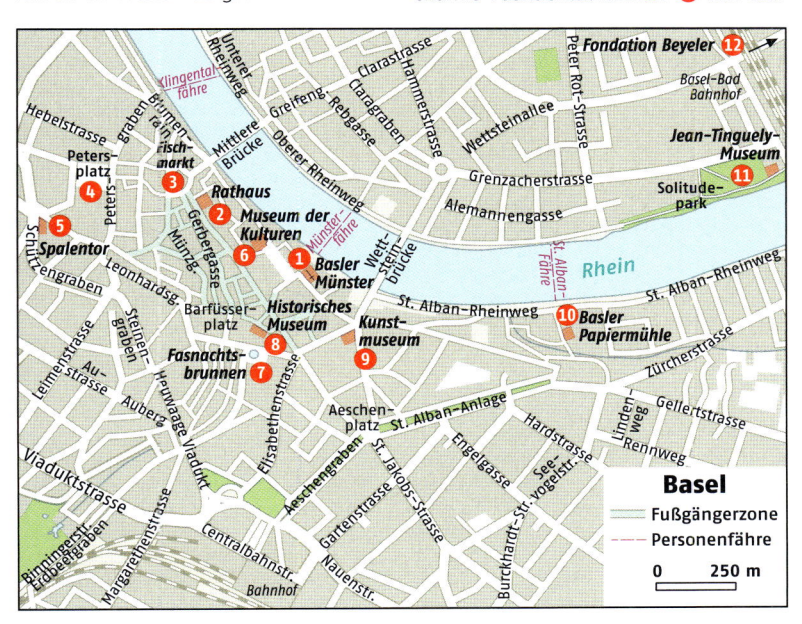

Basel

Beliebter Treffpunkt: Jean Tinguelys Fasnachtsbrunnen vor dem Basler Stadttheater

beweglich montierten Metallelementen von Jean Tinguely (1925–1991).

In der nahen einstigen Barfüsserkirche präsentiert das **Historische Museum** ❽ (Barfüsserplatz, Tel. 06 12 05 86 00, www.hmb.ch, Di–So 10–17 Uhr) in Erd- und Obergeschoss eine Dauerausstellung zur Stadtgeschichte Basels. Zu den Highlights gehören bedeutende Beispiele sakraler Kunst des Mittelalters: Reliquiare und Monstranzen des *Basler Münsterschatzes*, u. a. der von dem Straßburger Goldschmied Georg Gloner 1649 geschaffene Nautilus-Kelch, sowie 19 Fragmente des im 15. Jh. entstandenen *Basler Totentanzes*, der einst die Friedhofsmauer des Predigerklosters schmückte. Im Untergeschoss sind die spätgotischen Basler Bildteppiche, die Sammlungen der Renaissance- und Barockzeit sowie die archäologischen Fundstücke der Region zu sehen sein.

TOP TIPP Östlich des Historischen Museums beherbergt das **Kunstmuseum** ❾ (St. Alban-Graben 16, Tel. 06 12 06 62 62, www.kunstmuseumbasel.ch, Di–So 10–18 Uhr) die größte Gemäldekollektion der Schweiz. Schwerpunkte bilden die deutsche und Schweizer Malerei des 15. und 16. Jh., u. a. vertreten durch Lucas Cranach c. Ä., Matthias Grünewald und Hans Holbein d. J. Die Schweizer Malerei des 19. Jh. wird durch Werkgruppen von Ferdinand Hodler und dem Basler Arnold Böcklin (›Toteninsel‹, 1880) repräsentiert. Herausragend ist die Sammlung französischer Impressionisten mit Meisterwerken von Paul Gauguin (etwa ›Ta matete‹, 1892, und ›Nafea Faa ipoino‹, 1892), Auguste Renoir, Claude Monet, Paul Cézanne und Edgar Degas. ›Die beiden Brüder‹ (1906) und ›Sitzender Harlekin‹ (1923) von Pablo Picasso wurden angekauft, nachdem die Basler Bevölkerung in einer Volksbefragung 1967 dafür 6 Mio. Schweizer Franken bewilligt hatte. Dadaisten, Surrealisten, amerikanische Pop Art, dazu Skulpturen von Eduardo Chillida bis Auguste Rodin – das Kunstmuseum braucht dringend Platz und plant bis 2015 einen Erweiterungsbau auf der anderen Seite der Dufourstrasse.

Ein Museum zum Mitmachen mit technikgeschichtlichen Ausstellungen und funktionierenden Werkstätten ist weiter flussaufwärts, bei der Anlegestelle der St.-Alban-Fähre, die **Basler Papiermühle** ❿ (St. Alban-Tal 37, Tel. 06 12 25 90 90, www.papiermuseum.ch, Di–So 14–17 Uhr). Besucher dürfen sich hier beim Schöpfen und Bedrucken von Papier selbst betätigen. Zu den Exponaten gehören ägyptische Papyri, babylonische Rollsiegel und Blätter mit chinesischer Kalligrafie.

Auf der gegenüberliegenden Rheinseite, nahe der Schwarzwaldbrücke, lockt das **Jean-Tinguely-Museum** ⓫ (Paul Sacher-Anlage 2, Tel. 06 16 81 93 20, www.tinguely.ch, Di–So 11–18 Uhr). Der Tessiner

Stararchitekt Mario Botta entwarf den vom Chemiemulti Hoffmann-La Roche finanzierten nüchternen Museumsbau aus Backstein, Beton und Glas für die filigrane ›Schrott‹unst‹ des berühmten Schweizer Objektkünstlers Jean Tinguely (1925–1991). Die motorisierten Installationen und Maschinenskulpturen des Künstlers bestehen größtenteils aus recycelten Alteisen- und Plastikteilen. Glanzlichter unter den Exponaten sind die Riesenskulptur ›Fata Morgana‹ und der Werkzyklus ›Mengele-Totentanz‹ heraus.

Moderne Kunst vom Feinsten ist auch im Vorort Riehen zu sehen (Tram 2 ab Bahnhof Basel SBB bis Badischer Bahnhof, von dort Tram 6). Im Park des Berowerguts steht das 1997 nach Entwürfen von Renzo Piano errichtete Gebäude der **Fondation Beyeler** ⑫ (Baselstr. 101, Tel. 06 16 45 97 00, www.fondationbeyeler.ch, tgl. 10–18, Mi bis 20 Uhr). Dort stellen die Galeristen Ernst und Hildy Beyeler ihre 200 Werke umfassende Sammlung der Klassischen Moderne sowie einige Objekte afrikanischer und ozeanischer Kunst aus. Highlights sind Arbeiten von Vincent van Gogh, Paul Cézanne, Wassily Kandinsky, Alberto Giacometti, Roy Lichtenstein und Anselm Kiefer sowie Andy Warhols Porträt von Joseph Beuys.

Alles fließt – dieser Maxime folgt auch der Große Saal des Goetheanums in Dornach

Ausflüge

Im 8 km südlich von Basel gelegenen **Dornach** hat die von Rudolf Steiner (1861–1925) begründete *Anthroposophische Gesellschaft* ihren Sitz im 1925–28 erbauten *Goetheanum* (Rüttiweg 45, Tel. 06 17 06 42 42, www.goetheanum.ch, Ausstellungsraum zum Gebäude Do–So 10–12 und 14–16, Mo–Mi 14.30–15.30 Uhr, Führungen Sa 14 Uhr). Der monumentale Sichtbetonbau verzichtet konsequent auf

Die Narren sind los

Wenn andernorts der Karneval bereits vorbei ist, dann beginnt die berühmte **Basler Fasnacht**. Auftakt ist am Montag nach Aschermittwoch Punkt 4 Uhr morgens der **Morgestraich**. Auf dieses Zeichen hin ziehen kostümierte Gruppen von Flötenspielern und Trommlern, die sogenannten Cliquen der Pfyffer und Tambourē, durch die Gassen der Altstadt. Dazu gesellen sich die für Basel typischen **Waggis**. Die vermummten Gestalten tragen Elsässer Holzschuhe (Zoggeli) und eine möglichst bizarre Maske aus Holz oder Pappmaschee, die unbedingt buschige Haare und eine ungeheuer große Nase aufweisen muss. Am Nachmittag formieren sich die Närrischen zum offiziellen Umzug, der vom Aeschenplatz über die Mittlere Brücke nach Klein-Basel führt. Abends wandern die ebenfalls fantasievoll verkleideten **Schnitzelbängg** von Lokal zu Lokal, um nach Art der Bänkelsänger in Moritaten die Ereignisse des vergangenen Jahres zu persiflieren.

Der Dienstag gehört der **Guggemuusig**, die ganze Stadt ist dann von den schrägen Tönen bewusst falsch spielender Blechbläser erfüllt. Nach dem **Ändstraich** am Donnerstag Morgen ist der Spuk dann leider vorbei und die Basler Straßen präsentieren sich wieder aufgeräumt wie eh und je.

Von klein an sind die Basler bei der Fasnacht voll dabei

Basel

Seit dem 16. Jh. wacht das Munot über Schaffhausen und den Rhein

rechte Winkel, etwa bei den asymmetrischen abgeschrägten Fensterrahmen. Im Großen Saal werden Rudolfs Steiners Mysteriendramen, Theaterklassiker und die anthroposophische Tanzkunst Eurythmie aufgeführt (Tel. 061706 44 44, www.goetheanum-buehne.ch).

Ins alte Rom führt ein Ausflug zu den Ausgrabungen von **Augusta Raurica** (www.augustaraurica.ch, tgl. 10–17 Uhr) östlich von Basel. Die römische Stadt mit etwa 20 000 Einwohnern erlebte im 2. Jh. ihre Blütezeit. Erhalten blieben ein Theater sowie Reste von Tempeln, Thermen und Wohnquartieren. Ein nachgebautes *Römerhaus* zeigt, wie es sich die alten Römer wohl sein ließen, im *Tierpark* quieken und meckern antike Haustiere wie wollhaarige Weideschweine und Nera-Verzasca-Ziegen. Highlight des *Museums* (März–Okt. Mo 13–17, Di–So 10–17, Nov.–Febr. Mo 13–17, Di–So 11–17 Uhr) ist der *Silberschatz von Kaiseraugst*, mit 270 Objekten der größte der Spätantike.

Praktische Hinweise

Information
Basel Tourismus, Stadtcasino am Barfüsserplatz, Basel, Tel. 061 268 68 68, www.basel.com

Schiff
Basler Personenschifffahrt, Westquaistr. 62, Basel, Tel. 061 639 95 00, www.bpg.ch. Ausflugs- und Pendelfahrten auf dem Rhein, etwa ab Anlegestelle Schifflände via Augst nach Rheinfelden.

Hotels
*******Les Trois Rois**, Blumenrain 8, Basel, Tel. 061 260 50 50, www.lestroisrois.com. Das renovierte Traditionshotel direkt am Rhein bietet modernsten Luxus; mehrere Restaurants, Bar, Sauna, Fitnessraum.

TOP TIPP *****Der Teufelhof**, Leonhardsgraben 49, Basel, Tel. 061 261 10 10, www.teufelhof.com. Das ›Gast- und Kulturhaus‹ vereint unter seinem Dach zwei Hotels, deren 26 Zimmer und 7 Suiten verschiedene Künstler extravagant und individuell gestaltet haben, das Feinschmeckerrestaurant Bel Étage, das hippe Lokal Atelier und ein Theater.

*****Hotel Brasserie au violon**, Im Lohnhof 4, Basel, Tel. 061 269 87 11, www.au-violon.com. Das einstige Mönchskloster und spätere Gefängnis ist heute ein angenehmes Hotel mit 20 für Basel relativ günstigen Zimmern und Restaurant.

Restaurants
Stucki, Bruderholzallee 42, Basel, Tel. 061 361 82 22, www.stuckibasel.ch. Feinschmeckerlokal, in dem Tanja Grandits aus gegensätzlichen Aromen höchst harmonische Gerichte komponiert (So/Mo meist geschl.).

Walliser Kanne, Gerbergasse 50, Basel, Tel. 061 261 70 17, www.walliserkanne-

Beduinenzelt? Kirchenraum? Die Zimmer im Hotel Teufelhof regen die Fantasie an

8 Schaffhausen

basel.ch. Gutes Restaurant in der Altstadt. Spezialitäten sind Käsefondue, Raclette, Poularde aus dem Ofen oder das Wiener Schnitzel, das direkt am Tisch in Butter gebraten wird (So geschl.).
Safran Zunft, Gerbergasse 11, Basel, Tel. 06 12 69 94 94, www.safran-zunft.ch. Historisches Zunfthaus, das trotz des vornehmen Ambientes ein erschwingliches Mittagsmenü bietet. Spezialität ist Kalbfleisch in Roséweinsud (So geschl.).

8 Schaffhausen

Der Rheinfall, die ›Niagarafälle Europas‹, machte die alte Handelsstadt berühmt.

Die **Kantonshauptstadt** liegt 400 m ü.d.M. am Nordufer des Oberrheins. Ihr Name geht auf ein Bootshaus (= Scafhus) am nahen Rheinfall zurück, an dem früher Lastkähne entladen wurden. Vom mittelalterlichen Warenumschlagplatz entwickelte sich die heute 35 000 Einwohner zählende Stadt zum betriebsamen Standort der Textil- und Eisenindustrie.

Das Bild beherrscht das **Munot** (Tel. 052 625 42 25, www.munot.ch, Mai–Sept. tgl. 8–20, Okt.–April tgl. 9–17 Uhr), die kreisrunde Festung auf einem mit Weinstöcken kultivierten Hügel im Osten der stimmungsvollen Altstadt. Das Kastell, 1564–89 nach Plänen von Albrecht Dürer (1471–1528) errichtet, bietet eine schöne Aussicht auf Schaffhausen und Rhein.

Nahe dem Flussufer liegt das **Münster Allerheiligen**, eine flach gedeckte Säulenbasilika aus hellem Stein mit Viereckturm. Sie wurde als Stiftskirche der Benediktinerabtei Allerheiligen 1087–1150 errichtet und zeigt noch die charakteristische Askese des romanischen Stils. Ein südlich angebauter kleiner Hof birgt die große *Osannaglocke* von 1486, die Friedrich von Schiller zum Gedicht ›Die Glocke‹ inspirierte. In den angrenzenden ehemaligen Klostergebäuden nimmt das **Museum zu Allerheiligen** (Klosterstr., Tel. 052 633 07 77, www.allerheiligen.ch, Di–So 11–17 Uhr) den Besucher der Dauerausstellung mit auf eine interaktive Reise durch die Menschheitsgeschichte.

Wenige Schritte weiter präsentieren die **Hallen für Neue Kunst** (Baumgartenstr. 23, Tel. 052 625 25 15, www.modern-art.ch, Sa 15–17, So 11–17 Uhr) zeitgenössische Werke der Raussmüller Collection in einer ehemaligen Textilfabrik.

Rund um das Münster laden malerische Gassen zum Bummeln ein. Stattliche Patrizierhäuser stehen in der zum zentralen Fronwagplatz führenden **Vordergasse**. Am *Haus zum Ritter* (Nr. 65) von 1566 illustrieren die Fassadenfresken im Renaissancestil Motive der antiken Mythologie. Es sind Kopien, die 1570 entstandenen Originale von *Tobias Stimmer* zeigt das Museum zu Allerheiligen. Das

8 Schaffhausen

Zunfthaus der Schmiede (Nr. 61) gefällt durch einen verspielten dreigeschossigen Eckerker. In der Vordergasse 8 steht das **Rathaus** von 1412, dessen Ratssaal im ersten Obergeschoss kunstvolle Renaissancetäfelungen schmücken.

Nur 4 km westlich der Stadt stürzt der Rhein auf einer Breite von 150 m mit donnerndem Getöse eine 23 m hohe Kalkschwelle hinab. Der **Rheinfall** [TOP TIPP] ist zwar nicht der höchste, doch was die Wassermassen angeht der beeindruckendste Wasserfall Mitteleuropas. Je nach Jahreszeit rauschen 200 bis 700 m^3 Wasser pro Sekunde über den Katarakt.

Den besten Blick auf das Naturspektakel bietet **Schloss Laufen** am Südufer des Rheins. Das Anwesen mit Restaurant (Tel. 052 659 67 67, www.schlosslaufen.ch) und Aussichtsterrasse erreicht man mit dem Auto über die N 4 oder von Neuhausen in einem Spaziergang flussaufwärts, der u. a. über die Rheinfallbrücke (192 m lang) führt.

Im **Adventure-Park** (Neuhausen, Nohlstr., Tel. 052 670 19 60, www.ap-rheinfall.ch, April–Okt. tgl. 10–19 Uhr) hangeln sich sportliche Kletterfreaks von Baumwipfel zu Baumwipfel und genießen die Aussicht auf den Rheinfall.

i Praktische Hinweise

Information

Schaffhauserland Tourismus, Herrenacker 15, Schaffhausen, Tel. 052 632 40 20, www.schaffhauserland.ch

Info-Shop Rheinfall, Rheinfallquai, Neuhausen am Rheinfall, Tel. 052 670 02 37, www.rheinfall.ch

Schiff

Rhyfall Mändli, Neuhausen am Rheinfall, Tel. 052 672 48 11, www.rhyfall-maendli.ch. Ausflugsfahrten mit dem Boot zum Rheinfall (Juni–Aug. 9.30–18.30, Mai, Sept. 10–18, April, Okt. 11–17 Uhr).

Ausflugsboote bringen die Besucher mitten hinein in den tosenden Rheinfall

Stein am Rhein kann mit einer putzigen mittelalterlichen Altstadt aufwarten

9 Stein am Rhein

Mittelalterliches Flair in Reinkultur.

Etwa 3300 Menschen leben in dem schmucken mittelalterlichen Städtchen am *Untersee*, wie der Rhein bei seinem breiten Ausfluss im Westen des Bodensees genannt wird. Mehr als 1 Mio. Tagesausflügler jährlich besuchen die fotogene Altstadt von Stein am Rhein.

Prunkstück des Ortes ist der **Rathausplatz**. Er ist umgeben von größtenteils gotischen Bürgerhäusern, deren Fachwerkgiebel, Erker und reiche Fassadenmalereien eine Augenweide sind. Das *Haus zum Roten Ochsen* zieren Bibelszenen, am *Weißen Adler* überraschen Motive aus Boccaccios ›Decamerone‹. Das 1539–42 errichtete **Rathaus** mit seinem aufgesetzten Uhrtürmchen zeigt zur Marktseite hin eine von dem Stuttgarter *Carl von Haeberlin* gemalte Szene aus der Schlacht von Murten.

Östlich vom Rathausplatz liegt der Klosterkomplex **St. Georgen**, den eine auf das 11. Jh. zurückgehende romanische Säulenbasilika dominiert. Das 1524 säkularisierte Benediktinerkloster beherbergt heute das *Klostermuseum St. Georgen* (Tel. 052 741 21 42, April–Okt. Di–So 10–17 Uhr). Beachtenswert sind die Renaissancefresken im Festsaal von Abt David von Winkelsheim und die Butzenscheiben im Zimmer von Abt Jodokus Krum.

Ausflug

10 km südlich von Stein am Rhein erreicht man bei Frauenfeld die einstige **Kartause Ittingen**. Das 1152 von Augustinern gegründete Stift wurde 1461 an die Kartäuser verkauft. Das Kloster wurde 1848 aufgelöst, doch eine Stiftung betreibt in der umfassend restaurierten Anlage eine Begegnungsstätte, an die ein Gasthof, ein Klosterladen und zwei *Museen* (Tel. 052 748 44 11, www.kartause.ch, Museen Mai–Sept. tgl. 11–18, Okt.–April Mo–Fr 14–17, Sa/So 11–17 Uhr) angeschlossen sind.

Das Ittinger Museum macht die **Stiftskirche** zugänglich. 1703 haben sie die Brüder *Kaspar* und *Johannes Moosbrugger* aus Einsiedeln in reinstem Rokokostil erneuert. Der Innenraum ist üppig mit Deckenfresken und Stuckaturen ausgeschmückt. Das **Kunstmuseum Thurgau** zeigt in der Kartause naive Malerei. Schwerpunkt ist der Thurgauer Künstler Adolf Dietrich (1877–1957).

i Praktische Hinweise

Information

Tourismus Stein am Rhein, Oberstadt 3, Stein am Rhein, Tel. 052 742 20 90, www.tourismus.steinamrhein.ch

Zürich

Umtriebiger Finanzplatz, Kulturmetropole und heimliche Hauptstadt der Schweiz.

Die am nördlichen Ende des Zürichsees gelegene Stadt (409 m) wirbt mit dem griffigen Slogan von der ›kleinsten Großstadt der Welt‹. Für eine richtige Großstadt ist Zürich in der Tat zu klein, doch reicht es mit rund 385 000 Einwohnern zur mit Abstand größten Schweizer Stadt. Kleinteiliges **Altstadtidyll** und weltmännisches Flair – Zürich besitzt beides. Vor allem hat die vom Flüsschen Limmat geteilte Altstadt ihre beschaulichen Ecken bewahrt. Prächtige Zunfthäuser säumen die Flussufer und in den verwinkelten Gassen präsentieren sich hinter alten Gemäuern edle Boutiquen. Ihr **Naherholungsgebiet** haben die Zürcher dank des Sees direkt vor der Haustür: An heißen Sommertagen sind die Strandbäder an Uto- und Mythenquai rappelvoll.

Geschichte Die Anfänge der Stadt gehen auf die Römer zurück, die 15 v. Chr. auf einem Hügel über der Limmat – dem heutigen Lindenhof – einen **Zollposten** namens *Turicum* errichteten. Die ringsum entstandene Siedlung ließ Kaiser *Valentinian I.* im 4. Jh. mit einem Kastell verstärken. Auf den Ruinen der römischen Befestigung erbaute Mitte des 9. Jh. der ostfränkische König *Ludwig der Deutsche* (804–876) eine karolingische **Pfalz**, die 1172 zur Reichsstadt aufstieg. Mithilfe der bis dahin politisch nicht repräsentierten Handwerker stürzte 1336 der Adlige *Rudolf Brun* (1300–1360) den vom Kaufmannsstand dominierten Rat Zürichs und führte die **Zunftverfassung** ein. Unter Brun trat Zürich im Jahr 1351 der Schweizer Eidgenossenschaft bei.

1523 machte der Prediger Ulrich Zwingli (1484–1531) die Stadt zum Zentrum der **Schweizer Reformation**. Die Messe und der Ablasshandel wurden abgeschafft, Klöster gingen in Stadtbesitz über und durch die Kirchen fegte der Bildersturm, der manchen Kunstschatz unwiederbringlich zerstörte.

Nach der Französischen Revolution Ende des 18. Jh. setzte sich der liberale Zeitgeist in der Schweiz in Zürich am schnellsten durch. Während dieser Epoche prägten **Vordenker** wie der Sozialreformer Johann Heinrich Pestalozzi (1746–1827) oder der Erfinder Johann Georg Bodmer (1786–1864) die Atmosphäre in der Stadt. Die treibende Kraft auf dem Weg zur modernen **Wirtschaftsmetropole** war der Politiker und Eisenbahnmagnat *Alfred Escher* (1818–1882). Unter seiner Ratspräsidentschaft wurden die Eidgenössische Technische Hochschule und die Schweizerische Kreditanstalt gegründet und die Gotthard-Bahn gebaut, die Zürich mit Oberitalien verbindet.

Im 19. Jh. spezialisierte sich Zürich auf Handel, Bank- und Versicherungsgeschäfte. Als Sitz von 350 nationalen und internationalen Großbanken avancierte die Stadt bald zu einem der weltweit wichtigsten **Finanzplätze**. Im 20. Jh. zog ihr liberales Klima Exilanten und Emigranten aus ganz Europa an, August Bebel und Thomas Mann waren nur zwei von ihnen. 1916 begründeten *Hans Arp*, *Tristan Tzara* und *Hugo Ball* im ›Cabaret Voltaire‹ in der Spiegelgasse den **Dadaismus**, ab 1933 führten Erika Mann und Therese Giehse ihr in Deutschland verfemtes politisches Kabarett ›Pfeffermühle‹ in der Stadt an der Limmat fort.

Dann blieb es lange Zeit eher ruhig in Zürich, bis sich in den 1980er-Jahren anlässlich der Schließung eines Jugendhauses der aufgestaute Zorn junger Schweizer über eine konservative Stadt- und Staatspolitik in blutigen Straßenschlachten mit der Polizei entlud. Doch der Aufruhr währte nicht lange und schon bald bummelten Einheimische wie Touristen wieder guter Dinge durch die Altstadt der Schweizer Metropole.

Westliche Altstadt

Nördlich des Hauptbahnhofs imponiert der 1898 fertiggestellte burgartige Komplex des **Landesmuseums Zürich** [1] (Museumstr. 2, Tel. 044 218 65 11, www.landesmuseum.ch, Di/Mi, Fr–So 10–17, Do 10–19 Uhr), eine Dependance des Schweizerischen Nationalmuseums. In rund 80 Sälen und im restaurierten Bahnhofsflügel (der Erweiterungsbau wird 2016 eröffnet) sind Exponate zu Geschichte und Kultur aufgeboten. Ein Schwerpunkt der Sammlung ist die Frühgeschichte, ältester Fund ist das auf 3000 v. Chr. datierte hölzerne ›Rad von Zürich‹. Unter den vielen mittelalterlichen Kunstschätzen fällt eine polychrome Holzstatue der Muttergottes (12. Jh.) aus dem wallisischen Raron auf. Glanzlichter sind auch die Tafelbilder und kunstvollen Schnitzaltäre. Den Wissensstand des 16. Jh. dokumentiert der Himmelsglobus von Jost Bürgi (1594).

Plan S. 50 10 Zürich

Mitten hinein ins Leben: Zürichs Hauptbahnhof öffnet sich zur Bahnhofstrasse

Auf der südlichen Seite des Hauptbahnhofs beginnt die **Bahnhofstrasse** 2. Die Schweizer Nobelmeile schlechthin ist 1,4 km lang und führt zum Bürkliplatz am Nordufer des Zürichsees. Bis ins 19. Jh. hinein verlief hier der ›Fröschengraben‹, der Stadtgraben um die mittelalterliche Altstadt. Er wurde 1867 zugeschüttet und nach Vorbild der Pariser Champs-Elysées in einen Boulevard verwandelt. Exklusive Modeboutiquen, Pelzgeschäfte und Juweliere können die hohen Mieten am ehesten aufbringen. Das ›Schaufenster der Schweiz‹ offeriert daher inmitten neoklassizistischer Architektur vielfach das Teuerste vom Teuren.

Eine der schönsten Seitengassen der Bahnhofstrasse ist die teilweise um den Lindenhof-Hügel laufende **Augustinergasse** 3, in der dekorative Erker die Fassaden der schmalen Bürgerhäuser zieren. Die **Schipfe** 4 auf der entgegengesetzten Seite des Lindenhofs besticht durch ihr geschlossenes Ensemble von Patrizierhäusern aus dem 17. und 18. Jh.

Auf einem weiteren Hügel steht **St. Peter** 5 (www.st-peter-zh.ch, Mo–Fr 8–18, Sa 10–16, So ca. 11–17 Uhr), die älteste Pfarrkirche Zürichs, deren Baugeschichte bis ins 9. Jh. zurückreicht. Im Jahr 1538 erhielt der spätromanische Turm aus dem 13. Jh. an allen vier Seiten je ein riesiges Zifferblatt, mit 8,70 m Durchmesser die größten in Europa. Der Turm kann bestiegen werden, allerdings nur auf Voranmeldung (Tel. 04 42 11 50 70).

Von der Kirche führen enge Gassen zum **Münsterhof** hinab, der im Mittelalter das Zentrum der östlichen Altstadt war. Seine Ostseite wird vom **Fraumünster** 6 (www.fraumuenster.ch, April–Okt. Mo–Sa 10–18, So 11.15–18, Nov.–März Mo–Sa 10–16, So 11.15–16 Uhr) dominiert. Ein erstes Gotteshaus an dieser Stelle übergab Kaiser Ludwig der Deutsche im Jahr 853 seinen Töchtern Hildegard und Bertha, die dem zugehörigen Kloster als Äbtissinnen vorstanden. Vom 13. bis 15. Jh. wurde die Kirche im Stil der Gotik zu einer dreischiffigen Pfeilerbasilika umgebaut. Der spätromanische Chor aber wartet mit Kunstwerken der klassischen Moderne auf: Die fünf Fenster schmückte Marc Chagall (1887–1985) 1970 mit farbgewaltigen Glasmalereien zu biblischen Themen. Auch die Fensterrose im südlichen Querschiff mit der Schöpfungsgeschichte ist eine Arbeit des berühmten Malers, die er 1978 im hohen Alter von 91 Jahren anfertigte.

Prächtige Zunfthäuser säumen noch heute den Münsterhof. Im Norden steht z.B. das **Zunfthaus zur Meisen** 7 (Tel. 04422 12807, www.nationalmuseum.ch, Do–So 11–16 Uhr), ein stolzes, 1752–57 entstandenes Stadtpalais. Heute präsentiert es als Dependance des Schweizerischen Nationalmuseums eine Sammlung mit Porzellan und Fayencen des 18. Jh. Allein schon die in prachtvollem Rokoko mit Stuckaturen ausgestalteten einstigen Zunfträume sind einen Besuch wert.

Im Westen des Fraumünsters weitet sich die Bahnhofstrasse zum **Paradeplatz** 8, an dem sich der Finanzplatz Zürich in seiner ganzen Größe zeigt. Die 1877 im Stil des Neobarock erbaute Schweizerische Kreditanstalt thront hier wie ein Stadtschloss. Noch etwas älter ist das nicht minder imposante Grand Hotel Savoy Baur en Ville (www.savoy-baurenville.ch) von 1838. Zu all diesem Pomp passen auch die süßen Kostbarkeiten der Confiserie Sprüngli (Bahnhofstr. 21 www.spruengli.ch), z.B. Torten, Truffes, Pralinen und kunterbunte Luxemburgerli.

Musikalischen Hochgenuss verspricht die **Tonhalle** 9 (Claridenstr. 7, Tel. 044 2063434, www.tonhalle.ch) im Kongresshaus jenseits des Schanzengrabens. Das renommierte Tonhalle-Orchester existiert seit 1868, die beiden Säle sind auch wegen ihrer Akustik weltberühmt.

Entspannung pur verspricht in Richtung Nordosten das 2011 eröffnete **Thermalbad & Spa Zürich** 10 (Brandschenkestr. 150, Tel. 044 205 96 50, www.thermalbad-zuerich.ch, tgl. 9–22 Uhr, Di Spa nur für Frauen). Es liegt im Stadtteil Enge auf einem einstigen Brauereigelände, das ein roter Schornstein markiert. Glanzstück des Bades ist ein 35 °C warmes Becken auf dem Dach mit schönem Rundblick über

Am Ufer der Limmat reihen sich Postamt, Fraumünster und die Kirche St. Peter

Wilhelm Furtwängler begann hier 1907 seine Dirigenten-Karriere, unter den Komponisten waren Berühmtheiten wie Paul Hindemith und Richard Strauß. Im Jahr 2012 übernimmt Andreas Homoki die Intendanz der hochkarätigen Bühne für Oper und Ballett, an der auch immer wieder internationale Stars zu Gast sind.

Richtung Norden erreicht man das **Grossmünster** [13] (Tel. 044 252 59 49, www.grossmuenster.ch, März–Okt. Mo–Sa 10–18, So 11.15–18, Nov.–Febr. Mo–Sa 10–17, So 11.15–17 Uhr, Turmbesteigung März–Okt. Mo–Sa 10–17, So 12.30–17.30, Nov.–Febr. Mo–Sa 10–16.30, So 12.30–16.30 Uhr), dessen romanische Doppeltürme als Wahrzeichen das Stadtbild bestimmen. An der Stelle des im 11.–13. Jh. errichteten Sakralbaus soll sich ein von *Karl dem Großen* gegründetes Chorherrenstift befunden haben. Der Kaiser, mutmaßlicher Gründer des Grossmünsters, wurde in luftiger Höhe am Südturm als überlebensgroße *Sitzfigur* (Kopie) verewigt. Das um 1470 entstandene Original ist in der *Krypta* ausgestellt. Die drei Rundbogenfenster im erhöhten Chor malte 1933 der Bergeller Meister *Augusto Giacometti* (1877–1947) mit Szenen der Weihnachtsgeschichte aus. Im westlichen Teil des Kirchenschiffes sind zwölf 2009 von *Sigmar Polke* geschaffene Fens-

Das Zunfthaus zur Zimmerleuten heißt auch ›Zum Roten Adler‹

die Stadt. Sauna gibt es keine, dafür ein irisch-römisches Spa-Ritual (ab 16 Jahre).

Etwas südwestlich davon, im Rieterpark am Rande der Innenstadt, bietet das **Museum Rietberg** [11] (Gablerstrasse 15, Tel. 044 206 31 31, www.rietberg.ch, Di–So 10–17, Mi/Do 10–20 Uhr) eine hochkarätige Sammlung zu Kunst und Kunsthandwerk der Weltkulturen. Im *Erweiterungsbau* mit dem gläsernen Eingangspavillon sieht man japanische Holzschnitte und chinesische Malerei, altägyptische Stoffe und afrikanische Masken. Die neoklassizistische *Villa Wesendonck* präsentiert buddhistische Skulpturen sowie tibetische und südindische Bronzen, darunter den berühmten ›Tanzenden Shiva‹. Hinzu kommen peruanische Keramik und Reliefs der Maya. Eine Besonderheit ist das an Exponaten reiche *Schaudepot*.

Am rechten Limmatufer

Die Quaibrücke geht über Limmat und Zürichsee zum Bellevueplatz, der den Blick auf das **Opernhaus** [12] (Tel. 044 268 66 66, www.opernhaus.ch, dort unter Besucher Service auch Termine für Führungen) freigibt. Das Haus mit seinem zweigeschossigen säulengeschmückten Portikus und den triumphalen Skulpturengruppen auf den Giebeln wurde 1891 mit einer Aufführung von Richard Wagners *Lohengrin* eröffnet.

10 Zürich

ter zu bewundern. Fünf von ihnen zeigen alttestamentarische Szenen, sieben sind aus Achatschnitten gefertigt.

Ab der Münsterbrücke begleitet die Shopping- und Flaniermeile **Limmatquai** den Fluss aufwärts am rechten Ufer. Neben verlockenden Schaufenstern bieten auf der überwiegend einseitig bebauten Straße Arkadengänge und alte Zunfthäuser etwas fürs Auge. Das **Zunfthaus zur Zimmerleuten** ⑭ (Nr. 40) von 1708 etwa gefällt durch die über beide Stockwerke

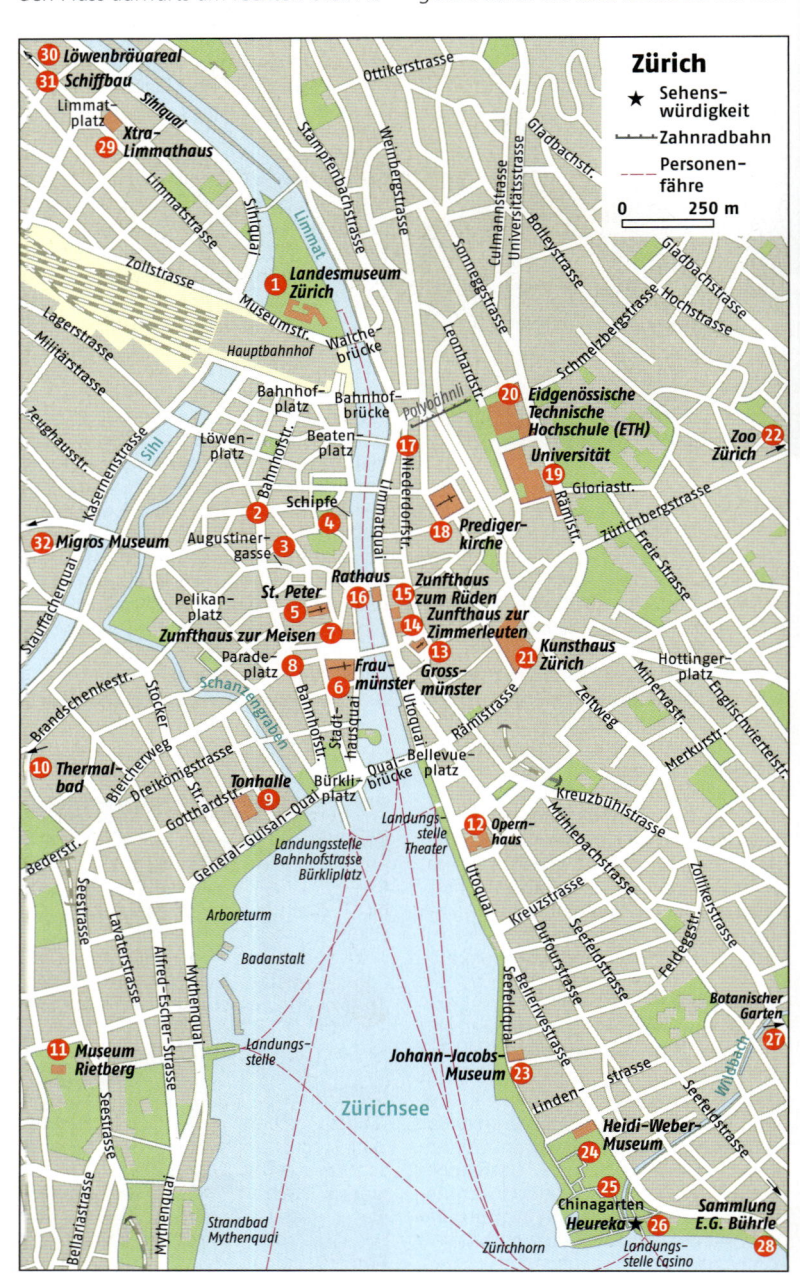

50

Im Ausgehviertel Niederdorf isst und trinkt man am liebsten unter freiem Himmel

gezogenen und von einem Spitzdach bekrönten Erker. Nach einem verheerenden Brand 2007 wurde es wieder aufgebaut.

Am benachbarten mittelalterlichen **Zunfthaus zum Rüden** 15 (Nr. 42) fällt der vorkragende Fachwerkbau im zweiten Stock auf. Im Vergleich zu diesen beiden schmucken Gebäuden, die heute jeweils ein Restaurant beherbergen, wirkt der kubische Bau des **Rathauses** 16 schräg gegenüber eher nüchtern. Der Tessiner Architekt *Giovanni Maria Ceruto* hat ihn 1694–98 im Stil der Spätrenaissance errichtet. Im mit Stuckaturen und allegorischen Gemälden prächtig ausgestatteten barocken Festsaal tagt heute die Kantonsregierung von Zürich.

Weiter flussaufwärts verläuft parallel zum Limmatquai die autofreie **Niederdorfstrasse** 17. Zürichs Amüsiermeile säumen schicke Geschäfte, Bars und Restaurants, weitere scharen sich um den *Hirschenplatz* am südlichen Ende.

Im Zentrum des ›Dörfli‹, wie die Zürcher das Viertel Niederdorf nennen, steht die **Predigerkirche** 18 (www.predigerkirche.ch, Mo 12–18, Di–Sa 10–18, So 12–18/ Winterzeit 17 Uhr). Sie war im 13. Jh. als Teil eines Klosters des Predigerordens (nicht erhalten) im Stil der Romanik errichtet worden, beim Umbau 1614 wurde das Kircheninnere barockisiert. Der 97 m hohe neogotische *Kirchturm* entstand 1900. 1917 zog man Zwischenetagen ein. Hier werden seither Teile der umfangreichen Bestände der *Schweizer Zentralbibliothek* aufbewahrt.

Östlich der Predigerkirche liegt das Universitätsviertel mit der 1838 gegründeten **Universität** 19, deren 1911–14 entstandener ›Neubau‹ an seiner 64 m hohen Zentralkuppel leicht zu erkennen ist. Nördlich davon schließt sich die **Eidgenössische Technische Hochschule (ETH)** 20 an. Der markante zweistöckige Flügelbau wurde 1864 nach Entwürfen von *Gottfried Semper* fertiggestellt und gilt als wichtigstes Beispiel des Historismus in der Schweiz. Die *Graphische Sammlung der ETH* (Rämistr. 101, Tel. 04 46 32 40 46, www.gs.ethz.ch, Mo–Fr 10–17, Mi 10–19 Uhr) besitzt neben moderner Druckgrafik auch Radierungen und Kupferstiche von Dürer, Goya und Rembrandt.

Von der *Polyterrasse* vor der ETH pendeln die roten Wagen der 1889 eingeweihten Standseilbahn *Polybahn* (Mo–Fr 6.45–19.15, Sa 7.30–14 Uhr alle 2–5 Min.) hinab zum Centralplatz gegenüber dem Hauptbahnhof.

Im Süden des Universitätsviertels, am Heimplatz, präsentiert das renommierte **Kunsthaus Zürich** 21 (Tel. 04 42 53 84 84, www.kunsthaus.ch, Sa/So/Di 10–18, Mi–Fr 10–20 Uhr) Meisterwerke der europäischen und vor allem der Schweizer Kunst. Gleich im Erdgeschoss stehen Alberto Giacomettis Skulpturen Spalier, die zu den größten Schätzen des Hauses gehören. Im ersten Stock des schlichten Sandsteinbaus werden Werke mittelalterlicher Meister wie Hans Leu d.Ä. ebenso ausgestellt wie Gemälde Johann Heinrich Füsslis (18. Jh.),

Zürich

Imposante moderne Skulpturen umgeben den klassisch-geradlinigen Bau des Kunsthauses Zürich

Arnold Böcklins (19. Jh.) oder Ferdinand Hodlers (1853–1918), der mit über 100 Arbeiten vertreten ist. Die niederländische und flämische Barockmalerei repräsentieren Gemälde von Jan Brueghel d.Ä. und Peter Paul Rubens. Im zweiten Obergeschoss sieht man französische Kunst des 19./20. Jh., z. B. von Cézanne, Gauguin, van Gogh, Manet, Monet, Chagall, Matisse, Picasso, Spitzenwerke der deutschen Moderne von Max Beckmann oder Oskar Kokoschka sowie die größte Sammlung mit Gemälden Edvard Munchs außerhalb Norwegens. Da zahlreiche wichtige Exponate noch in den Depots schlummern, wird ein Erweiterungsbau nach Plänen David Chipperfields erstellt, der die Ausstellungsfläche verdoppeln wird und im Jahr 2015 fertiggestellt sein soll.

Begegnungen mit der Tierwelt ermöglicht der **Zoo Zürich** 22 (Zürichbergstr. 221, Tel. 04 42 54 25 05, www.zoo.ch, März–Okt. 9–18, Nov.–Febr. 9–17 Uhr). Mit der Masoala-Regenwaldhalle des Tierparks hat man auf 11 000 m² ein Stück Tropen aus Madagaskar an den Fuß der Alpen versetzt. Zwischen üppigen Palmen und betörend duftenden Ylang-Ylang-Bäumen können u.a. Mausmaki und Flughunde entdeckt werden.

Die Goldküste am Zürichsee

Das rechte Ufer des Zürichsees wird wegen der zahlreichen Villen auch Goldküste genannt. An Sonntagen flaniert die halbe Stadt durch das hiesige **Seefeldquartier**. Es geht über den Utoquai und am Seefeldquai entlang. Hier sollten Kaffeefreunde das **Johann-Jacobs-Museum** 23 (Seefeldquai 17, Tel. 04 43 88 61 51, www.johann-jacobs-museum.ch, wegen Umbau bis Herbst 2012 geschl.) besuchen, das die Kulturgeschichte des Kaffees anhand einer hübschen Porzellan- und Silbersammlung erzählt.

Wer sich für Architektur interessiert, sucht sicher das **Heidi-Weber-Museum** 24 (Höschgasse 8, www.centerlecorbusier.com, Juli–Sept. Sa/So 14–17 Uhr) auf. Das futuristische, streng geometrische Gebäude mit den großflächigen farbigen Außenverkleidungen entstand 1964–67 nach Plänen von *Le Corbusier* (1887–1965). Es ist das letzte Bauwerk des Architekten und sein einziges in Zürich. Der Clou der Konstruktion: Über den Räumen erhebt sich ein scheinbar losgelöstes luftiges Stahlplattendach. Das ursprünglich als Wohnhaus konzipierte Gebäude dient heute als Ausstellungspavillon für moderne Kunst und das Werk Le Corbusiers.

Ganz in der Nähe ragt das **Zürichhorn** in den See. Auf dem breiten Landzunge verströmt der **Chinagarten** 25 (Bellerivestr. 138, Tel. 04 43 80 31 51, Ende März–Ende Okt. tgl. 11–19 Uhr) mit Pagoden und Wasserspielen exotisches Flair. Der Park ist ein Geschenk von Zürichs südchinesischer Partnerstadt Kunming.

Ebenfalls exotisch wirkt die 1964 entstandene Maschinenplastik **Heureka** 26 von *Jean Tinguely* an der Anlegestelle des Zürichhorns. Das eiserne Ungetüm, bei dem sich Zahnräder drehen und Gewinde ächzen, wird man erst wieder Mitte 2012 in Aktion erleben können.

Der ein Stück weiter östlich gelegene **Botanische Garten** 27 (Zollikerstr. 107, Tel. 04 46 34 84 61, www.bguz.uzh.ch, März–Sept. Mo–Fr 7–19, Sa/So 8–18, Okt.–Febr. Mo–Fr 8–18, Sa/So 8–17 Uhr) gehört zur Zürcher Universität. Das große Freigelände lockt mit 9000 Pflanzenarten vom heimischen Edelweiß bis zum mediterranen Zitronenbäumchen. Die Tropenhäuser, sind bis Ende 2012 geschlossen.

Stadtauswärts, nahe dem Bahnhof Tiefenbrunn, breitet die **Sammlung E. G. Bührle** 28 (Zollikerstr. 172, Tel. 04 44 22 00 86, www.buehrle.ch, nur mit Führung am 1. So im Monat auf Voranmeldung) ihre kunsthistorischen Schätze aus. Neben mittelalterlichen Skulpturen und gotischen Altären sieht man Meisterwerke von Rembrandt, Goya, Tiepolo, Tintoretto, Ingres, Courbet, Delacroix, Degas, Monet, Manet, Renoir, van Gogh und Picasso.

Plan S. 50

10 Zürich

Innovationen in Zürich-West

Rund um den Limmatplatz nordwestlich des Hauptbahnhofs erstreckt sich das einstige Industriequartier **Kreis 5**. In den alten Fabrikgebäuden des neuen Trendviertels sind heute Galerien, Designerläden und Werbeagenturen ansässig. Der hiesige 126 m hohe Büroturm **Prime Tower** (www.primetower.ch) ist seit 2011 das höchste Gebäude der Stadt.

Das **Xtra-Limmathaus** ㉙ (Limmatstr. 118, www.x-tra.ch), ein Bau aus den 1930er-Jahren, beherbergt inzwischen einen angesagten Club mit Livemusik, ferner ein Restaurant mit Bars und ein Hotel. Als Forum der Gegenwartskunst fungiert das **Löwenbräuareal** ㉚ (Limmatstr. 270). Da es bis 2013 umgebaut wird, ist die *Kunsthalle Zürich* (Tel. 044 272 15 15, www.kunsthallezurich.ch, Di/Mi, Fr 12–18, Do 12–20, Sa/So 11–17 Uhr) vorübergehend ins Museum Bärengasse im Zentrum gezogen. Im **Schiffbau** ㉛ auf dem Escher-Wyss-Areal an der Limmat, wo früher Dampfmaschinen und Turbinen gebaut wurden, hat sich das *Zürcher Schauspielhaus* (Tel. 044 258 77 77, www.schauspielhaus.ch) eine Spielstätte eingerichtet.

Das **Migros Museum für Gegenwartskunst** ㉜ (Albisriederstr. 199 a, Tel. 044 277 20 50, www.migrosmuseum.ch, Di/Mi, Fr 12–18, Do 12–20, Sa/So 11–17 Uhr, Tram 3 ab Hauptbahnhof bis Haltestelle Hubertus) ist im Viertel Kreis 4 südlich der Limmat ansässig. Es präsentiert aktuelle Kunst mit Schwerpunkt Installationen, Performance und Multimedia.

i Praktische Hinweise

Information

Zürich Tourismus, im Hauptbahnhof, Zürich, Tel. 044 215 40 00, www.zuerich.com

Zürich Card

Die ZürichCARD gewährt für 24 Stunden (20 CHF) oder 72 Stunden (40 CHF) freie Fahrt mit Bahn, Bus, Tram, Seilbahn und Schiff sowie freien Eintritt in annähernd 40 Museen im Großraum Zürich.

Flughafen

Flughafen Zürich, Kloten, Tel. 0900 30 03 13 (1,99 CHF/Min. aus dem Schweizer Festnetz), www.flughafen-zuerich.ch. Der Flughafen ist mit Zug oder S-Bahn (S 2, S 16) in 10 Minuten erreichbar.

Öffentliche Verkehrsmittel

Verkehrsbetriebe Zürich (VBZ), Tel. 0848 98 89 88, www.vbz.ch

Schiff

Zürichsee Schifffahrtsgesellschaft (ZSG), Tel. 044 487 13 33, www.zsg.ch. Limmat und Zürichsee ab Bürkliplatz.

Einkaufen

Fabric Frontline, Ankerstr. 118, Zürich, Tel. 044 246 74 74, www.fabricfrontline.ch. Exquisites Seidengeschäft.

Heimatwerk, Bahnhofstr. 2, Zürich, Tel. 044 221 08 37, www.heimatwerk.ch. Schweizer Kunsthandwerk.

Die Bogenbrücke führt zum Rundpavillon auf einer Insel im Chinagarten

Zürich

Schwarzenbach Kolonialwaren, Münstergasse 19, Zürich, Tel. 04 42 61 13 15, www.schwarzenbach.ch. Liebevoll gestalteter Laden von anno dazumal mit Tee, Kaffee, Trockenfrüchten etc.

Sprüngli, Bahnhofstr. 21, Zürich, Tel. 04 42 24 46 46, www.spruengli.ch. Traditionsconfiserie mit berühmten hauseigenen Schokoladekreationen.

Theater, Oper, Musik

Opernhaus, Theaterplatz 1, Zürich, Tel. 04 42 68 66 66, www.opernhaus.ch. Ein Haus von Weltruf mit breitem Repertoire und erstklassigem Ensemble.

Schauspielhaus, Pfauen, Rämistr. 34, Tel. 04 42 58 77 77, Schiffbau, Schiffbaustr. 4, Zürich, , www.schauspielhaus.ch. Renommiertes deutschsprachiges Theater mit zwei Spielstätten.

Theaterhaus Gessnerallee, Gessnerallee 8, Zürich, Tel. 04 42 25 81 10, www.gessnerallee.ch. Avantgardistische Produktionen.

Tonhalle, Claridenstr. 7, Zürich, Tel. 04 42 06 34 34, www.tonhalle.ch. Konzertsäle und Orchester von internationalem Rang.

Nachtleben

Mascotte, Theaterstr. 10, Zürich, Tel. 04 42 60 15 80, www.mascotte.ch. Zentral gelegener Club mit unterschiedlichen Partys, Karaoke und Live-Konzerten.

Rote Fabrik, Seestr. 395, Zürich, Tel. 04 44 85 58 58, www.rotefabrik.ch. Das bekannteste alternative Kulturzentrum der Schweiz bietet Disco, Livemusik, Theater, Galerie. Zum Haus gehört auch das als Genossenschaft betriebene Lokal ›Ziegel oh Lac‹ mit Terrasse am Zürichsee (www.ziegelohlac.ch, Mo geschl.).

Hotels

****Sorell Hotel Zürichberg, Orellistr. 21, Zürich, Tel. 04 42 68 35 35, www.zuerichberg.ch. Neben dem historischen Haus steht ein architektonisch reizvoller Neubau am Waldrand auf dem Zürichberg. Tolle Aussicht auf Stadt und See.

***Florhof, Florhofgasse 4, Zürich, Tel. 04 42 50 26 26, www.florhof.ch. Elegantes Romantikhotel mit 35 Zimmern und Gourmetrestaurant in einem gediegenen Stadtpalais aus dem 16. Jh.

***Kindli, Pfalzgasse 1, Zürich, Tel. 04 38 88 76 76, www.kindli.ch. Das Hotel in der Altstadt bietet 20 individuell gestaltete Zimmer und ein ausgezeichnetes Restaurant (So geschl.).

**Otter, Oberdorfstr. 7, Zürich, Tel. 04 42 51 22 07, www.hotelotter.ch. Ein junges Szene-Publikum weiß die individuellen, teils blumig-bunten Zimmer mit Gemeinschaftsbad sowie den angesagten Club ›Wüste‹ im Parterre zu schätzen.

Restaurants

Caduff's Wineloft, Kanzleistr. 126, Zürich, Tel. 04 42 40 22 55, www.wineloft.ch. Der Hit für Weinliebhaber. Im Keller lagern 2222 verschiedene Weine. Dazu Nobelmenüs vom Fernseh-Koch (So geschl.).

TOP TIPP **Haus Hiltl**, Sihlstr. 28, Zürich, Tel. 04 42 27 70 00, www.hiltl.ch. Im wohl ältesten vegetarischen Lokal Europas werden ausgefallene fleischlose Kreationen und Klassiker serviert.

Kronenhalle, Rämistr. 4 (am Bellevue), Zürich, Tel. 04 42 62 99 00, www.kronenhalle.ch. Eines der bekanntesten Lokale der Stadt glänzt mit Originalen von Picasso, Miró und Chagall. Berühmt ist das legendäre Zürcher Geschnetzelte mit Rösti. Die Preise sind gehoben, denn hier trifft sich die Hautevolee Zürichs.

La Salle, Schiffbaustr. 4, Zürich, Tel. 04 42 58 70 71, www.lasalle-restaurant.ch. Neben dem Schauspielhaus speist man vorzüglich, wobei Fisch und Meeresfrüchte den Schwerpunkt bilden.

Reithalle, Gessnerallee 8, Zürich, Tel. 04 42 12 07 66, www.restaurant-reithalle.ch. Statt Reitschülern tummeln sich heute Gourmets im weiten Hallenrund und erfreuen sich an feiner Schweizer Küche. Mit schönem Garten.

Täglich frisch hergestellt werden die Pralinés der Confiserie Sprüngli

12 St. Gallen

Naturwissenschaft erzeugt Hochspannung im Technorama bei Winterthur

11 Winterthur

Symbiose zwischen Industrie und Kunst.

Die Winterthurer hören nicht gern, dass sie ja gewissermaßen in einer Vorstadt von Zürich leben. Zwar ist die 20 km nordöstlich des Bankenhochburg gelegene Industriestadt verwaltungstechnisch der Zürcher Kantonsregierung unterstellt, doch mit über 101 000 Einwohnern sowie bedeutender Maschinen- und Textilindustrie versteht sich Winterthur durchaus als eigenständig.

Die gräflichen Landesherren von Kyburg gründeten den Ort im 12. Jh. Den Mittelpunkt der kompakten **Altstadt** mit ihrem fast quadratischen Grundriss bildet die autofreie *Marktgasse* mit dem 1782–84 erbauten frühklassizistischen *Rathaus*. Der Industrielle und Mäzen Oskar Reinhart (1885–1965) hinterließ seiner Heimatstadt gleich zwei Kunsttempel. In der parallel zur Marktgasse verlaufenden Stadthausstrasse bietet das **Museum Oskar Reinhart am Stadtgarten** (Tel. 052 267 51 72, www.museumoskarreinhart.ch, Di 10–20, Mi–So 10–17 Uhr) einen guten Einstieg in die schweizerische und deutsche Malerei des 18./19. Jh. Aus der Fülle hochkarätiger Arbeiten ragt Caspar David Friedrichs ›Kreidefelsen von Rügen‹ (1818/19) heraus.

Nicht weniger sehenswert ist die **Sammlung Oskar Reinhart am Römerholz** (Haldenstr 95, Tel. 052 269 27 40, www.roemerholz.ch, Di–So 10–17, Mi 10–20 Uhr) in der komplett restaurierten Villa des Stifters. Sie zählt zu den bedeutendsten Schweizer Privatsammlungen. Neben Werken Alter Meister wie Brueghel d. Ä., Rembrandt, El Greco oder Goya gehören auch Arbeiten französischer Impressionisten, beispielsweise von Paul Cézanne, Auguste Renoir, Edouard Manet, Claude Monet, zum Bestand.

Im **Swiss Science Center Technorama** (Tel. 052 244 08 44, www.technorama.ch, Di–So 10–17 Uhr) unweit nördlich der Stadt (Autobahn N1, Ausfahrt Oberwinterthur) ist Interaktion mit den Exponaten ausdrücklich erwünscht. An rund 500 Installationen können Besucher aller Altersklassen naturwissenschaftliche Phänomene begreifen, sich z. B. durch das lichtlose Labyrinth tasten oder an einem Hochspannungsexperiment teilnehmen, das ihnen im wahrsten Sinne des Wortes die Haare zu Berge stehen lässt.

12 St. Gallen

Berühmtes Kloster und andere architektonische Meisterwerke.

St. Gallen (670 m) ist mit 72 000 Einwohnern das kulturelle und wirtschaftliche Zentrum des gleichnamigen Kantons in der Ostschweiz. Die 15 km südlich des Bodensees gelegene Stadt kam ab dem 16. Jh. durch die Stickerei- und Textilindustrie zu beachtlichem Wohlstand. Ihre Anfänge gehen jedoch bis ins Jahr 612 zu-

Reich verzierte Erker wie hier am Haus ›Zum Schwanen‹ sind charakteristisch für die Altstadt von St. Gallen

12 St. Gallen

rück, als der irische Wandermönch **Gallus** in dem engen Hochtal der Steinach eine Einsiedelei errichtete, aus der gut 100 Jahre später ein einflussreiches *Benediktinerkloster* entstand. Seine Äbte stellten ab 1206 bis zur Aufhebung der Abtei im Jahr 1805 die Reichsfürsten. Seit 1826 dienen die repräsentativen Gebäude des Klosters als Bischofsresidenz und 1983 erklärte die UNESCO das Architekturensemble zum **Weltkulturerbe**.

Besichtigung Im Süden der verwinkelten Altstadt wird der Stiftsbezirk der ehem. **Benediktinerabtei** von der äußerlich spätbarocken **Kathedrale** (Tel. 0712273381, Mo–Fr 9–18, Mi 10–18, Sa 9–15.30, So 12.15–17.30 Uhr) überragt. Das dreischiffige Langhaus mit der prächtigen *Doppelturmfassade* im Osten steht auf den Fundamenten der mehrfach durch Brände zerstörten Stiftskirche. Vom Ursprungsbau blieb die *Krypta* aus dem 9./10 Jh. erhalten, in der alle St. Gallener Bischöfe bestattet sind. Den heutigen Kathedralbau errichteten 1755–66 die Baumeister Peter Thumb und Johann Michael Beer aus hellem Sandstein.

Strahlend hell präsentiert sich die Ostfassade der Kathedrale in der ganzen überbordenden Pracht des Barock

Im reich ausgestatteten **Innenraum** ergänzen sich Stuckaturen, Fresken, Plastiken und Holzarbeiten zu einem harmonischen Gesamtkunstwerk des Rokoko. Die 1757–60 von Joseph Wannenmacher geschaffenen *Deckengemälde* zeigen Szenen aus Bibel und Klostergeschichte, u.a. den Mönch Gallus und den ersten Abt des Klosters, Otmar. Etwas düster wirkt die große *Kuppel* über der Rotunde, deren in drei konzentrischen Kreisen angeordnete Malereien die Ankunft des Weltenrichters zum Thema haben.

Die in Lindgrün gehaltenen meisterhaften Stuckaturen im *Chor* führten die Brüder Johann Georg und Mathias Gigl unter der Leitung des Bildhauers Johann Christian Wenzinger aus. Herausragendes Beispiel der Handwerkskunst ist das um 1772 von Joseph Anton Feuchtmayer geschaffene *Chorgestühl* aus Nussbaumholz, dessen Seiten und Rückenlehnen fein gearbeitete vergoldete Reliefs mit Szenen aus dem Leben des hl. Benedikt zieren. Über dem klassizistischen *Hochaltar* (1808–10) prangt eine monumentale Himmelfahrt Mariens (1645) des italienischen Barockmalers *Francesco Romanelli*.

Den Süden des Kirchplatzes nimmt die mit Deckengemälden von Joseph Wannenmacher, Stuck, Holzschnitzereien und -intarsien überreich geschmückte **Stiftsbibliothek** (Tel. 0712273415, www.stiftsbibliothek.ch, Mo–Sa 10–17, So 10–16 Uhr) ein, die Baumeister Peter Thumb in der zweiten Hälfte des 18. Jh. errichtete. Er gestaltete auch den überaus prächtigen *Rokokosaal*. Besucher dürfen nur in dicken Filzpantoffeln über das kostbare Parkett dieses zweigeschossigen *Lesesaals* schlurfen. In den deckenhohen Intarsienschränken aus Kirsch- und Nussbaumholz entlang der Wände sind etwa 2000 Handschriften und etwa 130 000 in Leder gebundene Folianten aufgereiht. Darunter finden sich Kostbarkeiten wie der *Codex Abrogans* aus dem Jahr 790, ein Synonymenlexikon, das als eines der ältesten deutschen Schriftdokumente gilt. Von den liturgischen Psalmenbüchern ist der um 900 in Goldschrift abgefasste *Psalterium Aureum* hervorzuheben.

Vor allem besitzt die Stiftsbibliothek den berühmten *St. Gallener Klosterplan* vom Beginn des 9. Jh. Er entstand auf der Bodenseeinsel Reichenau als Kopie eines noch älteren karolingischen Plans und zeigt den Grundriss einer idealen Benediktinerabtei, nach dem das Kloster St. Gallen teilweise angelegt wurde.

St. Gallen

Fresken, Intarsien, Edelholz – die Stiftsbibliothek des Benediktinerklosters St. Gallen

Nördlich des Klosterbezirks fällt das farbig gedeckte Steildach der refomierten Stadtkirche **St. Laurenzen** (Mo 9.30–11.30 und 14–16, Di–Fr 9.30–18 (Winter bis 16), Sa 9.30–16 Uhr, Turmbesteigung April–Nov. Mo–Sa 10 und 15 Uhr, Tel. 07 12 22 67 92) auf, deren 73 m hoher Kirchturm die Türme der Kathedrale noch um 5 m überragt. Der ursprünglich gotische Bau aus dem 15. Jh. wurde 1851–54 im neogotischen Stil komplett umgestaltet. Der Turm bietet eine schöne Aussicht über die Dächer der Stadt und auf das Appenzellerland.

Über die Markt- oder die parallel dazu verlaufende Kugelgasse führt der Weg in die **Altstadt**, wo malerische Fachwerkhäuser aus der Blütezeit der Stickereiindustrie vom einstigen Wohlstand der Stadt zeugen. Typisch für St. Gallen sind die vielen, oft mehrgeschossigen **Erker**. Zu den schönsten zählen der Prunkerker von 1690 am Haus *Zum Schwanen* in der Kugelgasse 9, der Pelikanerker von 1708 in der Schmiedgasse 15, an dem die vier damals bekannten Erdteile (ohne Australien) dargestellt sind, sowie der Erker am Haus *Zum Greif* in der Gallusstrasse mit Löwenköpfen und dazwischen liegenden Reliefs mit biblischen Szenen.

Einige Hundert Meter sind es zum **Textilmuseum** (Vadianstr. 2, Tel. 07 12 22 17 44, www.textilmuseum.ch, tgl. 10–17, Do 10–20 Uhr), das die große Zeit der St. Gallener Stickerei dokumentiert. Die Ausstellung

12 St. Gallen

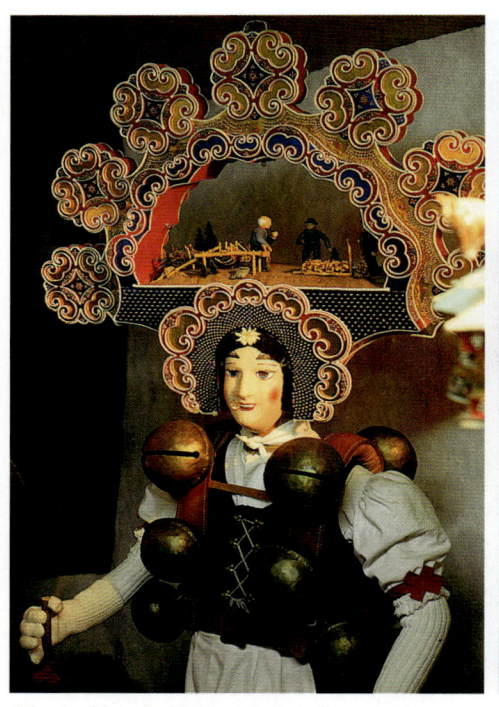

›Silvesterchlaus‹ im Museum Appenzell

umfasst historische Spitzen, Kostüme und Musterbücher mit Stoffproben. Besonders sehenswert ist eine mit Szenen aus dem Leben Napoleons filigran bestickte Tischdecke aus dem 19. Jh.

Praktische Hinweise

Information
St. Gallen-Bodensee Tourismus, Bahnhofplatz 1a, St. Gallen, Tel. 071 22 73 737, www.st.gallen-bodensee.ch

Hotel
****Einstein Hotel**, Berneggstr. 2, St. Gallen, Tel. 071 22 75 555, www.einstein.ch. Kongresshotel unweit des Stiftsbezirks mit Fitnesspark und Panoramarestaurant mit Blick über die Altstadt.

Restaurant
Zum Goldenen Schäfli, Metzgergasse 5, St. Gallen, Tel. 071 22 23 737, www.zumgoldenenschaefli.ch. Eine nach ihrer Lage im Obergeschoss benannte ›Erststockbeizen‹. Unter der gotischen Decke werden z. B. Kalbsnierli mit Butternüdeli serviert (Jan.–Aug. So geschl.).

13 Appenzellerland
Stein – Appenzell – Säntis

Tradition und Brauchtum werden in dem lieblichen Bauernland groß geschrieben.

Südlich des Bodensees bedecken sattgrüne Wiesen die sanft geschwungenen Hügelzüge des Appenzellerlandes. Die Region ist seit einem Volksentscheid im Jahr 1597 in zwei zusammen 415 km^2 umfassende Halbkantone geteilt, das reformierte **Ausserrhoden** und das katholische **Innerrhoden**. Innerrhoden ist als Hochburg der Erzkonservativen verschrien, seine Bewohner gelten als ›Neinsager‹, denen traditionelle Werte und Brauchtum mehr bedeuten als Gegenwart und Fortschrittsdenken. Verwundert es, dass hier erst 1990 das allgemeine Wahlrecht für Frauen eingeführt wurde? Wirtschaftlich sind neben dem Tourismus Vieh- und Milchwirtschaft von Bedeutung. Entsprechend groß ist der Andrang, wenn im Herbst die Appenzeller auf *Viehschauen* ihre Jungtiere präsentieren. Zum volkstümlichen Rahmenpro-

13 Appenzellerland

Vom Gipfel des Säntis schweift der Blick über das Meer der Alpengipfel

gramm gehören bei diesem Ereignis Geißenrennen und Kuhfladenlotto.

In **Stein**, etwa 8 km südlich von St. Gallen, demonstriert die *Appenzeller Schaukäserei* (Tel. 071 368 50 70, www.schaukaeserei.ch, April–Okt. tgl. 8.30–18.30, Nov.–März tgl. 8.30–17.30 Uhr) den zehnstufigen Entstehungsprozess – von der Rohmilch bis zum fertigen Laib. Vor Ort kann man sich dann auch gleich mit den fertigen Produkten eindecken.

Während sich **Herisau**, Verwaltungszentrum von Ausserrhoden, als Industriestandort einen gewissen Namen machte, hat sich Innerrhodens malerisch inmitten von Weiden und Wäldchen gelegener Hauptort **Appenzell** (780 m, 5800 Einw.) dem Tourismus verschrieben. Das schmucke Ortsbild mit den bunt bemalten Holzhäusern lockt Ausflügler in Scharen an. Auf sie warten Dorfgasthöfe und Andenkenläden beidseits der Hauptstraße.

Im Rathaus und dem angrenzenden Haus Buherre Hanisefs dokumentiert das *Museum Appenzell* (Hauptgasse 4, Tel. 071 788 96 31, www.museum.ai.ch, April–Okt. tgl. 10–12 und 14–17, Nov.–März Di–So 14–17 Uhr) das Brauchtum der Region mit Trachten, jahreszeitlichen Dekorationen wie dem weihnachtlichen ›Chlausezüüg‹ oder traditionellem Handwerk.

TOP TIPP Das wohl beliebteste Ausflugsziel im Appenzellerland ist der 2501 m hohe **Säntis**. Der höchste Bergstock der Ostschweiz bietet ein imposantes Panorama vom Bodensee bis zum Zürichsee, auf den Hauptkamm der Alpen und weit ins österreichische Vorarlberg hinein. Von Appenzell aus fährt man über das westlich gelegene Dorf Urnäsch bis zur Talstation Schwägalp (1283 m), von dort mit der *Seilbahn* (Tel. 071 365 65 65, www.saentisbahn.ch, Febr.–Mitte Mai Mo–Fr 8.30–17, Sa/So 8–17, Mitte Mai–Mitte Okt. 7.30–18, Sa/So 7.30–18.30, Mitte Okt.–Mitte Jan. Mo–So 8.30–17 Uhr, zusätzl. Vollmondfahrten, Juli/Aug. Sa/So Sonnenaufgangsfahrten) zur Bergstation ›Säntis‹ (2476 m) unterhalb des Gipfels.

Praktische Hinweise

Information
Appenzellerland Tourismusmarketing AG, Hauptgasse 4, Appenzell, Tel. 071 788 96 41, www.appenzell.info

Zentralschweiz – auf den Spuren Wilhelm Tells

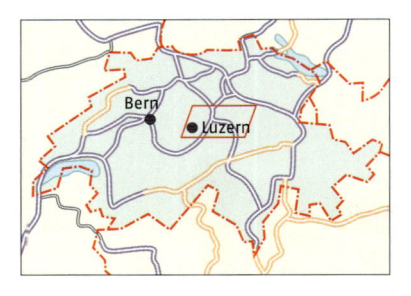

Im Herzen der Schweiz vereinen sich Berge und Seen zu einer bukolischen Landschaft. Wirtschaftliches und kulturelles Zentrum der Region ist **Luzern** am Nordwestufer des viel verzweigten **Vierwaldstätter Sees**. Wer eher Natur als Boutiquen und Theater sucht, kann von hier aus schöne Ausflüge ins Voralpenland unternehmen oder den Anblick der majestätischen Alpen von einem der beiden nahe gelegenen Aussichtsberge genießen, von der **Rigi** oder von dem mit der steilsten Zahnradbahn der Welt erschlossenen **Pilatus**.

Rings um die zahlreichen Seen des Schweizer Kernlandes laden im Sommer **Weggis** und andere Badeorte zu beschaulichen Ferien ein – vor der grandiosen Kulisse schroff zum Ufer hin abfallender Bergzüge. Am Ostufer des Vierwaldstätter Sees lassen sich die historischen Wurzeln der Eidgenossenschaft aufspüren. Auf der **Rütliwiese** konstituierten Vertreter der Urkantone Schwyz, Uri und Unterwalden im August des Jahres 1291 die Schweizer Nation. Im ländlich geprägten **Urnerland** soll auch die Schweizer Sagengestalt Wilhelm Tell zu Hause gewesen sein. Einen Besuch wert ist außerdem das Wallfahrtskloster **Maria Einsiedeln** beim *Sihl-See*, das mit üppiger barocker Ausstattung aufwartet.

14 Luzern

> »Luzern ist ganz reizend. Es beginnt mit einem Saum von Hotels unten am Wasser und krabbelt (…) malerisch über drei steil ansteigende Berge.«
> Mark Twain

Die rund 76 700 Einwohner zählende ›Leuchtenstadt‹ Luzern (436 m) liegt am Ausfluss der Reuss an der nordwestlichen Ecke des Vierwaldstätter Sees. Der Beiname der **Kantonshauptstadt** geht auf eine Legende zurück, nach der ein Engel den nachts im See fischenden ersten Siedlern den Platz für eine zu errichtende Kapelle ausgeleuchtet haben soll. Heute hat sich hier eine ansehnliche Stadt entwickelt, die im Sommer eines der umtriebigsten touristischen Zentren der Schweiz ist.

Geschichte Die Siedlung **Luciaria** entwickelte sich aus einem um 700 von Benediktinermönchen am rechten Ufer der Reuss gegründeten Kloster. Mit dem Ausbau des transalpinen Handelsweges über den St.-Gotthard-Pass um 1220 wurde daraus ein lebhafter Marktflecken. Waren auf dem Weg von Süddeutschland nach Oberitalien wurden an den Seequais von Pferdewagen auf Lastkähne umgeladen und ans südliche Ende des Vierwaldstätter Sees nach Flüelen transportiert.

1291 kauften die **Habsburger** das prosperierende Städtchen, das bis dato dem Kloster Murbach im Elsass unterstanden hatte. Die Luzerner waren von der neuen Herrschaft nicht sonderlich erbaut und schlossen sich deshalb 1332 dem Bund der Waldstätte an. Nach der Schlacht von Sempach 1386 erzwangen sie ihre Unabhängigkeit. Im 16. Jh. wurde Luzern zum Zentrum der **Gegenreformation** in der Schweiz. Nach der Besetzung durch napoleonische Truppen fungierte die Stadt 1798–1803 kurzzeitig als Hauptstadt der Helvetischen Republik.

Zu erheblicher Blüte verhalf der Gemeinde schließlich der **Fremdenverkehr**. Am schönen Nordufer des Sees eröffneten ab 1850 noble Hotelpaläste mit den bewaldeten Hängen im Rücken und dem romantischen stillen Wasser im Blick. Luzern stieg zum mondänen **Ferienort** auf.

Auf der Kapellbrücke über die Reuss

Einen Stadtrundgang beginnt man am besten am linken Ufer der Reuss mit einem Bummel von den *Landungsbrücken* beim Bahnhofsplatz zu dem sich südlich anschließenden *Europaplatz*. Hier befindet sich das **Kultur- und Kongresszentrum** ❶ (www.kkl-luzern.ch). Der vom französischen Architekten Jean Nouvel konzipierte Komplex vereint unter seinem Dach Kongresssäle, Konzerthalle und **Kunstmuseum** (Europaplatz 1, Tel. 041 226 78 00, www.kunstmuseum luzern.ch, Di/M 10–20 Uhr, Do–So/Fei 10–18 Uhr). Schwerpunkt der Sammlung ist die Schweizer Landschaftsmalerei des 19. Jh. Die Konzerthalle des Kulturzentrums ist Hauptveranstaltungsort für die drei renommierten Konzertreihen von *Lucerne Festival* (www.lucernefestival.ch): ›Zu Ostern‹, ›Im Sommer‹ (Aug./Sept.) und ›Am Piano‹ (Nov.).

Vom Bahnhof aus ist es nur ein kurzes Stück westwärts entlang der Reuss

TOP TIPP zur berühmten **Kapellbrücke** ❷, dem fotogenen Aushängeschild der *erleuchteten* Stadt. Die 204 m lange überdachte Holzbrücke verbindet seit 1333 die Stadtteile beiderseits des Flusses. Ab dem 17. Jh. war ihr offener Dachstuhl mit 111 Giebelbildern geschmückt, die der Zürcher *Hans Heinrich Wägmann* im Stil der Renaissance gemalt hatte. Doch 1993 zerstörte ein Brand das Mittelstück der Brücke und mit ihm 86 der interessanten Szenen zu Stadtgeschichte und Leben der Heiligen. Unter dem originalgetreu wieder aufgebauten Brückendach hängen nun – mit Brandmeldern ausgestattet und hinter Glas – Reproduktionen neben den wenigen verbliebenen Originalgemälden. Im Fluss, doch über die Brücke erreichbar, steht der steinerne achteckige **Wasserturm** aus dem 14. Jh., der im Laufe seiner Geschichte als Wachturm, Gefängnis und Schatzhaus diente.

In der Altstadt am rechten Reussufer steht etwas flussaufwärts am Kornmarkt das **Alte Rathaus** ❸. Der 1602–06 errichtete Bau bildet eine eigenwillige Stilkombination: Die Fassade folgt dem Kanon der oberitalienischen Renaissance, darüber erhebt sich ein typisch schweizerisches Walmdach. In das gefällige Ensemble ist der Rathausturm aus dem Jahr 1505 eingefügt. Der mittelalterliche Vierungsbau war ursprünglich ein Wachturm, die aufgesetzte Renaissancehaube und die vier putzigen Dacherker erhielt er erst 1619.

Malerisch führt die Kapellbrücke mit angebautem Wasserturm in Luzern über die Reuss

14 Luzern

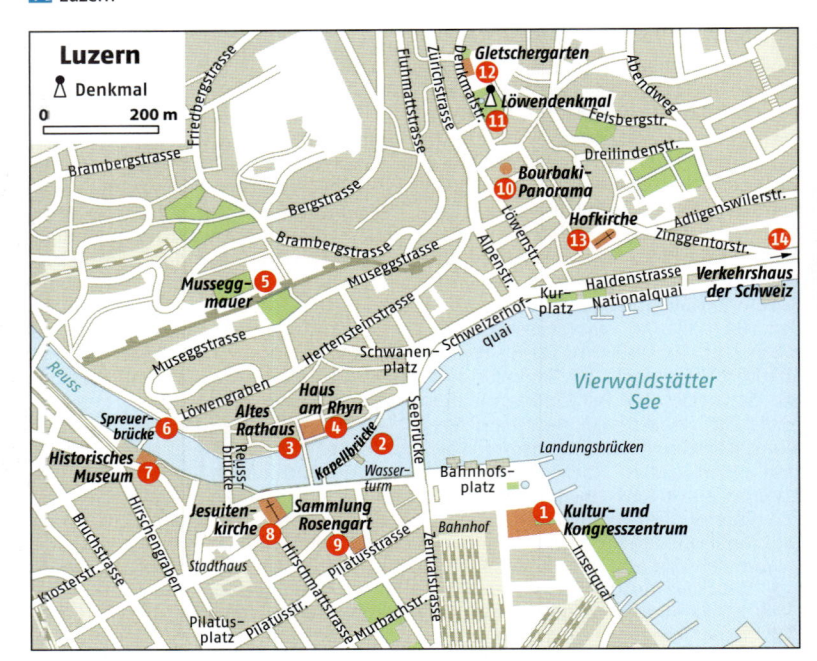

Von der Renaissance beeinflusst ist auch das benachbarte **Haus am Rhyn** ❹, ein kleiner, 1618 erbauter Palast. Bis 2008 beherbergte das Haus am Rhyn das Picasso-Museum und steht seitdem leer.

Von den mittelalterlichen Schanzanlagen blieb im Norden der Altstadt die 870 m lange gerade **Musseggmauer** ❺ erhalten. Über die 1566 entstandene **Spreuerbrücke** ❻, auch eine überdachte Holzbrücke, geht es wieder zurück an das linke Reussufer. Ihr Name weist darauf hin, dass es einst nur hier gestattet war, Spreu und Asche im Fluss zu entsorgen. Die 1626–35 entstandenen Giebelbilder im Brückendach zeigen einen Totentanz-Zyklus des Malers Kaspar Meglinger.

Im spätgotischen Zeughaus von 1567 neben der Brücke zeigt heute das **Historische Museum** ❼ (Pfistergasse 24, Tel. 041 22 85 424, www.historischesmuseum.lu.ch, Di–So 10–17, Mitte April–Mitte Sept. Do bis 20 Uhr) auf drei Etagen Exponate aus der Jungsteinzeit und der jüngsten Geschichte. Man kann selbst durch das *Schaudepot* stöbern oder um 10, 11, 14, 15 und 16 Uhr an einer Tour teilnehmen. Highlight ist ein Panzerhemd. Herzog Leopold, der österreichische Widersacher von Luzern, trug es bei seinem Tod 1386 in der Schlacht von Sempach. Es gibt auch Sonderausstellungen.

Entlang der Reuss über die Bahnhofstrasse zurück zu den Landungsbrücken beschließt die **Jesuitenkirche** ❽ (www.jesuitenkirche-luzern.ch, tgl. 6–18.30 Uhr) den Rundgang. 1666–77 im schweizerischen Barock errichtet, wirkt sie von außen vergleichsweise schlicht. Doch innen beherbergt sie einen sehenswerten Rokoko-Hochaltar aus rotem Marmor.

Kunstgenuss pur garantiert die **Sammlung Rosengart** ❾ (Pilatusstr. 10, Tel. 041 220 16 60, www.rosengart.ch, April–Okt. tgl. 10–18, Nov.–März tgl. 11–17 Uhr) in den ehemaligen Räumen der Schweizerischen Nationalbank. Die Tresorräume bergen nun 125 Zeichnungen und Aquarellen von Paul Klee – ein Juwel ist die *Herzdame* (1922). Das Erdgeschoss ist den weit über 100 Werken Picassos vorbehalten, darunter viele Gemälde aus den letzten Lebensjahren. Und den rund 200 Fotografien von David Douglas Duncan, die Pablo Picasso bei der Arbeit zeigen. Eine Etage höher sind ausgesuchte Werke französischer Impressionisten ausgestellt.

Heldengedenken, Natur und Technik

Am *Löwenplatz* nordöstlich der Altstadt befindet sich in einem Rundbau das von dem Genfer *Edouard Castres* 1877–79 geschaffene **Bourbaki-Panorama** ❿ (Tel. 041 412 30 30, www.bourbakipanorama.ch,

Plan S. 62 **14** Luzern

April–Okt. Mo 13–18, Di–So 9–18, Nov.–März Mo 13–17, Di–So 10–17 Uhr). Das 1120 m² große Riesenrundgemälde zeigt sehr realistisch den Einmarsch der französischen Armee in die Schweiz im Winter 1870/71 unter General Charles Denis Sauter Bourbaki. Das Panorama – ergänzt durch ein 2011 neu gestaltetes Museum – ist Teil eines modernen Kultur- und Medienhauses mit Kinos, Bar, Restaurant und Kunstraum.

Nördlich des Löwenplatzes erinnert das 1820–21 in eine 20 m hohe Felswand gemeißelte **Löwendenkmal** ⓫ mit der Darstellung eines sterbenden Löwen an 750 Schweizer Gardisten, die 1792 in Paris bei der Verteidigung der Tuilerien gegen revolutionäre Kräfte gefallen waren.

Ein kleines Stück bergan offenbart der **Gletschergarten** ⓬ (Denkmalstr. 4, Tel. 041 410 43 40, www.gletschergarten.ch, April–Okt. tgl. 9–18, Nov.–März tgl. 10–17 Uhr) Geheimnisse der letzten Eiszeit vor etwa 20 000 Jahren. Bizarr wirken die durch Schmelzwasserstrudel frei gelegten, bis zu 10 m tiefen Gletschermühlen, die sich hier eingruben, gewaltig die verstreuten Gesteinsblöcke. Die geologische Sammlung des *Gletschergarten-Museums* bewahrt 20 Mio. Jahre alte versteinerte Palmblätter.

Die ursprünglich romanische **Hofkirche** ⓭ (St. Leodegar im Hof), eines der

Eine schmiedeeiserne Fußgängerbrücke führt über die Reuss zum Alten Rathaus

Wahrzeichen Luzerns, wurde 1633 bei einem Brand zerstört, doch bis 1639 wieder aufgebaut. Kostbarkeiten im Inneren sind das geschnitzte Chorgestühl (1639–41) und der Hochaltar aus schwarzem Nidwaldner Marmor (1634).

Auf der Seepromenade erreicht man das am östlichen Stadtrand gelegene **Verkehrshaus der Schweiz** ⓮ (Lidostr. 5, Tel. 041 370 44 44,

Die Zwillingstürme der Hofkirche bewachen National- und Schweizerhofquai in Luzern

14 Luzern

Am Vierwaldstätter See: Bei der Fahrt auf die Rigi wacht im Hintergrund der Pilatus

www.verkehrshaus.ch, Sommer tgl. 10–18, Winter tgl. 10–17 Uhr). Auf einer Fläche von 20 000 m² werden mehr als 3000 Objekte ausgestellt: Fortbewegungsmittel zu Lande, zu Wasser und in der Luft, vom Postschlitten bis zur Raumsonde. Ein Schwerpunkt neben der Oldtimer-Sammlung ist die Luftfahrtausstellung mit diversen Flugzeugmodellen. Eisenbahnfans können zwischen Dampflokomotiven und nostalgischen Waggons flanieren.

Luzerns Hausberg

Der 2132 m hohe **Pilatus** 8 km südlich von Luzern zieht im Sommer Wanderer, im Winter Skifahrer an. Ein Ausflug beginnt mit der Schifffahrt von Luzern nach *Alpnachstad*, von dort geht es mit der steilsten Zahnradbahn der Welt (www.pilatus.ch, Mitte Mai–Mitte Nov. 8.15–17.45, Juli/Aug. bis 18.45 Uhr) mit bis zu 48 % Steigung in 30 Min. hinauf zur Station Pilatus-Kulm (2070 m). Dort warten eine 2011 eingeweihte Panoramagalerie und das sanierte Hotel Pilatus-Kulm.

Von dem 10 Gehminuten entfernten Gipfel des *Esels* (2118 m) bietet sich eine grandiose Sicht auf die Alpenkette im Norden und Schwarzwald bzw. Vogesen im Westen. Als Variante für den Rückweg kann man mit der Gondel- und Luftseilbahn nach Kriens abfahren und von dort mit Bus oder Bahn nach Luzern.

Rund um den Vierwaldstätter See

Am Nordufer des Vierwaldstätter Sees liegt **Küssnacht**, das durch die Geschichte des Wilhelm Tell bekannt wurde. In einem Hohlweg an der Straße nach Immensee soll der wackere Schweizer den Landvogt Gessler mit einem Pfeil seiner Armbrust getötet haben. »Durch diese hohle Gasse muss er kommen«, dichtete Friedrich von Schiller 1804 in seinem Drama über den Nationalhelden.

Der Kurort **Weggis** am Fuß der Rigi liegt geschützt in einer Bucht am See, Palmen und Mandelbäume vermitteln ein beinahe mediterranes Flair. Westlich des beliebten Ferienzentrums befindet sich das städtische Strandbad *Lido*.

TOP TIPP 1798 m hoch ragt der Höhenzug im Nordwesten des Vierwaldstätter Sees, die **Rigi**, auf. Nachdem der amerikanische Autor *Mark Twain* 1880 den vom Gipfel der Rigi genossenen Sonnenaufgang in schillerndsten Farben beschrieben hatte, wurde der Berg zu

Plan S. 62 14 **Luzern**

Wolkenmeer über dem Vierwaldstätter See, gesehen vom Gipfel des Pilatus aus

einem bevorzugten Ausflugsziel der Alpen. Will man ihn besuchern, fährt man am besten mit dem Linienschiff von Luzern nach Vitznau. Von dort geht es mit der Zahnradbahn (www.rigi.ch, Mai–Ende Okt. tgl. 8.30–22, Ende Okt.–April tgl. 9.15–16.15 Uhr, Fahrtzeit 30 Min.) zum höchsten Gipfel, dem *Rigi-Kulm*. Bergab kann man ab *Rigi-Kaltbad* die Luftseilbahn (tgl. 8.50–13.50 Uhr, Fahrtzeit 10 Min.) nach Weggis und dann das Schiff zurück nach Luzern nehmen.

Als südlichster Arm des Vierwaldstätter Sees ragt der **Urner See** wie ein Fjord in das Voralpenland hinein, beiderseits der Ufer erheben sich fast 2000 m hohe Bergstöcke. Es bietet sich ein Abstecher nach **Altdorf** an. In dem seit dem 11. Jh. viermal abgebrannten und immer wieder aufgebauten Hauptort des Kantons Uri soll Wilhelm Tell den Apfel vom Kopf seines Sohnes geschossen haben. Vor dem mittelalterlichen Wohnturm am *Rathaus* erinnert das 1855 von Richard Kissling geschaffene bronzene *Tell-Denkmal* an die Legende. Im nahen *theater (uri) Tellspielhaus* wird alle vier Jahre Schillers ›Wilhelm Tell‹ (www.tellspiele-altdorf.ch, 2012 500-jähriges Jubiläum) aufgeführt.

Das **Entlebuch** westlich des Vierwaldstätter Sees ist eine urtümliche Moorlandschaft. Die UNESCO erklärte das Tal im Einzugsbereich der Kleinen Emme zum Biosphärenreservat. Markierte Wege erschließen die weiten Moore für Wanderer, z. B. der *Moorpfad Mettilimoos* bei Finsterwald (4,5 Std. reine Gehzeit).

ℹ Praktische Hinweise

Information

Tourist Information, Zentralstr. 5 (im Bahnhof), Luzern, Tel. 04 12 27 17 17, www.luzern.com

Schiff

Schifffahrtsgesellschaft des Vierwaldstättersees (SGV), Werftestr. 5, Luzern, Tel. 04 13 67 67 67, www.lakelucerne.ch. Linien- und Ausflugsschiffe verbinden Luzern (Landungsbrücken am Bahnhof) u. a. mit Weggis, Vitznau und Flüelen.

Hotels

*****The Hotel**, Sempacherstr. 14, Luzern, Tel. 04 12 26 86 86, www.the-hotel.ch. Der schlichte Name ist pures Understatement, das Designerhotel des

65

Pariser Architekten Jean Nouvel im Herzen der City gehört zum Feinsten der Stadt und spricht durch die mit Filmszenen dekorierten Zimmer nicht nur Cineasten an.

****Art Déco Hotel Montana, Adligenswilerstr. 22, Luzern, Tel. 04 14 19 00 00, www.hotel-montana.ch. Das mehrfach zum besten Viersterne-Hotel der Schweiz gekürte Hotel liegt wunderschön über dem Vierwaldstättersee – eine Standseilbahn verbindet die Lobby direkt mit der Seepromenade.

***Hotel des Alpes, Rathausquai 5, Luzern, Tel. 04 14 17 20 60, www.desalpes-luzern.ch. Nichtraucherhotel mit Restaurant direkt an der Kapellbrücke. Die geräumigen Zimmer verfügen zum Teil über kleine Balkone mit Seeblick.

Restaurants

Bam Bou, Sempacherstr. 14 (The Hotel), Luzern, Tel. 04 12 26 86 86. Trendige euroasiatische Fusionsküche, wie thailändische Tom Kha-Suppe, japanische Sushi oder indisches Nan-Brot.

Galliker, Schützenstr. 1, Luzern, Tel. 04 12 40 10 02. Wirtshaus mit Schweizer Küche, guter Weinkarte (So/Mo geschl.).

15 Schwyz

Wiege der Eidgenossenschaft.

Die geschichtsträchtige, für den Kanton und das ganze Land namengebende **Kleinstadt** (14 000 Einw.) liegt in 517 m Höhe am Fuß der markanten Zwillingsgipfel des **Mythen** (1815 m und 1902 m). Der von den Alemannen urbar gemachte Landstrich mit der Siedlung östlich des Lauerzer Sees wird urkundlich erstmals 972 erwähnt. Schwyz profitierte von der Gotthardroute. Um diese Interessen militärisch abzusichern, verbündete sich die Stadt 1291 mit den benachbarten Waldstätten Uri und Unterwalden – und damit war die Urschweiz ins Leben gerufen.

Das **Bundesbriefmuseum** (Bahnhofstr. 20, Tel. 04 18 19 20 64, www.bundesbriefmuseum.ch Di–Fr 9–11.30 und 13.30–17, Sa/So 9–17, Nov.–April 13.30–17 Uhr) stellt die Gründungsurkunden der Schweiz aus. Die lateinisch abgefassten und versiegelten Pergamentblätter des Bundesbriefes vom 1. August 1291 ruhen gekühlt hinter Panzerglas. Dazu gibt es eine stattliche Sammlung alter Banner.

Sehenswert ist auch die **Stiftung Ital-Reding-Hofstatt** (Rickenbachstr. 24, Tel. 04 18 11 45 05, www.irh.ch, Mai–Okt. Di–Fr 14–17, Sa/So 10–12 und 14–17 Uhr) nahe der Pfarrkirche. Das 1609 errichtete Patrizierhaus mit seinem Originalmobiliar dokumentiert die Wohnkultur jener Zeit. Besonders schön sind die Kassettendecken und kunstvoll mit Intarsienarbeiten verzierten Schränke. Das benachbarte **Haus Bethlehem** aus dem Jahr 1287 gilt als das älteste Holzgebäude der Schweiz.

16 Maria Einsiedeln

Geistliches Zentrum der Schweiz.

Das Städtchen **Einsiedeln** (905 m) südlich des **Zürichsees** lebt in erster Linie vom Tourismus, denn das benachbarte **Benediktinerkloster** Maria Einsiedeln (www.kloster-einsiedeln.ch) ist der bedeutendste Wallfahrtsort der Schweiz. In der Abtei verehren alljährlich Zehntausende Pilger eine Schwarze Madonna.

Die Anfänge des Klosters gehen ins 10. Jh. zurück, als Benediktinermönche an der Eremitenklause von Räubern erschlagenen *Hl. Meinrad* († 861) ein Kloster gründeten. Die Brüder begannen in dem unzugänglichen Hochtal den Wald zu roden, betrieben Landwirtschaft, führten Weinbau ein und wurden erfolgreiche Pferdezüchter. Insgesamt fünf Großbrände machten im Laufe der Zeit den wiederholten Neuaufbau der ursprünglich romanischen Klosteranlage notwendig.

Das heutige Erscheinungsbild der Abtei präsentiert sich in reinem Barock, für den der Vorarlberger Laienbruder *Kaspar Moosbrugger* (1656–1723) verantwortlich zeichnete. Kernstück ist das über rechteckigem Grundriss errichtete, umlaufende *Konventsgebäude*, das 34 000 m^2 umfasst.

In dessen Mitte liegt die von vier Höfen eingefasste **Stiftskirche** (tgl. 5.30–20.30 Uhr). Sie wurde 1719–35 errichtet, ihre Fassade flankieren zwei jeweils 56 m hohe Türme. Die Decken in Langhaus und Chor sind mit prächtigen Fresken der Brüder *Cosmas Damian* und *Egid Quirin Asam* aus Bayern ausgemalt. Stuckaturen, kostbare Glasfenster und das schmiedeeiserne Chorgitter zeugen von bester Handwerkskunst. In der *Gnadenkapelle* gegenüber dem Kircheneingang befindet sich die in prunkvolle Gewänder gehüllte Holzfigur der Schwarzen Madonna aus dem 15. Jh.

Üppige Barockschönheit und Pilgerziel: die Stiftskirche von Maria Einsiedeln

17 Zug

Kleines Steuerparadies am Zuger See.

Die **Hauptstadt** (25 700 Einw.) des Kantons Zug liegt am Nordostende des gleichnamigen Sees und wartet mit zwei Superlativen auf: Vom Rathaus aus wird der mit 239 km² flächenmäßig kleinste Kanton verwaltet, dafür ist statistisch gesehen das Pro-Kopf-Einkommen der Bevölkerung das höchste der Schweiz. Eine liberale **Steuerpolitik** machte Zug zum Sitz von mehr als 1000 multinationalen Gesellschaften. Nicht alle haben ein Büro im Ort, aber zumindest einen Briefkasten.

Das Adelsgeschlecht der Kyburger gründete die Stadt 1242, die Habsburger übernahmen sie wenige Jahrzehnte später und bauten sie zu einer Festung aus. Trotzdem trat Zug im Jahr 1352 als siebter Kanton der Eidgenossenschaft bei.

Die mittelalterliche **Altstadt** wird landeinwärts, also im Osten, durch eine teils noch erhaltene Stadtmauer und vier Wachtürme begrenzt. Die autofreien Gassen rund um den zentralen *Kolinplatz* überragt der **Zytturm** (12./13. Jh.). Mit seinem in den Kantonsfarben blau-weiß gehaltenen Ziegeldach ist er das Wahrzeichen der Stadt. Wenige Schritte entfernt steht an der Untergasse das spätgotische **Rathaus** von 1509. Der Ratssaal (Mo–Fr 8–12 und 14–17 Uhr) im dritten Stock wirkt durch die mit Schnitzereien in Form von Blumen und Vogelmotiven verzierte Holztäfelung äußerst gefällig.

Unweit davon beherbergt ein wuchtiger Viereckturm aus dem 12. Jh. das **Museum Burg Zug** (Kirchenstr. 11, Tel. 04 17 28 29 70, www.burgzug.ch, Di–Sa 14–17, So 10–17 Uhr). Die Räume sind mit barockem Mobiliar ausgestattet und zeigen eine kleine Sammlung von Waffen, Kirchenkunst und lokalem Kunsthandwerk.

Geht man von der Altstadt aus am See entlang nordwärts, ist es nicht weit bis zur **Schiffstation** am Bahnhofsteg, wo man ein Tretboot mieten oder zu einer Rundfahrt mit einem Ausflugsboot der Zugersee Schifffahrt (Tel. 04 17 28 58 58, www.zugersee-info.ch) starten kann. Von der Seepromenade öffnet sich ein schöner Blick auf Rigi und Pilatus, bei Föhn sieht man sogar das Dreigestirn Eiger, Mönch und Jungfrau. Noch ein paar Schritte führen zum **Bahnhof**, den abends eine Lichtinstallation von James Turrell in suggestive Farben taucht.

ℹ Praktische Hinweise

Information
Zug Tourismus, Bahnhofplatz, Zug, Tel. 04 17 23 68 00, www.zug-tourismus.ch

DVMENG CLALGVNA
IVZI ET ION CLAV ET IA
CHEN SEIS FILGS A 1647
QVID SIS QVID FVERIS QVID ES
SEMPR MEDITERIS
SIC MINVS ATQVE MINVS
PECCATIS SVBYCIERIS

Graubünden –
wo der Wintersport laufen lernte

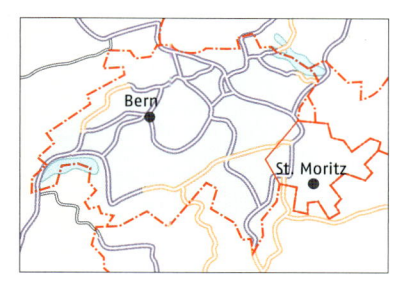

Lange Zeit waren die Bündner als spleenige Hinterwäldler verschrien, nicht zuletzt weil sie das Automobilzeitalter anfangs schlichtweg ignorierten: Von 1900 bis 1925 blieb die Grenze des flächenmäßig größten Schweizer Kantons (7105 km^2) für Kraftfahrzeuge geschlossen. Heute freilich rollt der **Verkehr** ungehindert über nicht weniger als acht Alpenpässe in die ›Ferienecke‹ der Schweiz.

Rund 150 Täler zählt der Alpenkanton und fast 1000 Berggipfel. Hier schufen etwa die Quellflüsse des jungen Rheins mit der **Via Mala** und der **Rheinschlucht** grandiose Naturlandschaften. Nicht minder reizvoll ist das **Engadin** entlang des Inns, eines der schönsten Hochgebirgstäler der Welt. In der *Oberengadiner Seenplatte* spiegeln sich die Silhouetten der vergletscherten Bergriesen der *Berninagruppe*, im Herbst tauchen Lärchenwälder Hänge und Tal in ein glühendes Farbenspektakel.

Außerdem – nicht zu vergessen – wird in Graubünden *Ski* gelaufen. **Davos** ist der größte Wintersportort der Schweiz, **St. Moritz** der mondänste, das nicht weniger berühmte **Arosa** der vielleicht ruhigste. Und mit der Alpenarena **Flims-Laax-Falera** ist den arrivierten Skigebieten ein neuer Konkurrent gewachsen, der vor allem auf die junge *Snowboard-Szene* anziehend wirkt.

18 Chur

Kleine Metropole mit sprödem Charme.

Churs Reize offenbaren sich nicht auf den ersten Blick, denn die kompakte Altstadt ist von gesichtslosen Geschäfts- und Wohnblöcken aus Beton umzingelt, die zumindest deutlich machen, dass der Ort boomt. Schon seit Jahrhunderten profitiert die 36 600 Einwohner der **Kantonshauptstadt** (587 m) Graubündens von der günstigen Lage am Fuß der Alpenpässe, über die wichtige Handelsrouten von Nord nach Süd führen.

Geschichte Chur bezeichnet sich stolz als die ›Älteste Stadt der Schweiz‹. Tatsächlich belegen archäologische Ausgrabungen, dass an dieser Stelle vor 13 000 Jahren **steinzeitliche Jäger** siedelten. Im 1. Jh. v. Chr. eroberten die Römer die Region, 284 machten sie das damalige **Cuera** zur Hauptstadt der Provinz *Raetia Prima*. Latein wurde Amtssprache, aus ihm entwickelte sich das umgangssprachliche *Rätoromanisch*, das in Graubünden noch heute gesprochen wird.

Um 450 wurde Chur der erste **Bischofssitz** nördlich der Alpen, 806 gliederte Karl der Große das Bistum in das Fränkische Reich ein. Die Churer Bischöfe gewannen zunehmend an Macht und regierten vom 12. Jh. bis zum 15. Jh. als **Reichsfürsten**. Im 15. Jh. schloss sich Chur mit Vorder- und Hinterrheintal zum **Grauen Bund** gegen habsburgische Expansionsstrebungen zusammen. 1803 wurde durch napoleonisches Dekret Graubünden ein Schweizer Kanton und Chur seine **Hauptstadt**.

Besichtigung Vom zentralen **Postplatz** zweigen die wichtigsten Straßen der

Oben: *Morteratschgletscher und der 4049 m hohe Piz Bernina (re.) als erhabene Kulisse auf dem Wanderweg von Pontresina zur Bovalhütte*
Unten: *Den Sündenfall thematisiert die fantasievolle Fassadenmalerei am Adam-und-Eva-Haus in Ardez bei Scuol*

Chur

Bei Sitzungen in der Täferstube des Rathauses heizte der Turmofen (17. Jh) den Ratsherren einst kräftig ein

Stadt sternförmig ab. Hier ist in der *Villa Planta* aus dem 19. Jh. das **Bündner Kunstmuseum** (Tel. 0812572868, www.buendner-kunstmuseum.ch, Di–So 10–17 Uhr) angesiedelt, das sich in erster Linie auf schweizerische Kunst konzentriert. Zu sehen sind u.a. Bilder der aus Chur stammenden Malerin *Angelica Kauffmann* (1741–1807) sowie größere Werkgruppen Giovanni Segantinis und der Brüder Augusto und Giovanni Giacometti. Zwei Säle im Obergeschoss sind Arbeiten des deutschen Expressionisten *Ernst Ludwig Kirchner* vorbehalten.

Nicht weit davon findet sich inmitten der dicht gedrängten Altstadt das **Rathaus**. Der wuchtige Bau war nach einem Brand 1465 wieder aufgebaut worden und diente im ausgehenden Mittelalter auch als Markthalle. Prunkstück der Innenräume ist die *Täferstube* im Obergeschoss mit einem bunt gekachelten Turmofen aus dem Jahr 1632, die jedoch nur im Rahmen einer Stadtführung (Chur Tourismus, s.u.) zu besichtigen ist.

Einkaufsmeile von Chur ist die **Obere Gasse**, in der alteingesessene Geschäfte und moderne Designerboutiquen zum Flanieren einladen. Sie beginnt im Südwesten der Altstadt am *Obertor* nahe dem Flüsschen *Plessur* und läuft im Osten auf die reformierte **St.-Martinskirche** zu. Dieser spätgotische Sakralbau geht im Wesentlichen auf das Jahr 1491 zurück.

Innen sind besonders das mit Relieffiguren verzierte Chorgestühl sehenswert sowie die Glasfenster im Hauptschiff, die Augusto Giacometti 1919 gestaltete.

Das **Rätische Museum** (Hofstr. 1, Tel. 0812541640, www.raetischesmuseum.gr.ch, Di–So 10–17 Uhr) nebenan beherbergt die archäologische, historische und volkskundliche Sammlung Graubündens. Ein barockes Patrizierhaus aus dem 17. Jh. liefert den stilvollen Rahmen für die Fülle interessanter Exponate, darunter aus der römischen Epoche zwei 15–20 cm hohe Bronze-Statuetten der Diana und des Merkur.

Durch den Torturm erreicht man die **Bischöfliche Residenz**, eine repräsentative Gebäudegruppe auf einer Anhöhe im Osten der Altstadt. Im schlossähnlichen Hauptbau am Hofplatz konzentrierte sich über Jahrhunderte die kirchliche und weltliche Macht der Region. Entsprechend prunkvoll ließ Bischof *Benedikt von Rost* einen Vorgängerbau 1733 im österreichischen Barockstil grundlegend erneuern. Getönte Stuckgirlanden zieren die beiden Rundbogenportale und die Fenster an der Westfassade.

Gegenüber der eleganten Residenz steht die 1272 geweihte romanische Kathedrale **St. Mariae Himmelfahrt** auf einer Felsterrasse. Der räumlich begrenzte Bauplatz war für den achsenverschobenen Grundriss verantwortlich. Die *Fassade* der Kirche gibt sich schlicht und kaum gegliedert, das *Innere* jedoch birgt Säulen mit kunstvoll gearbeiteten Kapitellen. Unter den sieben Altären ragt der 1492 von dem Ravensburger Jakob Ruß geschnitzte *Hochaltar* heraus; selbst die Rückseite ist mit prächtigem Figurenschmuck plastisch gestaltet.

Ausflug

Auf der A 13 in Richtung San Bernardino ist bald die knapp 30 km entfernte **Via Mala** (www.viamala.ch) erreicht. Bereits zu Goethes Zeiten war die grandiose, vom Hinterrhein mehr als 500 m tief in den Schiefer gefräste *Klamm* eine Attraktion. Spätestens John Knittels Roman ›Via Mala‹ (1943) machte die imposante Schlucht weltbekannt. Bei der Ortschaft *Thusis* führen gut 300 Betonstufen zum Rhein hinab. Unten bietet sich ein spektakulärer Blick auf die schäumenden Strudeltöpfe und steil aufragenen Felswände.

TOP TIPP Im rund 40 km entfernten **Zillis** beherbergt die Pfarrkirche **St. Martin** (www.zillis-st-martin.ch, Ostern–Okt.

18 Chur

Über den Dächern von Chur ließ Benedikt von Rost 1733 seine Bischöfliche Residenz errichten

tgl. 9–18, sonst tgl. 9–17 Uhr) eine in der abendländischen Kultur einzigartige polychrome Holzdecke, die ein unbekannter Künstler um 1160 schuf. Die flache Decke setzt sich aus 153 annähernd quadratischen, mit Bibelszenen bemalten Bildfeldern zusammen. Die vier Eckfelder stellen Engel als Personifikationen der vier Winde dar, die Randbilder entlang der Wand zeigen skurrile Fabelwesen. Fischschwänzige Tiere, Löwen, Widder und Elefanten sind als Sinnbilder des Bösen und Dämonischen zu deuten. Der innere Bilderzyklus widmet sich dem Leben Christi, wobei jeweils mehrere Abbildungen die Heiligen Drei Könige, die Flucht nach Ägypten und den Bethlehemitischen Kindermord zum Thema haben. Die letzte Bildreihe beschäftigt sich mit dem Leben des hl. Martin. Übrigens: Damit man sich beim Betrachten der 8 m hohen Decke nicht den Hals verrenken muss, liegen neben dem Eingangsportal der Kirche Handspiegel bereit.

Fantastische Details – die Bilderdecke (12. Jh.) von St. Martin in Zillis ist ein Patchworkwunder auf Holz

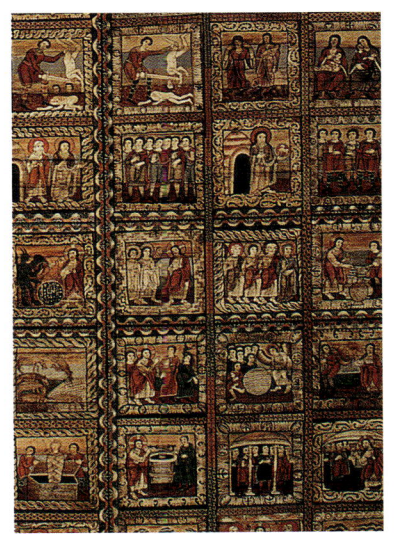

Praktische Hinweise

Information

Chur Tourismus, am Bahnhof, Chur, Tel. 08 12 52 18 18, www.churtourismus.ch

Hotel

***Romantik Hotel Stern**, Reichsgasse 11, Chur, Tel. 08 12 58 57 57, www.stern-chur.ch. Traditionelle Gastfreundschaft und Bündner Spezialitäten im Zentrum von Chur.

Bergidyll im Kinderbuch – Heidi macht das Stadtkind Klara auf der Alm mit Ziegen bekannt

Heidiland

Ein herzensgutes Bauernmädchen verhalf dem kleinen Ort **Maienfeld** 20 km nördlich von Chur zu Weltruhm. Denn hier siedelte die Kinderbuchautorin **Johanna Spyri** (1827–1901) ihre schwärmerische Alpensaga an, die sie 1880/81 unter dem Titel ›Heidi‹ veröffentlichte. Die Geschichte um die aufgeweckte Heidi, die das Leben in der Großstadt nicht erträgt und unbedingt auf die Alm zurückkehren will, den treuen Geißenpeter, die gehbehinderte Klara und den kernigen Alm-Öhi wurde in 50 Sprachen übersetzt und rund 20 Mio. Mal verkauft – eine **Erfolgsstory**.

Der ans Herz gehende Stoff wurde mehrfach verfilmt. 2001 wandelte der Schweizer Regisseur Martin Imboden die Handlung stark ab und schuf einen **modernen Heimatfilm**, in dem er Heidi kurzerhand ins 21. Jh. versetzt: Der Teenager fährt im Landrover zum Großvater auf die Alp und chattet munter im Internet.

Maienfeld und sein Umland leben nicht schlecht von der Vermarktung der jungen Roman- und Filmheldin (www.heidiland.com). Johanna Spyri hat als junge Frau hier mehrmals den Sommer verbracht. Vor allem japanische Gäste wandeln begeistert auf den vermeintlichen Spuren des Naturkindes. Im sog. **Heididorf** Oberrofels oberhalb von Maienfeld gibt es z. B. das **Heidihaus** (www.heidihaus.ch, Mitte März–Mitte Nov. tgl. 10–17 Uhr) oder den **Grossen Heidiweg**, auf dem man vom Dorf aus in 4,5 Std. zur **Heidialp** wandern kann.

19 Surselva
Rheinschlucht – Flims – Laax – Falera – Ilanz – Disentis – Val Lumnezia

Naturwunder am Vorderrhein.

Im Norden Graubündens erstreckt sich vom Oberalppass bis Trin das 80 km lange Tal der Surselva. In der landschaftlich reizvollen Region wird größtenteils rätoromanisch gesprochen. Die spektakuläre **Rheinschlucht** (rom. Ruinaulta, www.ruinaulta.ch) bildet das Tor zur Surselva. Vor etwa 15 000 Jahren sperrte eine ungeheure tektonische Verschiebung, der sog. *Flimser Bergsturz*, den Vorderrhein ab, der sich in der Folge auf 15 km Länge eine bis zu 300 m tiefe Schlucht durch die aufgetürmten Felsmassen graben musste. Autos ist mangels einer Straße der Weg durch den Canyon verwehrt, doch Fahrgäste der Rhätischen Bahn genießen eine optimale Sicht auf den Felsabsturz, denn die Bahntrasse folgt dem Flusslauf. Entlang der Gleise kann man die Schlucht auch durchwandern. Die Tour beginnt am Bahnhof Versam und endet nach 1,5 Std. an der Station Valendas.

Hoch über der Rheinschlucht liegt der Wintersportort **Flims** (1100 m). Außerhalb der Ortschaft genießt man von der spektakulär in die Landschaft eingefügten *Aussichtsplattform Conn* einen grandiosen Blick in die Schlucht. Flims und seine Nachbarorte Laax und Falera verfügen mit der etwa 140 km² großen *Alpenarena* über eines der bedeutendsten **Skigebiete** der Alpen. Es erstreckt sich vom Cassonsgrat (2674 m) bis zum von Snowboardern favorisierten Crap Sogn Gion (2220 m).

Mit dem Sessellift via *Naraus* und weiter mit der Seilbahn lohnt ein Ausflug auf den über dem Ort aufragenden *Flimserstein* zum **Fil de Cassons** (2634 m), der auch ein guter Ausgangspunkt für Bergtouren ist. Grandios ist die fünfstündige *Rundwanderung* zum Martinsloch am **Segnaspass** (2627 m). Die bizarr gezackten Tschingelhörner (2849 m) und die von einem mäandernden Gebirgsbach durchzogenen sumpfigen Segnasböden begeistern jeden Wanderer.

Laax (1020 m) ist nicht nur ein Mekka der *Snowboarder*, im Sommer finden z. B. *Biker* ringsum ein perfekt ausgebautes Revier vor. Zum **Laaxer Bike-Park** gehö-

19 Surselva

Abenteuer Wildwasser – die Rheinschlucht bietet ideale Bedingungen

Gewagter Sprung – bei Laax können Snowboarder ihrem Sport ausgiebig frönen

ren zwei Abfahrtsstrecken, eine BMX-Bahn sowie eine Cross-Strecke. Von Laax führt im Winter auch ein Lift auf den als ›Top of Alpenarena‹ vermarkteten **Vorabgletscher** (3018 m). Im Sommer kann man von *Crap Masegn* aus in 3 Std. zum Fuß der Gletscherzunge wandern, an der das Schmelzwasser einen kleinen See gebildet hat.

Das autofreie **Falera** (1213 m) ist der ruhigste Ort der Alpenarena. Am Dorfrand steht auf einer malerischen Aussichtsterrasse die Kirche **St. Remigius**. Ihr spätromanischer Glockenturm geht auf das 13. Jh. zurück, die Wandmalereien im einschiffigen Inneren stammen aus dem 14.–17. Jh. Herausragend ist das *Letzte Abendmahl,* das die ganze Breite der Nordwand einnimmt. Es wurde 1646 von dem Konstanzer Maler Georg Wilhelm Gresner geschaffen und zeigt eine reich gedeckten Tisch, um den sich die überlebensgroß dargestellten Apostelfiguren gruppieren. Auf dem nahe der Kirche gelegenen Muata-Hügel weisen aus Menhiren gesetzte *Steinkreise* auf einen frühgeschichtlichen Kultplatz hin.

Vor der Touristenära war **Ilanz** (698 m, 2500 Einw.) an der Mündung des Valsertals in die Surselva der Hauptort am Vorderrhein. Das Städtchen wurde 1289 erstmals erwähnt, seine Wurzeln dürften

Die Benediktinerabtei St. Martin mit ihrer barocken Stiftskirche erhebt sich über Disentis

19 Surselva

jedoch bis ins 8. Jh. zurückreichen. Von der mittelalterlichen Befestigung sind noch Reste der Ringmauer und zwei Stadttore erhalten. Das Obertor wird von einem barocken Aufbau mit Walmdach bekrönt. Über dem Torbogen prangt das Stadtwappen – eine goldene Krone, durch die der Rhein fließt. Die zentrale Lage im Tal macht Ilanz zu einem guten Standort für **Wanderer**. Für sie sind die alten Passwege im Glarnerland sehr reizvoll. So erlaubt der heute gut ausgebaute Übergang von Pigniu nach Elm exzelente Ausblicke auf den markanten *Hausstock* (3158 m). Hoch im Kurs steht auch die Zwei-Tages-Wanderung vom bündnerischen Breil über den *Kistenpass* (2640 m) nach Linthal.

Kulturgeschichtlicher Fixpunkt der Surselva ist das Städtchen **Disentis** (rom. Mustér). Am Zusammenfluss der beiden Quellflüsse des Rheins gründeten die Churer Bischöfe im 8. Jh. die Benediktinerabtei *St. Martin*, deren Einflussbereich sich auf das ganze Bündner Oberland erstreckte. Auch in Oberitalien besaß man Land. Noch heute gehört ihre barocke Stiftskirche von 1712 mit den beiden Zwiebeltürmen zu den schönsten Sakralbauten Graubündens. Das Langhaus ist innen reich mit Stuckaturen und Deckengemälden ausgeschmückt, die neun Altäre sind aufwendig vergoldet.

Val Lumnezia

Pittoreske Dörfer wie Vella und Vrin vor der prachtvollen Silhouette des **Piz Terri** (3159 m) machen den besonderen Reiz des größten Seitentals der Surselva aus. Im Talschluss können Bergwanderer von Vrin über Puzzatsch und den Pass Diesrut (2428 m) zur **Plaun la Greina** aufsteigen. Die einmalig schöne, faszinierende Hochebene ist wegen ihrer speziellen Gebirgsflora als Naturpark geschützt.

ℹ Praktische Hinweise

Information

Flims Laax Falera Tourismus, Via Nova 62, Flims-Dorf, Tel. 08 19 20 92 00, www.alpenarena.ch

Hotels

*****Waldhaus Flims**, Via dil Parc, Flims, Tel. 08 19 28 48 48, www.waldhaus-flims.ch. Ausgesprochen komfortables Haus mit liebevoll gestaltetem Hotelmuseum, großem Spa, mehreren Restaurants und Bars und einer weitläufigen Parkanlage.

***Riders Palace**, Talstation, Laax-Murschetg, Tel. 08 19 27 97 00, www.riderspalace.ch. Der Treff der Snowboard-Szene bietet Multimediazimmer mit DVD-Player, Playstation und Internetzugang. Neben Fünfbett-Zimmern stehen auch extravagante Suiten bereit. Im ›Palace Club‹ geht die Party ab.

FidazerHof, Flims-Fidaz, Tel. 08 19 20 90 10, www.fidazerhof.ch. Hotel in sonniger Lage mit herrlicher Aussicht auf die Surselva. Restaurant und Ayurveda-Therapien.

Restaurant

Pomodoro, Promenada 51, Flims-Waldhaus, Tel. 08 19 11 10 62. Eins der Restaurants vom Waldhaus Flims, spezialisiert auf Pizzen und Nudelgerichte.

20 Arosa

Ferienidyll im ruhigen Schanfigg.

Östlich von Chur windet sich ein Sträßchen am Wildbach Plessur entlang durch das 30 km lange malerische Hochtal *Schanfigg*. An seinem Ende liegt der überschaubare Ferienort Arosa (1800 m), der bereits Ende des 19. Jh. als Luftkurort bekannt war. Im *Egghaus* ist das **Heimatmuseum Schanfigg** (Tel. 07 96 76 56 58, www.arosa-museum.ch, Mitte Juni–Mitte Okt. Mo/Mi/Fr 14.30–16.30, Mitte Dez.–Mitte April Di/Fr 14.30–16.30 Uhr) untergebracht, das einen kulturgeschichtlichen Einblick in die ab dem 14. Jh. von Walsern besiedelte Talschaft gibt. Pittoresk überragt die auf einem Hügel gelegene spätgotische **Bergkirche** von 1493 Arosa.

Jingle Bells – in warme Decken gehüllt genießen Gäste die Schlittenfahrt durch das verschneite Arosa

21 Davos

Näher, mein Gott, zu Dir – das schlichte Bergkirchlein vom Ende des 15. Jh. über Arosa

Über ihrem schindelgedeckten Satteldach erhebt sich ein Turm mit gezimmerter Glockenstube.

Für **Wintersportler** ist die Infrastruktur in und um Arosa mit Skipisten, Langlaufloipen und einer Halfpipe für Snowboarder sehr gut ausgebaut. Dazu gibt es eine Eissporthalle und eine Rodelbahn. Bergbahnen, Sessel- und Schlepplifte bringen die Skifahrer bis auf das 2630 m hohe *Weisshorn*. Im **Sommer** können die Fast-Dreitausender um Arosa auf gut markierten Wegen erwandert werden. Eine einfache Kurztour ist der durch einen Tannenwald verlaufende 1,5-stündige *Eichhörnchenweg* zum Bergdorf Maran. Dort befindet sich auch ein schön gelegener 18-Loch-Golfplatz.

ℹ️ Praktische Hinweise

Information
Arosa Tourismus, Poststr., Arosa, Tel. 0813787020, www.arosa.ch

Hotel
★★★★ Waldhotel National, Arosa, Tel. 0813785555, www.waldhotel.ch. Das komfortable Haus mit Wellness- und Beauty-Bereich etwas oberhalb vom Ort zählt zu den besten Hotels der Schweiz. Thomas Mann begann hier seinen Roman ›Zauberberg‹. Damals war es noch ein Lungensanatorium.

21 Davos

Dorado der Skifahrer und Schauplatz der Weltliteratur.

›Landschaft Davos‹ nennt sich offiziell die mit 254 km^2 flächenmäßig größte Gemeinde Graubündens, die aus den beiden zusammengewachsenen Ortsteilen Davos-Dorf und Davos-Platz am Fuß des Wolfgangpasses besteht. Über 4 km zieht sich Davos beiderseits der Bahnlinie am Flüsschen Landwasser entlang und widersetzt sich alpinen Klischees. Davos ist eine weltoffene **Kleinstadt** mit etwa 13000 Einwohnern, die ihren urbanen Charakter nicht verhehlen kann und will. Gleichzeitig ist die höchstgelegene Stadt Europas (1560 m) mit rund 24000 Gästebetten der größte Ferienort der Schweiz.

Geschichte Das ansprechende, von Gletschern geschaffene *Davoser Trogtal* wurde im 13. Jh. von Walsern besiedelt. Der Aufstieg vom Bauerndorf zu einem weltweit bekannten **Kurort** begann um 1860, als der Mannheimer Arzt Alexander Spengler (1827–1901) das trockene Reizklima von Davos für die Behandlung von Lungenkrankheiten entdeckte. Binnen weniger Jahre entstand ein mondäner Kurort mit großen Sanatorien für Tuberkulosepatienten. Thomas Manns Roman ›Zauberberg‹ (1924) verhalf dem Ort in den 1920er-Jahren vollends zu Weltruhm.

Mit dem Siegeszug der Antibiotika zur Behandlung von Tbc brach Mitte des 20. Jh. zwar der Kurtourismus ein, dafür stieg Davos zu einem attraktiven **Wintersportzentrum** auf. Allerdings ist Davos Standort von bedeutenden Instituten der Allergie- und Asthma- sowie Schnee- und Lawinenforschung. Auch finden im **Kongresszentrum** an der Promenade regelmäßig medizinische Symposien und im Januar die Jahrestagung des Weltwirtschaftsforums statt.

Besichtigung Als Hauptstraße zieht sich die *Promenade* durch die beiden Ortsteile Davos-Platz und Davos-Dorf. Die großen Hotels und Apartmenthäuser konzentrieren sich rund um den *Bahnhof Davos-Platz*, von dem es nur ein paar Schritte zur reformierten Pfarrkirche **St. Johann** sind, die im Wesentlichen aus dem Jahr 1481 stammt. Das gegenüberliegende **Rathaus** entstand 1564 als ›Neubau‹ nach einem Brand. Die Große Stube im Obergeschoss gefällt durch die Arvenholztäfelung und den prächtigen achteckigen Turmofen.

Im alten Postamt am Postplatz dokumentiert das **Wintersportmuseum** (Promenade 43, Tel. 08141324 84, www.wintersportmuseum.ch, Di/Do 16.30–18.30 Uhr) die Geschichte des Wintersports in und um Davos von den Anfängen bis zur Gegenwart. Die altertümlichen Schlittenmodelle, Bobs, Skier und Schlittschuhe muten ebenso kurios an wie die Sportkleidung von anno dazumal.

Rösti satt – von der Jatzhütte auf dem Jakobshorn muss niemand hungrig aufbrechen

Für Kunstliebhaber ist ein Besuch im **Kirchner Museum** (Promenade 82, Tel. 0814106300, www.kirchnermuseum.ch, Juli–Mitte Okt. und Dez.–Mitte April Di–So 10–18, Mitte April–Juni und Mitte Okt.–Nov. Di–So 14–18 Uhr) am Kurpark ein Muss. Den deutschen Expressionisten Ernst Ludwig Kirchner (1880–1938) zog es 1917 aus gesundheitlichen Gründen nach Davos. Die Sammlung bietet in dem gläsernen Museumsbau von 1992 einen umfassenden Überblick über sein künstlerisches Schaffen – von der Brücke-Periode bis zum Spätwerk, darunter Aktzeichnungen (›Badende am Fehmarnstrand‹, 1913), Zirkusszenen, Porträts und Landschaften (›Sertigtal im Herbst‹, 1925/26).

Bei jüngeren Besuchern kommt das **Spielzeugmuseum** (Promenade 83, Tel. 08141328 48, www.spielzeugmuseum-davos.ch, Juni–Mitte Okt. und Dez.–Mitte April So/Di–Fr 14–18 Uhr) gut an. Die Privatsammlung von Angela Prader umfasst Mode- und Spielzeugpuppen des 18.–20. Jh. und ausgefallene Spielsachen wie ein Modell des Sanatoriums ›Berghof‹ aus Thomas Manns ›Zauberberg‹.

Wer auf den Spuren des großen deutschen Schriftstellers wandeln möchte, macht am Kurpark einen Spaziergang entlang der Buostrasse bis zum ehemaligen *Waldsanatorium* des Geheimrates Dr. Jessen (heute Waldhotel Davos), das dem Literaturnobelpreisträger von 1929 als Vorlage für den ›Berghof‹ diente.

Freizeit- und Skizirkus total

Romantiker werden sich in Davos verloren vorkommen, doch dafür ist der Ort für Wintersportler eine der besten Adressen der Welt. Fast 60 Seil-, Gondel- und Skilifte erschließen 320 km schneesichere, gut präparierte **Skipisten**. Anfänger und Profis finden 90 Abfahrten aller Schwierigkeitsgrade vor. Die Parsennbahn z. B. führt auf den *Weissfluhgipfel* (2844 m), von dem aus man 12 km lang ins 2000 m tiefer gelegene Tal nach Küblis abfahren kann.

Das *Jakobshorn* ist eine der Schweizer Top-Adressen für Snowboarder. Für die Ski-Langläufer werden 75 km Loipen gespurt, in Klosters 35 km und damit insgesamt also 110 km. Außerdem kann Davos mit Europas größter *Natureisbahn* und einer Kunsteisbahn aufwarten. Regelmäßig finden internationale Wettkämpfe im Eiskunstlauf, Eisschnelllauf und Eishockey statt. Die gut ausgebaute Infrastruktur nutzen viele Hochleistungssportler zum Höhentraining.

21 Davos

Die Parsennbahn schwebt vom Weissfluhjoch (2663 m) bis zum Gipfel des Weissfluh (2844 m)

Im Sommer warten auf Naturfreunde rund um Davos 450 km markierte **Wanderwege** in fünf ausgewiesenen Wandergebieten, die per Bergbahn erreicht werden können. Ein **18-Loch-Golfplatz** (Golf Club Davos, Mattastr. 25, Tel. 08 14 16 56 34, www.golf-davos.ch) fehlt genauso wenig wie etwa eine Schule für **Gleitschirmflieger** (Flugcenter Grischa, Fanas, Dorfplatz 4, Tel. 08 14 22 20 70, www.fs-grischa.ch). Bei Kids steht die **Sommerrodelbahn** (Tel. 08 14 15 51 51, Mai–Okt. tgl. 10–17 Uhr) auf der *Schatzalp* hoch im Kurs. Beliebt ist auch das hier eingerichtete *Alpinum* (www.alpinum.ch, Mitte Mai–Mitte Nov. tgl. 9–18 Uhr) mit der Alpenflora aus verschiedenen Gebirgsregionen.

Ausflug

Über den Wolfgangpass erreicht man nordwestlich von Davos den *Prättigau*. Der Hauptort in dem von der Landquart durchflossenen Tal ist **Klosters** (1200 m), ein 4500 Einwohner zählender Kurort mit charmanten, meist im Chaletstil gehaltenen Häusern. Von dem im Mittelalter ansässigen Prämonstratenserkloster blieb nur der Ortsname und der romanische Kirchturm erhalten. Im **Nutli-Hüschi** (Tel. 07 94 40 69 48, www.nutlihueschi.graubuendenkultur.ch, Juli–Mitte Okt. und Jan.–Mitte April Mi/Fr 15–17 Uhr), einem gut erhaltenen Walserhaus aus dem 16. Jh. im Zentrum, ist ein kleines Heimatmuseum untergebracht. Vom Bahnhof aus führt eine Seilbahn auf den **Gotschnagrat** (2285 m). Vom Gipfel aus liegt dem Betrachter der ganze Prättigau zu Füßen und man sieht sogar die *Silvretta-Gruppe* mit dem 3312 m hohen Piz Buin.

Praktische Hinweise

Information

Destination Davos Klosters, Talstr. 41, Davos, Tel. 08 14 15 21 21, www.davos.ch

Hotels

******Schatzalp Snow & Mountain Resort**, Davos, Tel. 08 14 15 51 51, www.schatzalp.ch. Jugendstilambiente in einzigartiger Lage etwa 300 Höhenmeter über der Stadt. Gäste genießen die hervorragende Fernsicht – die schönsten Zimmer liegen auf der Südseite – und die große Saunalandschaft.

****Edelweiss**, Rossweidstr. 9, Davos, Tel. 08 14 16 10 33, www.edelweiss-davos.ch. Einfaches Familienhotel in ruhiger Lage.

Kinderhotel Muchetta, Aussergasse 4, Wiesen (17 km südwestl. von Davos), Tel. 08 14 10 41 00, www.kinderhotel.ch. Ganz auf Kinder eingestellt: kindgerechte Einrichtung, Kinder- und Babybetreuung, Spielparadies und Kinderskischule.

Restaurants

Alpenhof, Hofstr. 3, Davos, Tel. 08 14 15 20 60, www.alpenhof-davos.ch. Das Restaurant im gleichnamigen Hotel pflegt die Bündner Küche zu moderaten Preisen. Von der großen Sonnenterrasse hat man einen Blick zum Tinzenhorn (Sommer Di geschl.).

Pot-au-Feu, Mattastr. 4, Davos, Tel. 08 14 13 50 68. Schweizer Küche mit französischem Akzent, dazu erlesene Weine. Spezialitäten sind der Fleisch- und Gemüseeintopf Pot au Feu sowie Raclette und Fondue (April–Nov. So/Mo geschl.).

22 St. Moritz

Exklusiver Kurort der internationalen Hautevolee.

St. Moritz im **Oberengadin** gibt sich kosmopolitisch und elegant, ist jedoch als Treff der Reichen und Schönen vor allem teuer. Die Stadtväter loben das ›prickelnde Champagnerklima‹ des weltberühmten Bergdorfes um den *St. moritzer See*, wobei man bedenken muss, dass in dem 1800 m ü.d.m. gelegenen *Hochtal* am Inn der Winter fast ein halbes Jahr dauert – und den kann man in St. Moritz mit seinen reizvollen Skipisten und Wanderwegen ringsum sehr angenehm verbringen.

Geschichte St. Moritz wurde erstmals 1139 erwähnt, als die Grafen von Gametingen das Oberengadin an den Bischof von Chur veräußerten. Doch wie die bronzezeitliche Einfassung der namensgebenden **Mauritiusquelle** am Südwestufer des St. Moritzer Sees belegt, waren die kohlesäurehaltigen *Eisenquellen* lange vor der Zeitenwende bekannt. Im Mittelalter war die Quelle ein **Wallfahrtsziel**, 1535 attestierte der Arzt Paracelsus dem Wasser Heilqualität. 1831 entstand am See ein Kurhaus mit Trinksaal und Badekabinen, gut 20 Jahre darauf gründete sich die ›Heilquellen-Gesellschaft von St. Moritz‹, die kräftig den **Bädertourismus** ankurbelte.

Als Pionier betätigte sich *Johannes Badrutt*, der 1855 mit dem **Engadiner Kulm** das erste Hotel im Ort eröffnete. Der rührige Unternehmer gilt als ›Erfinder‹ des Wintersports, denn 1864 wettete er mit englischen Sommergästen, dass es ihnen auch im Winter in seinem Hotel gefallen würde. Die Engländer kamen ins tief verschneite St. Moritz und waren begeistert. Anstelle von Bergtouren standen nun Schlittenfahrten und Skiausflüge auf dem Programm. Seinen kometenhaften Aufstieg verdankt der Ort nicht zuletzt den **Olympischen Winterspielen**, die St. Moritz 1928 und 1948 ausrichtete.

Besichtigung 5400 Einwohner leben in den beiden Ortsteilen **St. Moritz-Dorf** und dem tiefer gelegenen **St. Moritz-Bad**, während der Saison kommen fast doppelt so viele Wintergäste dazu. Das Ortsbild mag enttäuschen, da es kaum heimelige Engadinerhäuser gibt. Stattdessen wirken die vornehmlich in den 1950er- und 1960er-Jahren hochgezogenen Hotelburgen trotz Faceliftings wenig attraktiv. Kulturgeschichtlich ist der **Schiefe Turm** im alten Friedhof von St. Moritz-Dorf interessant. Der Glockenturm der ehem. Mauritius-Kirche geriet im 19. Jh. aus dem Lot. Seit 1893 das dazugehörige baufällige Kirchenschiff abgebrochen wurde, steht er alleine da.

Südlich davon, Richtung Suvretta, widmet sich das **Segantini-Museum** (Via Somplaz 30, Tel. 08 18 33 44 54, www.segantini-museum.ch, Mitte Mai–Mitte Okt. und Mitte Dez.–Mitte April Di–So 10–12 und 14–18 Uhr) dem italienischen Maler Giovanni Segantini (1858–1899), der die ursprüngliche Hochgebirgslandschaft seiner Engadiner Wahlheimat meisterhaft auf die Leinwand bannte. Sein Hauptwerk ›Werden – Sein – Vergehen‹ ist im zentralen Kuppelsaal des Museums zu sehen. Das Mittelbild des Triptychons zeigt St. Moritz, wie es Segantini von der nach ihm benannten Hütte auf dem Schafberg (2700 m) unter sich liegen sah.

In der Parallelstraße macht das **Engadiner Museum** (Via dal Bagn 39, Tel. 08 18 33 43 33, www.engadiner-museum.ch, So–Fr 10–12 und 14–17 Uhr, Mai/Nov. geschl.) mit der Engadiner Wohnkultur des 16.–19. Jh. bekannt. Besonders sehenswert ist ein getäfelter Prunksaal aus dem Veltlin mit antikem Mobiliar. Trachten, Kunsthandwerk und allerlei Hausrat komplettieren die in einem typischen *Engadinerhaus* untergebrachte Sammlung. Das Gebäude zeichnet sich durch Rundbogentor und farbige Sgraffiti an der Fassade aus.

Im Januar und Februar finden auf dem zugefrorenen St. Moritzer See Windhund- und Pferderennen statt, außerdem spielt man auf der Eisdecke Polo, Cricket und sogar Golf.

22 St. Moritz

Dreitausender wie der Pitz Corvatsch (3451 m, rechts) umgeben St. Moritz

Ausflüge

Trotz des kleinen Flugplatzes und dem in der Saison immer ausgebuchten 18-Loch-Golfplatz konnte der Nachbarort **Samedan** seinen dörflichen Charakter bewahren. Am sehenswerten Dorfplatz steht die *Chesa Planta* von 1593, eines der stattlichsten Patrizierhäuser im Engadin. Das Doppelhaus beherbergt unter seinem Walmdach ein *Museum für Wohnkultur* (Tel. 08 18 52 56 24, Führungen Mitte Juni–Mitte Okt. Di–Do 16.30 Uhr, sonst nach Absprache) des 18. und 19. Jh.

Die Konditorei *Zisler* in der nahen Via Retica ist für ihre vorzüglichen *Engadiner Nusstorten* bekannt. Auf Wunsch werden die mehrere Monate haltbaren Kuchen in alle Welt verschickt (www.nusstorten.ch).

Windsurfer zieht es an den **Silvaplaner See** 2 km südwestlich von St. Moritz. Hier weht nachmittags vom Malojapass her ein beständiger Südwestwind und sorgt für konstant gute Surfbedingungen.

Zwischen Silvaplaner See und dem benachbarten Silser See liegt malerisch eingebettet der Luftkurort **Sils-Maria**, der im Laufe seiner mehr als 100-jährigen Geschichte auf Literaten und Künstler anziehend wirkte. »Hier im Engadin ist mir bei weitem am wohlsten auf Erden« schrieb z. B. Friedrich Nietzsche, der während der Sommer 1881–88 in Sils-Maria an ›Zarathustra‹ und dem ›Antichrist‹ arbeitete. Im *Nietzsche-Haus* (Tel. 08 18 26 53 69, www.nietzschehaus.ch, Mitte Juni–Mitte Okt. und Ende Dez.–Mitte April Di–So 15–18 Uhr) erinnern persönliche Gegenstände, Fotos und Bücher an die Silser Zeit des großen deutschen Philosophen.

Praktische Hinweise

Information
St. Moritz Tourist Information, Via Maistra 12, St. Moritz, Tel. 08 18 37 33 33, www.stmoritz.ch

Winterspaß hoch zu Ross: White Turf Skijöring auf dem zugefrorenen St. Moritzer See

St. Moritz

Bus
Postauto Schweiz AG, Via Serlas, St. Moritz, Tel. 05 84 48 35 35, www.postauto.ch. Im *Palm Express* kann man eine Rundfahrt im Postauto durch das Bergell [Nr. 26] nach Lugano machen.

Hotels
*****Badrutt's Palace Hotel**, Via Serlas 27, St. Moritz, Tel. 08 18 37 10 00, www.badruttspalace.com. Die legendäre Nobelherberge für den Jetset setzt nach wie vor Maßstäbe, auch preislich. In den Restaurants herrscht Jackettpflicht.

TOP TIPP ***Waldhaus am See**, Via Dim Lej 6, St. Moritz, Tel. 08 18 36 60 00, www.waldhaus-am-see.ch. Das empfehlenswerte Haus liegt sehr schön und für sich am St. Moritzer See. Die Whiskysammlung von Hotelier Claudio Bernasconi umfasst 2500 Sorten, was ihr einen Eintrag ins Guinness-Buch der Rekorde eingebracht hat.

Restaurants
Talvo, Via Gunels 15, St. Moritz (Ortsteil Champfèr), Tel. 08 18 33 44 55, www.talvo.ch. Das berühmte Feinschmeckerlokal eröffnete im Dezember 2011 neu unter der Leitung der Tessiner Sterneköche Lorena und Martin Dalsass.

Lapin Bleu, Sonnenplatz (im Hotel Steffani), St. Moritz, Tel. 08 18 36 96 96, www.steffani.ch. Klassiker der Schweizer Küche und Käsefondue in einer holzgetäfelten Stube.

Höhensonne – im wahrsten Sinne des Wortes – auf der Diavolezza über Pontresina

Pontresina

Wanderer- und Bergsteigerzentrum am Fuß der Bernina.

Würzig duftende Arven- und Lärchenwälder umgeben den im Val Bernina gelegenen **Luftkurort** Pontresina (1820 m). In dem geschützten Seitental an der Passstraße zum Berninagipfel eröffneten bereits Mitte des 19. Jh. die ersten Hotels für bergwandernde Gäste, unter ihnen das **Grand Hotel Kronenhof**. 1850 wurde das bescheidene Gasthaus zur Krone in eine palastartige Dreiflügelanlage verwandelt. Die im spätklassizistischen und neobarocken Stil prunkvoll ausgestatteten Gesellschaftsräume, luxuriösen Suiten und der mit antikisierenden Deckengemälden geschmückte Speisesaal machen den Kronenhof zu einem herausragenden Beispiel nobler Hotelkultur des 19. Jh.

Im Ortszentrum birgt die romanische Pfarrkirche **St. Martin** aus dem 12. Jh. sehenswerte Wandmalereien. Die Bilder der unteren Zone stammen zum Teil noch aus der Zeit um 1230, die Fresken darüber und der Maria-Magdalena-Zyklus an der Nordwand sind spätgotisch vom Ende des 15. Jh. Nahe der Kirche steht der **Spaniola-Turm**, ein fünfeckiger romanischer Wohnturm aus dem 12. Jh. Zinnen krönen seine Spitze, ein kleiner Aborterker ziert das Mauerwerk.

In der *Chesa Delnon*, einem 1716 erbauten Engadinerhaus, informiert das **Museum Alpin** (Via Maistra 199, Tel. 08 18 42 72 73, Mitte Dez.–Mitte April und Juni–Ende Okt. Mo–Sa 16–18 Uhr) über die Geschichte des Alpinismus und des Win-

Auch Mountainbiker fahren von Pontresina über den Berninapass nach Poschiavo

tersports in der Bernina-Region. Dazu sind Mineralien und eine Vogelsammlung zu sehen.

Sportlich schwimmen oder im warmen Wasser entspannen, beides geht im **Bellavita** (Via Maistra 178, Tel. 08 18 37 00 37, www.pontresina-bellavita.ch, Mo–Fr 10–22, Sa/So 10–21 Uhr). Das Erlebnisbad mit großem Spa bietet Innen- und Außenbecken, Rutsche und Wasserspielgarten.

Vom Punt Muragl führt eine Standseilbahn (Mitte Dez.–Anfang April und Anfang Juni–Mitte Okt. tgl. 8–23 Uhr) auf **Muottas Muragl** (2453 m), an der Talstation Bernina-Diavolezza eine Schwebebahn (tgl. 8.30–17, Mitte April–Ende Mai ab 8, Juli/Aug. 8.30–17.30 Uhr) zur *Diavolezza* (2973 m). Im Winter werden beide Ziele von Skifahrern gern besucht, im Sommer sind sie Ausgangspunkte für **Wander-** und **Bergtouren** in die Bernina.

Ein sehr schöner Abstecher führt von Pontresina über den Berninapass in das weit ins italienische Staatsgebiet hinein reichende **Val di Poschiavo** (dt. Puschlav). An den terrassierten Talflanken des italienischsprachigen Poschiavo-Tals wird Wein und etwas Tabak angebaut, und je näher man dem Grenzort *Campocologno* kommt, desto öfter sieht man Zypressen, Kamelien und Palmen in den Vorgärten. Im Hauptort *Poschiavo* (1014 m) gruppieren sich herrschaftliche Palazzi, der alte

Klimawanderweg und Bergtour

Von der Bergstation Muottas Muragl führt der **Philosophenweg** auf den Schafberg zur bewirtschafteten *Segantinihütte* (2731 m) und über Alp Languard hinab nach Pontresina. Mit dem World Wildlife Fund wurde entlang der aussichtsreichen Route ein *Klimawanderweg* angelegt. Infotafeln am Wegesrand erläutern die drastischen Auswirkungen der Klimaveränderung in den Alpen.

Mit der Bahn kann man von Pontresina etwa 2 km bergauf bis zur Station Morteratsch fahren. Hier beginnt eine sehr reizvolle zweistündige Bergtour zur **Bovalhütte** (2495 m) am Fuß des Berninamassivs. Der felsige Steig windet sich oberhalb des Morteratschgletschers durch lichte Arvenwälder und vorbei an Alpenrosenwiesen. Am Weg türmt sich eine schroffe Moränenlandschaft auf, an der Felswand *Pascuis da Boval* stürzen ein halbes Dutzend Wasserfälle hinab. Von der Terrasse der Bovalhütte genießt man bei einer herzhaften Bündner Gerstensuppe ein grandioses Panorama auf die schneebedeckten Bergriesen der Bernina. Die Bovalhütte dient außerdem als Basislager für die Besteigung des *Piz Palü* (3905 m) und des *Piz Bernina* (4049 m), dem einzigen Viertausender im Engadin.

23 Pontresina

Rathausturm und die mit Fresken ausgemalte spätgotische Kirche San Vittore Mauro um die Piazza. Reizvoll ist ein Spaziergang durch das *Spaniolenviertel* mit seinen stattlichen Bürgerhäusern südlich des Dorfplatzes.

i Praktische Hinweise

Information
Pontresina Tourismus, Via Maistra 133, Pontresina, Tel. 08 18 38 83 00, www.pontresina.ch

Hotel
***Chesa Mulin**, Via da Mulin 15, Pontresina, Tel. 08 18 38 82 00, www.chesa-mulin.ch. Modernes Hotel Garni in zentraler und doch ruhiger Lage.

Restaurant
Kronenstübli, Via Maistra 130 (im Grand Hotel Kronenhof), Pontresina, Tel. 08 18 30 30 30, www.kronenhof.com. Exquisite Nouvelle Cuisine von Quarkpizokeln mit Flusskrebsen bis Hummer mit Rösti (So/Mo sowie Mitte April–Mitte Juni und Mitte Okt.–Anfang Dez. geschl.).

24 Scuol

Bäderzentrum im Unterengadin.

Die Landschaft des Unterengadins mag nicht ganz so verträumt sein wie die um Sils-Maria oder Pontresina, doch wunderschön ist die **Bergkulisse** beiderseits des unteren Inns allemal. Scuol (1200 m), der touristische Hauptort der Region, liegt in einer der sonnigsten und niederschlagsärmsten Alpengegenden. In der Gemeinde sprudeln mehr als 20 Mineralquellen aus dem Fels, die Scuol ab der Mitte des 19. Jh. zum **Bädertourismus** verhalfen. Der bekam Auftrieb durch das Gesundheits- und Erlebnisbad **Bogn Engiadina** (Tel. 08 18 61 26 00, www.cseb.ch, tgl. 8–22 Uhr). Die Therme bietet eine großzügige Bäderlandschaft mit Sol-, Dampf- und Heißsprudelbad sowie drei Saunen.

In beiden Ortsteilen von Scuol, in *Ober-* und *Unterdorf*, säumen stattliche Engadinerhäuser die malerischen Gassen und Plätze. Viele Fassaden sind mit Sgraffiti, Erkern, schmiedeeisernen Balkonen und Wappen geschmückt. Aus etlichen Dorfbrunnen strömt das lokale Mineralwasser, das Leber- und Gallenleiden lindern soll.

In der auf das Jahr 1622 zurückgehenden und 1703 um einen dreistöckigen Laubengang erweiterten *Cha Gronda* am südlichen Ortsrand nahe des Flusses befindet sich das **Museum d'Engiadina Bassa** (Tel. 08 18 64 19 63, Juli–Sept. Di–Fr 15–18, Juni/Okt. Di/Fr 16–18 Uhr). Die volkskundliche Sammlung spiegelt die traditionelle bäuerliche Selbstversorgerkultur der Talschaft wider. Herausragendes Exponat des Museums ist eine 1679 in Scuol gedruckte Bibel.

Das nahe Wintersportgebiet **Motta Naluns** – das einzige im Unterengadin – ist mit zwei Gondelbahnen und einem Sessellift erschlossen. 80 km Pisten, darunter eine 10 km lange Traumabfahrt, einige Tiefschneegebiete und ein Snowboardpark sorgen für Abwechslung.

In der schmucken Trinkhalle von Scuol am Inn kosten Kurgäste das heimische Heilwasser

Über Stock und über Stein

Die Alpen sind ein überaus sensibler Naturraum, der zugleich als Transportkorridor und Erholungsgebiet intensiv genutzt wird. Umso wichtiger ist der 1914 gegründete und nach Erweiterungen jetzt 173 km² umfassende **TOP TIPP Schweizerische Nationalpark** als geschütztes Rückzugsgebiet für Flora und Fauna.

In der Ortschaft Zernez informiert das **Nationalparkzentrum** (Tel. 08 18 51 41 41, www.nationalpark.ch, Mitte Mai–Okt. tgl. 8.30–18, Nov.–Heiligabend/Jan. Mo–Fr 9–12 und 14–17, Weihnachtsferien/Ende Jan.–Mitte März Mo–Sa 9–17, So 14–17 Uhr) in Bild und Ton über das Ökosystem des Schutzgebietes. Die Parkwächter bieten geführte Wanderungen an und erläutern die **Verhaltensregeln**. So sind z. B. Campen, offenes Feuer, Biken, Blumen pflücken und das Mitbringen von Hunden untersagt. Übernachtungsmöglichkeiten im Park bieten das Hotel Il Fuorn und das Blockhaus Chamana Cluozza.

Den einfachsten Zugang zum Nationalpark hat man von der **Ofenpassstrasse**, an der zehn Parkplätze für Wanderer eingerichtet sind. Von den Parkplätzen aus sind Rundwege ausgeschildert. Insgesamt durchziehen 80 km markierte **Wanderwege** den Park.

Eine erlebnisreiche Rundwanderung führt von Prasüras (1690 m) bei Schanf durch das **Val Trupchun** zur Alp Trupchun (2090 m). Das pittoreske Seitental des Inns erstreckt sich 8–10 km nach

Seit einigen Jahrzehnten sind im Schweizerischen Nationalpark wieder Steinböcke heimisch

Süden bis an die italienische Grenze und rühmt sich, eine der wildreichsten Regionen Europas zu sein. Die Wanderung ist vor allem im September zur **Brunftzeit** der Rothirsche spektakulär. Außerdem siedelte die Parkverwaltung erfolgreich und fast ausgestorbenen **Steinbock** wieder an (Population zurzeit etwa 300 Tiere). Mit etwas Glück und einem Fernglas ausgerüstet lassen sich auch Gämsen, Steinadler und Bartgeier beobachten. Ganz sicher wird man auf Murmeltiere treffen, die in Kolonien meist direkt am Weg leben.

Ausflug

Der Nachbarort *Ardez* mit seinen schmucken Engadinerhäusern aus dem 16. ud 17. Jh. wie dem über und über bemalten Adam-und-Eva-Haus, auch *Chasa Clalglüna* genannt, zählt zu den schönsten Dörfern des Engadin, wird aber sogar noch übertroffen von **Guarda** (1653 m). Der über dem Inn gelegene Ort wurde von den Österreichern im 17. Jh. völlig zerstört, doch anschließend wieder aufgebaut. Seitdem hat sich kaum etwas verändert: Die schmucken Häuser sind mit in den Mörtel geritzten Sgraffiti, formschönen Erkern oder Reliefwappenschildern geschmückt. Guarda wurde mehrfach prämiert und gehört zu den ›Ortsbildern von nationaler Bedeutung‹ der Schweiz.

Praktische Hinweise

Information
Engadin/Scuol Tourismus, Scuol, Tel. 08 18 61 22 22, www.scuol.ch

Hotel
***Engiadina**, Rablüzza 152, Scuol, Tel. 08 18 64 14 21, www.hotel-engiadina.ch. Geschmackvoll restauriertes Engadinerhaus. Das Restaurant serviert Bündner Spezialitäten und kreative Gerichte (Nebensaison So/Mo geschl.).

Restaurant
Traube, Stradun (beim Thermalbad), Scuol, Tel. 08 18 61 07 00, www.traube.ch. In der gemütlichen Arvenstube werden Fisch- und Wildgerichte aufgetischt.

25 Kloster St. Johann in Müstair

> **TOP TIPP** *Mit seinen karolingischen Fresken besitzt das Kloster in dem einsamen Alpental einen kunsthistorischen Schatz von Weltgeltung.*

Das **Val Müstair**, auf deutsch Münstertal, gehört geografisch schon zum Südtiroler Vinschgau. Sein Name leitet sich wie der des Ortes Müstair (1248 m) von ›monasterium‹ ab, was im Lateinischen und dem daraus entstandenen Rätoromanischen ›Kloster‹ bedeutet. Die Bezeichnung bezieht sich auf das **Kloster St. Johann** (www.muestair.ch), das Benediktinermönche um 785 auf Anregung Karls des Großen in dem einsamen Alpental gründeten. Seit 1163 leben und arbeiten hier Benediktinerinnen.

Der baulich verschachtelte **Klosterbezirk** umfasst im Wesentlichen die karolingische *Stiftskirche*, die romanische *Heiligkreuzkapelle* aus dem 11. Jh., den von Zinnen abgeschlossenen wuchtigen *Plantaturm* mit dem *Klostermuseum* (Tel. 0818516228, Mai–Okt. Mo–Sa 9–12 und 13.30–17, So 13.30–17, Nov.–April Mo–Sa 10–12 und 13.30–16.30, So 13.30–16.30 Uhr) sowie um drei Höfe angeordnete Wohn- und Wirtschaftsgebäude.

Die **Klosterkirche** (tgl. 7–20, Nov.–April 7–17 Uhr) weist noch Bausubstanz aus der Gründungszeit auf, wurde aber 1489–92 unter der Äbtissin *Angelina von Planta* zu einer dreischiffigen gotischen Hallenkirche ausgebaut. Dabei übertünchte man kurzerhand die *karolingischen Wandmalereien* aus der Zeit um 800, die man erst Mitte des 19. Jh. unter dem Verputz wieder entdeckte. Seitdem wird der großartige Freskenzyklus sorgfältig freigelegt und restauriert. Immerhin gilt er als weltweit größter erhaltener Freskenzyklus des frühen Mittelalters und wurde von der UNESCO zum Weltkulturerbe erklärt.

Die karolingischen Malereien füllen alle Wände des Langhauses: Süd- und Nordwand sind mit Szenen aus dem Leben und der Passion Christi geschmückt, die Darstellung des Jüngsten Gerichts an der Westwand gilt als älteste Darstellung dieses Themas überhaupt. Zentraler Blickfang ist das in leuchtenden Farben erhaltene *spätromanische Bildprogramm* vom Ende des 12. Jh. in den Apsiden der Ostwand mit der Enthauptung des Johannes und dem Tanz Salomes beim Gastmahl des Herodes im Zentrum. Von der *plastischen Ausstattung* der Klosterkirche ist ein in die Nordwand eingelassenes romanisches Flachrelief aus dem 11. Jh. beachtenswert. Es stellt die Taufe

Christi dar und zeigt den Heilsbringer bis zu den Hüften in den Wellen des Jordans. Am Südpfeiler der Mittelapsis steht die lebensgroße *Stuckfigur* des Klosterstifters Karls des Großen. Die Plastik entstand um 1166 und zeigt den Kaiser mit Reichsapfel und Zepter.

Durch den um 1500 errichteten südlichen Torturm gelangt man in den trapezförmigen Wirtschaftshof, an dessen Westseite die ehem. **Bischofsresidenz** steht, die sich Bischof *Norbert von Chur* im 11. Jh. errichten ließ. Das getäfelte, originalgetreu eingerichtete Fürstenzimmer von 1642 diente den Fürstbischöfen von Chur als Wohnstube. Im Mittelfeld der prächtigen Kassettendecke hat sich die Äbtissin *Ursula Karl von Hohenbalken* mit ihrem Wappen verewigt. Schmuckstück des Zimmers ist ein Turmofen mit glasierten Reliefkacheln.

26 Bergell

Die »Schwelle zum Paradies«.

Das Bergell (ital. Val Bregaglia) fällt vom Malojapass (1815 m) im Oberengadin steil nach Südosten zur italienischen Grenze ab. Reste einer Römerstraße bezeugen, dass der Pass vom Engadin zum Comer

Links: *Auf den Fresken der Klosterkirche von St. Johann tanzt Salome und lässt Johannes den Täufer enthaupten*
Oben: *Soglios Häuser kauern sich unter die Wände der Scioragruppe*

See schon in der Antike benutzt wurde. Eine wahre Perle von Dorf ist das malerisch im Tal gelegene **Soglio** (1000 m) – »Schwelle zum Paradies« nannte es der Maler Giovanni Segantini [s. S. 78] liebevoll. Eng drängen sich die schlichten Häuser aneinander, mit aus Bruchsteinen zusammengefügten Mauern und schiefergedeckten Dächern. Das archaische Dorfbild überragt der haubengekrönte Campanile der reformierten Kirche. Die Familie Salis hinterließ Soglio einige Palazzi, die nach wie vor in Privatbesitz und nicht zu besichtigen sind. Der stattlichste ist die *Casa Battista* aus dem 17. Jh., die heute als Hotel Palazzo Salis (www.palazzosalis.ch) geführt wird.

Praktische Hinweise

Restaurant
Stüa Granda, Tel. 818 22 19 88, www.stuagranda.ch. Polenta, Gnocchi und Kastanienkuchen im Hotel am südlichen Ortsrand, dazu eine spektakuläre Aussicht.

Tessin – Sonnenstube der Schweiz

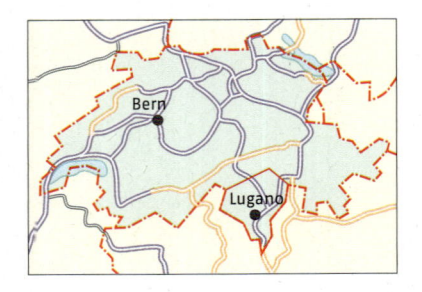

Im Norden vom Alpenhauptkamm geschützt ragt der südlichste Kanton der Eidgenossenschaft tief bis in die italienische Lombardei hinein. Vor den schneebedeckten Berggipfeln bilden die lieblichen palmenbestandenen Gestade des **Lago Maggiore** und des **Luganer Sees** die Kulisse zu einer der schönsten mitteleuropäischen Kulturlandschaften. Hier paart sich Schweizer Präzision und Korrektheit mit italienischem Flair und beinahe mediterran-mildem Klima.

Die Metropole **Lugano** am nach ihr benannten See ist gleichermaßen umtriebiger Finanzplatz wie charmante Hafenstadt mit lebendigem Kulturbetrieb. **Locarno** und **Ascona** am Nordufer des Lago Maggiore sind bedeutend kleiner, geben sich jedoch als Kurorte so mondän, wie sie nur können. Hier flanieren die Gäste aus aller Welt auf den von Palmen gesäumten Seepromenaden und lassen sich in luxuriösen Hotels mit allem erdenklichen Komfort verwöhnen.

Wieder anders zeigt sich da das reizvolle Hinterland mit seinen weit ins Gebirge hineinreichenden Tälern wie dem **Centovalli** oder dem **Valle Maggia**. Geradezu abgeschieden liegen hier friedliche Bergdörfer wie *Fusio*, *Intragna* oder *Cevio*, die wegen ihres pittoresken Erscheinungsbildes ebenso einen Besuch wert sind wie wegen ihrer kulturhistorisch bedeutsamen Kirchlein – oder wegen des Weines, der an den umliegenden Hängen angebaut wird.

Ausführlich stellt der **ADAC Reiseführer Tessin** die Vielfalt und Schönheit dieses ungewöhnlichen Kantons vor.

27 Bellinzona

Die Stadt gilt als ›Tor zum Süden‹, ihre drei Burgen zählen zum Weltkulturerbe.

Bellinzona (17 800 Einw.) konnte sich nie aus dem Schatten der Seeorte Lugano und Locarno lösen, daher kennen die meisten Urlauber die **Kantonshauptstadt** des Tessins nur von der Durchreise. Und doch hat der Ort seine Reize, denn zu Füßen der drei weithin sichtbaren Burgen präsentiert sich eine sehenswerte Altstadt mit typisch lombardischem Flair.

Geschichte Die Römer waren im 1. Jh. v. Chr. die ersten, die an dieser Stelle im Tal des Ticino die Nord-Süd-Route über die Alpen mit einem Kastell befestigten. Von da an kontrollierten die jeweiligen Herren von Bellinzona die wichtigen Passübergänge am St. Gotthard, Lukmanier und San Bernardino.

Unter den Mailänder Herzögen *Visconti* und *Sforza* wurde der Ort ab dem 13. Jh. zu einem Bollwerk ausgebaut, das über drei Jahrhunderte uneinnehmbar war. Eine gewaltige Mauer, die *Murata*, verband die drei Burgen und riegelte so die gesamte Talebene ab. Erst 1516 konnten die Eidgenossen im Zuge ihrer Südexpansion diesen Sperrriegel knacken und sich Bellinzona einverleiben. 1803 fand dann der damals neu geschaffene Kanton Tessin offiziell Aufnahme in den Bund, 1878 wurde das historisch so bedeutsame Bellinzona seine Hauptstadt.

Besichtigung Im Jahr 2000 erklärte die UNESCO die drei Trutzburgen von Bellinzona zum Weltkulturerbe (www.bellinzonaunesco.ch). Sie bilden gemeinsam eine der besterhaltenen Festungsanlagen der Schweiz. Prunkstück ist das inmitten der Stadt imposant auf einem Felsplateau aufragende **Castelgrande** (*Innerer Hof:* Di–So 9–22, Mo 10–18 Uhr). Diese auf das 12. Jh. zurückgehende Hauptfestung wurde unter Federführung des Tessiner Architekten Aurelio Galfetti 1984–91 umfassend restauriert.

Bellinzona

Die Marmorfassade der Kollegiatskirche dominiert die Altstadt von Bellinzona

Gleichzeitig ließ er im Osten am Fuß der Burg die *Piazza del Sole* anlegen, von der aus ein Lift in die von einer monumentalen Ringmauer (*Murata Sforzesca*, Sommer 10–19, Winter 10–17 Uhr) umschlossene Bastion führt. Der weitläufige Burgplatz wird von zwei 27 m und 28 m hohen Vierecktürmen überragt. Im Südflügel dokumentiert das *Museo di Castelgrande* (Tel. 09 18 25 81 45, April–Okt. tgl. 10–18, Nov.–März tgl. 10–17 Uhr) die Geschichte des Kastells. Außerdem werden 280 mit Porträts und allegorischen Figuren bemalte Holztäfelchen (15 Jh.) gezeigt, die einst Decken und Wände eines nicht mehr erhaltenen Stadtpalastes in Bellinzona schmückten.

Auf dem benachbarten Hügel präsentiert sich das **Castello di Montebello** (April–Nov. tgl. 8–20 Uhr) wie der Prototyp einer Ritterburg, die trutzigen Mauern sind mit Schwalbenschwanzzinnen und Pechnasenkränzen bestückt. Der Kern des Wehrbezirks entstand Ende des 13. Jh. und wurde ab 1503 von den Schweizer Landvögten zur Residenz ausgebaut. Das *Museo Civico* (Tel. 09 18 25 13 42, April–Nov. tgl. 10–18 Uhr) im Bergfried zeigt bis in die Bronzezeit zurückreichende archäologische Funde aus der Region sowie eine mittelalterliche Waffensammlung.

Das Burgentrio ergänzt das **Castello di Sasso Corbaro** (Tel. 09 18 25 59 06, April–Nov. Di–So 10–22, Mo 10–18 Uhr), 230 m über der Stadt. Die Mailänder Herzöge ließen das jüngste Glied der Verteidigungskette 1479 in nur sechs Monaten erbauen. Hohe, von Zinnen gekrönte Mauern mit Spitzbogenfenstern umschließen einen viereckigen Innenhof. In dem massigen Wehrturm *Belvedere* werden Wechselausstellungen gezeigt, und der *Emma-Poglia-Saal* ist das typische Beispiel eines Herrschaftssaals aus dem 17. Jh. (April–Nov. tgl. 10–18 Uhr).

Zwischen den beiden erstgenannten Burgen liegt die **Altstadt**, in der sich Bauten aus dem 15. Jh. ebenso finden wie Bürgerhäuser aus dem 18. Jh. oder im Neorenaissancestil des 19. Jh. errichtete Palazzi. Jeden Samstag (8–13 Uhr) findet auf der *Piazza Collegiata* ein großer Markt statt. Hier steht mit der Kollegiatskirche **Santi Pietro e Stefano** einer der schönsten Renaissancebauten des Tessins. Eine zwölfstrahlige Rosette über dem Hauptportal schmückt die durch Pilaster gegliederte Marmorfassade. Unter den Fresken

27 Bellinzona

Italienisches Flair am Luganer See – Palmen säumen die Uferpromenade von Lugano gegenüber des dicht bebauten Monte Bré

und Gemälden im **Inneren** sticht das 1658 von Simone Peterzano gemalte Kreuzigungsbild am Hochaltar heraus.

Ein lombardisches Meisterwerk der Renaissance ist südwestlich vom Zentrum in der ehem. Franziskanerkirche **Santa Maria delle Grazie** zu finden. Ein unbekannter Meister des 15./16. Jh. hinterließ an der Lettnerwand ein monumentales Kreuzigungsfresko, das 15 Szenen aus dem Leben Christi rahmen.

Praktische Hinweise

Information

Bellinzona Turismo, Palazzo Civico, Bellinzona, Tel. 09 18 25 21 31, www.bellinzonaturismo.ch

Restaurnts

TOP TIPP **Osteria Sasso Corbaro**, Castello di Sasso Corbaro, Bellinzona, Tel. 09 18 25 55 32, www.osteriasassocorbaro.com. Das gemütliche Lokal im Innenhof der gleichnamigen Burg überrascht mit einer der besten Küchen des Kantons (So Abend/Mo geschl.).

Trattoria Cantinin del Gatt, Vicolo al sasso 4, Bellinzona, Tel. 09 18 25 27 71, www.cantinindalgatt.ch. Ambitioniertes Lokal in der Altstadt mit italienischer Küche und großem Weinkeller (So Abend/Mo geschl.).

28 Valle di Blenio

Lottigna – Olivone – Acquacalda – Valle Leventina

Sonnental mit kunsthistorischen Kleinoden.

Im Industriestädtchen Biasca zweigt von der Gotthardautobahn die Straße I-IV nach Norden ins Blenio-Tal ab. Sie verbindet das Tessin über den Lukmanier-Pass (1914 m) mit dem Bündner Rheintal. Das weit nach Süden geöffnete Valle di Blenio ist ein von der Sonne verwöhntes Tal.

In **Lottigna** gewährt das *Museo della Valle di Blenio* (Ostern–Okt. Di–So 14–17.30 Uhr) im 1500 erbauten Palazzo del Pretorio Einblicke in die bäuerliche Tradition der Talschaft. **Olivone** liegt malerisch am Fuß des majestätischen, wie eine Pyramide geformten *Sosto* (2221 m). Das Dorf ist eine beliebte Sommerfrische und Ausgangspunkt für Bergtouren ins von hier abgehende *Val di Campo*, zum idyllischen *Lago Retico* und zum *Greina-Pass*.

Weiter Richtung Lukmanier zeigt sich das Valle di Blenio von seiner ursprünglichen Seite. In **Acquacalda** (1750 m) unterhalb der Passhöhe bietet das *Centro Lucomagno* (Tel. 09 18 72 26 10, www.pronatura-lucomagno.ch, Juni–Sept.) Bergtouren, Alpengarten und Berggasthof.

Ein Cappuccino in der Sonne auf der schönen Piazza della Riforma von Lugano ist ein Genuss, etwa an den Tischen des Traditionscafés Vanini

Ausflüge

Von Biasca lohnt ein Abstecher (10 km) ins **Valle Leventina** nach *Giornico*. Solide gebaute alte Steinhäuser und zwei Steinbogenbrücken über den Ticino geben dem Ort einen gefälligen Charakter. Die um 1210 aus Granit errichtete ehem. Benediktinerkirche **San Nicolao** im Zentrum ist eines der schönsten Beispiele romanischer Kirchenkunst im Kanton. Ein Genuss sind die hervorragend erhaltenen mittelalterlichen *Fresken* in der Chorapsis, die um Christus in der Mandorla (Majestas Domini) Heiligenfiguren sowie Geburt und Kreuzigung Jesu zeigen.

Praktische Hinweise

Information
Blenio Turismo, Olivone, Tel. 09 18 72 14 87, www.blenio.com

29 Lugano

Beschaulichkeit und Bankgeschäfte zwischen blauem See und weißen Bergkuppen.

Die Lage Luganos (272 m) ist grandios: Am Nordufer des Luganer Sees säumt die heimliche Kantonshauptstadt vor pittoresken Bergkegeln eine halbrunde Bucht. Zwar dominiert in den Außenbezirken nüchterne moderne Architektur, doch in der **attraktiven Innenstadt** und entlang des Sees prägen Piazze, Arkaden, Parks und subtropische Gärten das Bild der Stadt (58 600 Einw.), in der auch kulturelle Events nicht zu kurz kommen.

Zwei Hausberge bilden die reizvolle Kulisse der Luganer Bucht. Der Zuckerhut des **Monte San Salvatore** (912 m) im Süden ist vom Villenvorort Paradiso aus per Standseilbahn (April–Mitte Juni und Mitte Sept.–Mitte Okt. 9–18, Mitte Juni–Mitte Sept. 9–23, Mitte Okt.–Anfang Nov. 9–17 Uhr) erreichbar. Auf den **Monte Brè** (925 m) im Osten geht es vom Ortsteil Cassarate hinauf, wahlweise mit der Standseilbahn (Juni–Okt. 9.10–19.30, Nov.–Mai 9.20–17.30, April/Mai So/Fei bis 18.30 Uhr) oder mit dem Auto über eine enge Bergstraße. Beide Gipfel bieten weite Ausblicke auf Stadt und Alpen, bei klarem Wetter über den Luganer See bis zur Poebene.

Geschichte Am Luganer See siedelten in vorrömischer Zeit bereits Etrusker und Gallier. Die ursprünglich römisch-fränkische Siedlung **Luano** geriet im 9. Jh. während der Herrschaft der Mailänder unter die Hoheit des Bischofs von Como, fiel jedoch im 13. Jh. an die Mailänder Her-

29 Lugano

zöge zurück. Der politische Einfluss Oberitaliens fand 1512 mit der eidgenössischen Besatzung sein Ende.

Unter den Schweizern entwickelte sich der Ort an der Gotthardstraße zu einem lebhaften **Marktflecken**. 1803–78 fungierte Lugano im Wechsel mit Bellinzona und Locarno als Kantonshauptstadt. Dank seines milden Klimas und der malerischen Lage besuchen jährlich rund 1,3 Mio. Besucher die lebendige **Seemetropole**. Zudem entwickelte sich Lugano nach Zürich und Genf zum drittwichtigsten **Finanzplatz** der Schweiz und ist seit 1996 auch stolze **Universitätsstadt**.

Besichtigung Der Stadtrundgang beginnt an der lebhaften **Piazza della Riforma** ❶, etwa im Scheitelpunkt der Bucht von Lugano. Den zum See hin offenen Platz mit seinen Straßencafés rahmt ein harmonisches Ensemble klassizistischer Architektur ein. Besonders fällt die von korinthischen Säulen gegliederte Prunkfassade des **Palazzo Civico** ❷ auf. In dem 1844–45 errichteten Prachtbau ist das Rathaus (*Municipio*) untergebracht.

Südwärts erreicht man auf der *Seepromenade* oder über die parallel verlaufende attraktive Shoppingmeile *Via Nassa* die Renaissancekirche **Santa Maria degli Angioli** ❸. Sie war 1499–1515 als Klosterkirche eines Minoritenkonvents (1848 aufgelöst) erbaut worden. Äußerlich gibt sich das Gotteshaus schlicht, doch innen ist es vollständig mit wundervollen *Fresken* ausgemalt. Den dreibogigen Lettner etwa füllt ein monumentales Wandbild ganz aus. Es wurde 1529 von Bernardino Luini, einem Schüler Leonardo da Vincis, geschaffen und zeigt in eindrucksvollen Szenen die Passion Christi.

Noch ein Stück weiter südlich präsentiert das in der Villa Malpensata untergebrachte **Museo d'Arte** ❹ (Riva A. Caccia 5, Tel. 05 88 66 72 14, www.mdam.ch, Di–So 10–18, Fr 10–21 Uhr) Werke Tessiner Künstler und französischer Impressionisten.

Westlich der Piazza Riforma steht auf einer Aussichtsterrasse oberhalb der Altstadt die **Cattedrale San Lorenzo** ❺. Als ältester Bauteil der ursprünglichen Pfeilerbasilika, deren Vorgängerbau bereits im 9. Jh. erwähnt wird, blieb der romanische Sockel des *Campanile* aus dem 13. Jh. erhalten. Er wurde später mit barocken Glockengeschossen und einer oktagonalen Laterne aufgestockt. Pilaster und

Kreuzigungsfresko auf dem gemauerten Lettner der Kirche Santa Maria degli Angioli

ein Kranzgesims gliedern die lombardische *Renaissancefassade* aus weißem Marmor. Im **Innern** sind der von Putten gekrönte *Hochaltar* (1690), die illusionistischen *Wandmalereien* im Westchor (1764) sowie die Freskenfragmente (13.–16. Jh.) an der Südwand des Kirchenschiffs erwähnenswert.

Kehrt man nach unten in die Altstadt zurück, erreicht man über die Via Pretorio das nördlich gelegene *Finanzzentrum*, dessen postmoderne Architektur in spannendem Kontrast zum historischen Stadtkern steht. Zu einem Wallfahrtsort für Architekturfans avancierte das vom Tessiner Stararchitekten *Mario Botta* 1982–87 für die Banca del Gottardo entworfene Bankgebäude in der Via Franscini. In dem monumentalen Geldtempel residiert inzwischen die **Banca della Svizzera Italiana (BSI)** ❻.

Östlich der Piazza della Riforma zeigt in einem Stadtpalast aus dem 16./17. Jh. das **Museo Cantonale d'Arte** ❼ (Via Canova 10, Tel. 09 19 10 47 80, www.museo-cantonale-arte.ch, Di 14–17, Mi–So 10–17 Uhr) Gemälde des 19. und 20. Jh., u.a. von Paul Klee und Alexej von Jawlensky sowie französische Impressionisten wie Renoir oder Degas. Einige Hundert Meter weiter zieht sich die gepflegte Grünanlage des *Parco Civico* am Seeufer entlang. Inmitten subtropischer Flora und alter Bäume präsentiert hier die klassizistische **Villa Ciani** ❽ (Tel. 05 88 66 72 14, www.mdam.ch, Di–So 10–18 Uhr) von 1840, die zum Museo d'Arte (s. o.) gehört, Wechselausstellungen.

Wenige Meter weiter östlich an der Mündung des Flüsschens Cassarate in den See zeigt das **Museo Cantonale di Storia Naturale** ❾ (Viale Cattaneo 4, Tel. 09 18 15 47 61, www.ti.ch/mcsn, Di–Sa 9–12 und 14–17 Uhr) seine umfangreiche naturhistorische Sammlung in den fünf Abtei-

Feine Würste in der Via Pessina

Wechsel zur Neutralität – 1923 erhielt Hermann Hesse die Schweizer Staatsbürgerschaft

Hermann Hesse im Tessin

Das milde Klima und die südländische Lebensart zogen von jeher Literaten und Künstler aus nördlicheren Gefilden ins Tessin. Der wohl berühmteste Wahltessiner war Hermann Hesse (1877–1962). Nach erlebnisreichen Wanderjahren ließ sich der deutsche Dichter 1919 in dem Dorf **Montagnola** nieder. Gut ein halbes Jahrhundert verbrachte Hesse hier in den **Collina d'Oro**, den Hügeln, die sich über die Halbinsel Ceresio südlich von Lugano ziehen. »Nie habe ich so schön gewohnt, wie im Tessin«, schrieb er dazu 25 Jahre später. An lauen Abenden pflegte er genießerisch auf dem kleinen Balkon seiner **Casa Camuzzi** zu sitzen, mit Blick über Hanfpalmen und Kamelien hinab ins Tal. Hier entstanden jene Bücher, die Hesses Weltruhm begründeten: ›Siddharta‹ (1922), ›Steppenwolf‹ (1927) und als Spätwerk ›Das Glasperlenspiel‹ (1943). Der Literaturnobelpreisträger von 1946 fand im nahen **Gentilino** auf dem Friedhof Sant' Abbondio seine letzte Ruhe – der Grabstein in Form eines aufgeschlagenen Buches steht in der hinteren rechten Ecke der Anlage.

1997 richtete man im Torre Camuzzi das kleine **Hermann-Hesse-Museum** (Tel. 091 9933770, www.hessemontagnola.ch, März–Okt. tgl. 10–18.30, Nov.–Febr. Sa/So 10–17.30 Uhr) ein, das mit Fotos, privaten Gegenständen und anderen Zeugnissen aus dem Leben des Dichters erzählt.

lungen Zoologie, Botanik, Mykologie, Paläontologie und Geo-Mineralogie. Das Museum gehört dem Kanton Tessin. Zu sehen gibt es u.a. Algen und Achate, Dinosaurier und Pilzgeflechte, Versteinerungen sowie Hohltiere wie Quallen und Polypen.

Ausflüge

Am besten nähert man sich mit einem Ausflgsschiff dem ungefähr 5 km östlich von Lugano am See gelegenen **Gandria**. Das einstige Fischerdorf liegt pittoresk an der Flanke des Monte Brè. Die Treppengassen mit den schindelgedeckten Häusern verbreiten einen nostalgischen Charme, und an der Wasserfront laden die Fischlokale mit Spezialitäten aus dem See zur Rast ein.

> **TOP TIPP**

Ebenso reizvoll gelegen ist **Morcote** an der Südspitze der Landzunge Ceresio. Vorbei an verwinkelten Gassen und mittelalterlichen Palazzi kann man auf einem Treppenweg zur Wallfahrtskirche *Santa Maria del Sasso* aufsteigen. Das Innere der auf das 13. Jh. zurückgehenden Kirche ist mit sehenswerten Renaissancefresken geschmückt. Und wer es eher kitschig mag: Der *Parco Scherer* am westlichen Ortsrand ist eine skurrile Inszenierung eines exotischen Gartens mit Architekturzitaten aus aller Welt.

In der südlichsten Ecke des Tessins darf sich der **Monte San Giorgio** (1069 m) seit 2003 UNESCO-Weltnaturerbe nennen. Paläontologische Funde verhalfen dem Naturmonument zum Beinamen ›Berg der Saurier‹. Die interessante Region kann von Meride aus auf einem mehrstündigen Naturlehrpfad erwandert werden.

Praktische Hinweise

Information

Lugano Turismo, Palazzo Civico, Riva Albertolli, Lugano, Tel. 05 88 66 66 00, www.lugano-tourism.ch

Flughafen

Aeroporto Lugano-Agno, 6 km westlich von Lugano, Tel. 09 16 10 11 11, www.lugano-airport.ch. Shuttlebusse fahren ins Stadtzentrum.

Schiff

Società Navigazione del Lago di Lugano (SNLL), Anlegestelle Riva Albertolli, Lugano, Tel. 09 19 71 52 23, www.lakelugano.ch. Verbindungen über den Luganer See u.a. nach Gandria und Morcote.

Was für ein Idyll – das einstige Fischerdörfchen Gandria am Fuße des Monte Brè

Einkaufen

Gabbani, Via Pessina 12, Lugano, Tel. 09 19 11 30 90, www.gabbani.com. Delikatessengeschäft für Tessiner Weine, Käse- und Wurstspezialitäten.

Hotels

*****Villa Principe Leopoldo, Via Montalbano 5, Lugaro, Tel. 09 19 85 88 55, www.leopoldohotel.com. Das Hotel verwöhnt mit stilvollen Suiten, großem Spa und fantastischem Seepanorama.

*Montarina, Via Montarina 1, Lugano, Tel. 09 19 66 72 72 www.montarina.ch. Zentral gelegenes, preisgünstiges Hotel und Hostel mit Pool und Palmengarten.

Restaurants

Al Portone, Viale Cassarate 3, Lugano, Tel. 09 19 23 55 11, www.ristorantealportone.ch. Mediterran angehauchte Küche, raffiniert, leicht und teuer (So/Mo geschl.).

Osteria Trani, Via Cattedrale 12, Lugano, Tel. 09 19 22 05 05, www.trani.ch. Oberitalienische Gerichte auf hohem Niveau (So, im Sommer nur So mittags, geschl.).

Villa Saroli, Viale S. Franscini 8, Lugano, Tel. 09 19 23 53 14 www.villasaroli.ch. Feine norditalienische Küche im postmodernen Ambiente der BSI-Bank (Sa mittags und So geschl.).

30 Locarno

›Goldküste‹ *mit mediterranem Touch.*

Seine überaus reizvolle Lage am Nordufer des **Lago Maggiore** und das milde Klima machten den nur 205 m hoch gelegenen Luftkurort Locarno (15 000 Einw.) zum bedeutendsten **Touristenzentrum** des Tessins. Doch Popularität hat ihren Preis: Längst ist das ehemals verträumte Städtchen mit den kleineren Nachbarorten Muralto und Minusio zu einem Ballungsraum mit insgesamt rund 50 000 Einwohnern zusammengewachsen.

Geschichte Archäologische Funde legen zwar die Existenz eines römischen Handelsstützpunktes nahe der Mündung des schäumenden Bergflusses *Maggia* in den Lago Maggiore nahe, doch urkundlich wird Locarno erstmals um 789 erwähnt. Bis ins 14. Jh. hinein war der Ort ein Zankapfel zwischen dem Herzogtum Mailand und dem Bistum von Como. 1342 konnten die Mailänder ihre Macht festigen und wurden erst zu Beginn des 16. Jh. von den Eidgenossen abgelöst. Nach dem Beitritt des Tessins zum Bund fungierte Locarno 1803–78 zeitweise als Kantonshauptstadt. Ins Rampenlicht der Weltpolitik rückte das Städtchen 1925, als der deutsche Außenminister Gustav Stresemann mit seinen französischen und englischen Kollegen den **Locarno-Pakt** aushandelte und damit für Deutschland

93

nach dem Ersten Weltkrieg den Weg in den Völkerbund ebnete.

Seit 1946 richtet die ›Schöne vom See‹ jedes Jahr das **Internationale Filmfestival** [s.S. 135] aus, das für Cineasten längst zu einer festen Größe geworden ist.

Besichtigung Lombardisch geprägte Patrizierhäuser, lauschige Arkadengänge und einladende Terrassencafés – kein Zweifel, die **Piazza Grande** ① inmitten der schmucken Altstadt wetteifert um den Titel, einer der schönsten Plätze der Schweiz zu sein. Jeden August wandelt sich die Piazza im Rahmen des Internationalen Filmfestivals abends zum Open-Air-Kino. Auf Großleinwänden werden dort diverse Filme gezeigt, zu denen ca. 62000 Zuschauer kommen. Es endet mit der Vergabe der begehrten ›Leoparden‹.

Von den zahlreichen Locarner Kirchen sei vor allem **Santa Maria Assunta** ② zur Besichtigung empfohlen, die der Adelige Cristoforo Orelli 1636 stiftete. Ihr Inneres ist mit manieristischen Malereien und Stuckaturen ausgeschmückt: Putten, vergoldete Cherubim-Köpfe sowie von Pflanzenornamenten und Fruchtgirlanden eingerahmte Fresken entfalten die ganze Pracht des Barock. Das schmucke Kirchlein liegt westlich der Piazza in der Via Citadella, die wie ihre engen Nachbargassen bergauf in den etwas höher gelegenen Teil der Altstadt zum **Castello Visconteo** ③ führt. In dieser ehem. Residenz der Mailänder Visconti zeigt das *Museo Civico e Archeologico* (April–Sept. Di–So 10–12 und 14–17 Uhr) Fundstücke aus der Region von der späten Bronzezeit bis zum Hochmittelalter. Hervorzuheben sind die am Seeufer bei Ausgrabungen gefundenen römischen Glaswaren: Trinkgefäße, Vasen und Flakons.

Die nahe gelegene **Pinacoteca Comunale Casa Rusca** ④ (Tel. 091 7563185, Di–So 10–12, 14–17 Uhr) in einem barocken Palazzo aus dem 16. Jh., der *Casorella*, zeigt u.a. eine der bedeutendsten Werkgruppen mit Skulpturen und Installationen des elsässischen Dadaisten *Hans Arp* (1887–1966), der einige Jahre in Locarno lebte und hier auch begraben liegt.

Östlich des Hauptbahnhofes, der verwaltungstechnisch bereits zur Nachbargemeinde Muralto gehört, erhebt sich die sehenswerte Stiftskirche **San Vittore** ⑤. Als Kontrast zum ansonsten in Locarno vorherrschenden überbordenden Barock atmet sie romanische Strenge. Der schlichte Bau aus Granitquadern wurde im Jahr 1120 errichtet, der 1524 begonnene frei stehende *Campanile* wurde wegen Geldmangels erst 1932 vollendet. Im *Inneren* der dreischiffigen Pfeilerbasili-

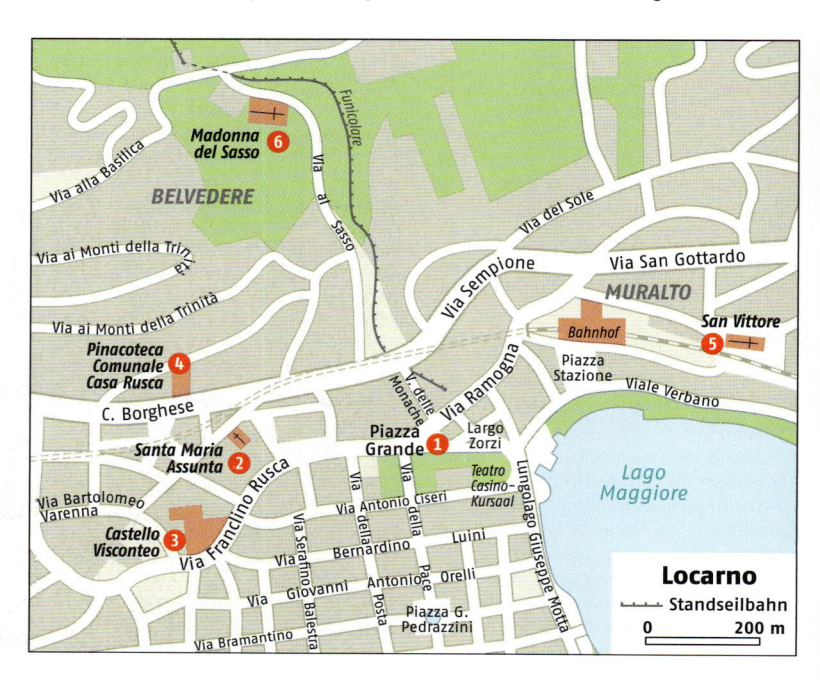

30 Locarno

Elegante Arkadenhäuser des 19. Jh. säumen die Piazza Grande im Zentrum von Locarno

ka führt beim Chor eine Treppe zur romanischen *Hallenkrypta* mit Kreuzgewölbe hinab. Beachtenswert sind hier die fantasievoll gestalteten Kapitelle, die u.a. furchterregende Bestien zeigen.

Westlich des Hauptbahnhofs liegt in der Via Ramogna die Talstation einer 825 m langen Standseilbahn (tgl. 7–20, April und Okt. bis 21, Mai/Juni und Sept. bis 22, Juli/Aug. bis 24 Uhr). Sie führt in 6 min. auf den bewaldeten Belvedere-Hügel zur Wallfahrtskirche **Madonna del Sasso** ❻ mit angegliedertem Kapuzinerkloster hinauf. Das Wahrzeichen von Locarno kann man auch mit dem Auto auf der steilen *Via al Monti* oder in einer guten halben Stunde zu Fuß über den in Nähe der Talstation beginnenden Pilgerweg *Via Crucis* erreichen. Auf der aussichtsreichen felsigen Anhöhe soll 1480 dem Mönch *Bartolomeo d'Ivrea* die Jungfrau Maria inmitten eines Strahlenkranzes erschienen sein. Die über dem heiligen Ort im Jahr 1616 erbaute schlichte Franziskanerkirche verdankt ihr heutiges Aussehen umfangreichen baulichen Veränderungen im 19. und 20. Jh. Damals legten die Baumeister über einem fünfbogigen Arkadenportikus eine abgetreppte Giebelfassade an, hinter der der neoromanische Vierecktum mit seinem spitz zulaufenden achtseitigen Dach hervorlugt. Das **Innere** der Kirche ist mit Votivtafeln geschmückt, die Gläubige der Madonna für ihre wundertätige Hilfe stifteten. Zur kostbaren Kirchenausstattung zählt das 1520 von dem Mailänder Maler Bramantino geschaffene Tafelbild ›Flucht nach Ägypten‹ rechts vom Eingang.

Die Wallfahrtskirche Madonna del Sasso wacht über Locarno und den Lago Maggiore

30 Locarno

Bei nächtlicher Beleuchtung wirkt der Hafen von Ascona besonders stimmungsvoll

Ausflug

Im schmalen, 25 km langen **Val Verzasca** nordöstlich von Locarno schuf die Eiszeit eine Landschaft von höchstdramatischer Schönheit. Im Oberlauf des smaragdgrünen Gebirgsflusses Verzasca liegen wie von Riesenhand verteilte Felsen, aus denen Eis und Wasser einen urzeitlichen Skulpturengarten geformt haben. Seit 1965 staut nahe des Talausgangs die **Verzasca-Talsperre** den Fluss zum 7 km langen *Lago di Vogorno*. Von der 220 m hohen Staumauer übte Charles Dance 1989 im Filmspektakel ›Der Mann, der James Bond war‹ den freien Fall. Heute können auch ›Normalsterbliche‹ durch einen Bungee-Sprung aus dieser Schwindel erregenden Höhe ihren Adrenalinspiegel steigern (Trekking Team, Tegna, Casa Rosina, Tel. 09 17 80 78 00, April–Okt.).

Nördlich des Stausees schmiegen sich an die steil abfallenden Talflanken verträumte Dörfer wie **Corippo** (563 m), dessen eng aneinandergebaute denkmalgeschützte Natursteinhäuser vom Campanile der kleinen Dorfkirche *Beata Vergine del Carmine* aus dem 17. Jh. überragt werden. Der malerische Ort war bis ins 19. Jh. ein Zentrum des Hanfanbaus und der Leinenweberei. Ebenso reizvoll ist das nur wenige Kilometer weiter gelegene Dorf **Lavertezzo** (548 m) mit der Pfarrkirche *Santa Maria degli Angeli* aus dem 15. Jh. Viel bestaunt ist die den Fluss Verzasca überspannende Doppelbogenbrücke **Ponte dei Salti** aus dem Mittelalter. Unterhalb der Granitbrücke tummeln sich an sonnigen Tagen Hunderte von abgehärteten Wasserfreunden in den grünblauen Fluten des Wildbachs und machen das bizarr-schön ausgewaschene Flussbett zu einem der beliebtesten Badeplätze im Tessin.

TOP TIPP

Elegant überbrückt die zweibogige Ponte dei Salti bei Lavertezzo die Verzasca

31 Ascona

ℹ Praktische Hinweise

Information
Ente Turistico Lago Maggiore, Largo Zorzi 1, Locarno, Tel. 09 17 91 00 91, www.ascona-locarno.com

Hotels
****Ramada Hotel Arcadia, Lungolago G. Motta, Locarno, Tel. 09 17 56 18 18, www.ramada.de/arcadia. Familienhotel mit großzügiger Apartments, Sauna, Pool, Spielzimmern und kostenloser Kinderbetreuung in der Hauptsaison.

Olanda, Via ai Monti 139a, Locarno, Tel. 09 17 51 47 27, www.pensione-olanda.ch. Günstige Pension hoch über der Stadt mit schöner Aussicht (Dez.–Febr. geschl.).

Restaurants
Locanda Locarnese, Via Bossi 1, Locarno, Tel. 09 17 56 87 56, www.locandalocarnese.ch. Mediterrane Küche basierend auf heimischen Produkten sowie vegetarische Gerichte (So geschl.).

Osteria Centenario, Viale Verbano 17, Locarno-Muralto, Tel. 09 17 43 82 22, www.osteriacentenario.ch. Das Restaurant zeichnet sich durch eine kreative mediterrane Küche und eine vielfältige Weinkarte aus (So geschl.).

31 Ascona

> *›Sehen und gesehen werden‹ im Nobelferienort am Lago Maggiore.*

Ascona, dem mit 5500 Einwohnern bedeutend kleineren westlichen Nachbarort von Locarno, haftet der Ruf des Mondänen an. Nicht etwa wegen der zivilisationsmüden Weltverbesserer, die vor gut 100 Jahren am Fuß des *Monte Verità* [s. S. 100] Zuflucht suchten, sondern wegen der Mitte des 20. Jh. eintreffenden internationalen Clique von Dichtern, Malern und Snobs, Filmstars und Schlagersternchen – von Freddy Quinn bis Catharina Valente, um nur einige zu nennen. Sie alle erlagen dem Zauber des einstigen Fischerortes am Lago Maggiore mit dem angenehm milden Klima. In den 1970er-Jahren nannte der Kraftfahrzeughersteller Opel sogar ein *Automodell* nach dem Ferienparadies der Reichen und Schönen. Heute ist das einst verträumte Fischernest am Nordufer des Lago Maggiore vollständig vom Tourismus vereinnahmt. Geblieben sind dem sonnenverwöhnten Ascona seine malerische Innenstadt und seine unübertroffene Lage.

Besichtigung Auf der Landseite säumen stattliche Patrizierhäuser mit Log-

Ascona

gien und zum See hin offenen Arkadengängen die autofreie Uferpromenade **Piazza Giuseppe Motta** und verleihen Ascona ein südländisches Gepräge. Das auffälligste Gebäude an der Flaniermeile ist an ihrem westlichen Ende die **Casa Serodine**. Der Prachtbau von 1620 war einst Residenz der Künstlerfamilie Serodine, deren Spross *Giovanni Battista Serodine* die barocken Reliefs und Skulpturen an der dreigeschossigen Fassade schuf.

Hinter der Casa Serodine beherrscht der schlanke Campanile der dreischiffigen Säulenbasilika **Santi Pietro e Paolo** aus dem 16. Jh. die *Borgo* genannte Altstadt. Im Chor der Pfarrkirche sind die Tafelbilder von Giovanni Serodine sehenswert. In dem Gemälde ›Söhne des Zebedäus‹ hat der Künstler die Mitglieder seiner Familie dargestellt.

In der nahen Via Borgo präsentiert das **Museo Comunale d'Arte Moderna** (Tel. 09 17 59 81 40, www.museoascona.ch, März–Dez. Di–Sa 10–12 und 15–18, So 10.30–12.30 Uhr) Werke von Künstlern, die eine Verbindung zu Ascona hatten, wie beispielsweise *Alexej von Jawlensky* oder *Paul Klee*. Im Mittelpunkt der Sammlung steht eine rund 100 Gemälde sowie Skizzenbücher und Zeichnungen umfassende Schenkung der russischen Expressionistin und Mitbegründerin des Blauen Reiters *Marianne von Werefkin* (1860–1938).

Im östlichen Teil der Altstadt, in der Via Cappelle, steht das **Collegio Papio**. Der für seinen zweigeschossigen Renaissancehof berühmte Bau wurde um 1584 von dem Patrizier Bartolomeo Papio als Priesterseminar gestiftet und beherbergt heute zwei angesehene Privatschulen. Baulich mit dem Collegio verbunden ist die 1399–1442 entstandene Kirche **Santa Maria della Misericordia**. In ihrem Chor ist ein gut erhaltener spätgotischer Freskenzyklus zu bewundern, am linken Seitenaltar verdient ein um 1550 entstandenes Bild der *Madonna della Quercia* besondere Beachtung.

Als Seestadt hat Ascona auch ein attraktives Strandbad zu bieten. Das **Grande Lido Ascona** (Tel. 09 17 91 52 48, Juni–Mitte Sept. tgl. ab 8.30 Uhr), das aus dem Zusammenschluss von Lido und Bagno pubblico entstand, hat eine fast 100 m lange Wasserrutschbahn, die nicht nur bei Kindern hoch im Kurs steht.

Ausflüge

Fährt man am Nordwestufer des Lago Maggiore über die serpentinenreiche Asphaltsträßchen Nr. 13 Richtung Verbania erreicht man bald an der steilen Flanke des *Corona dei Pinci* die Häuser von **Ronco sopra Ascona** (335 m). Das einstige Künstlerrefugium ist heute eine der begehrtesten Wohnlagen im Tessin und bietet bezaubernde Panoramen über den Lago Maggiore. Den besten Blick über die grandiose Landschaft genießt man vom Kirchplatz aus. Stimmungsvoller als die Anfahrt mit dem Auto ist es, von Ascona aus ein Schiff nach

Nach dem Bummel durch Ascona laden zahlreiche Cafés an der Uferpromenade zur Rast ein

Ascona

Der Botanische Garten auf der Isola Grande zeigt kompakt die üppige Fauna des Tessins

Porto Ronco zu nehmen und von dort auf einem steilen Treppenweg 800 Stufen ins Dorf hinaufzusteigen.

Ein äußerst reizvolles Ausflugsziel ist auch die Isola Grande, die größere der beiden **Isole de Brissago** (www.isolebrissago.ch) im Lago Maggiore. In den 1920er-Jahren ließ der Kaufhaus-Tycoon Max Emden aus Hamburg hier einen von einem Lustgarten umgebenen Palazzo bauen. 1949 kaufte der Kanton Tessin die Insel und machte sie als **Botanischen Garten** (April–Mitte Okt. tgl. 9–18 Uhr) der Allgemeinheit zugänglich. Die Inseln können mit Kursschiffen erreicht werden. Etwa 1700 subtropische Gewächse aus aller Welt, darunter gut 20 Rhododendronarten, Zypressen und ein Lotusteich, lassen die Herzen von Pflanzenfreunden höher schlagen

Praktische Hinweise

Information
Ente Turistico Lago Maggiore, Via B. Papio 5, Ascona, Tel. 09 17 91 00 91, www.ascona-locarno.com

Schiff
Navigazione Lago Maggiore, Tel. 09 17 91 20 74, www.navigazionelaghi.it. Anleger an der Piazza Giuseppe Motta, Ascona. Die Linienschiffe der italienischen Gesellschaft verkehren zwischen Ascona und Locarno, zu den Isole de Brissago, nach Porto Ronco etc.

Hotels
*******Hotel Giardino**, Via Segnale 10, Ascona, Tel. 09 17 85 88 88, www.giardino.ch. Luxushotel der Extraklasse, umgeben von einem subtropischen Park mit altem Baumbestand. Perfekter Service, Spa und gleich zwei Gourmet-Restaurants (s.u.).

****Albergo Piazza au Lac**, Lungolago G. Motta 29, Ascona, Tel. 09 17 91 11 81, www.hotel-piazza-ascona.ch. Schön an der Uferpromenade gelegene ›Herberge‹ mit vernünftigen Preisen für 43 Zimmer mit Seeblick und in drei Restaurants.

Restaurants
Ecco, Via Segnale 10 (im Hotel Giardino), Ascona, Tel. 09 17 85 88 88. Kreationen auf höchstem Niveau; eine der besten Schweizer Hotelküchen, seit 2011 mit zwei Michelin-Sternen (Mo/Di geschl.). Fast genauso ambitioniert serviert das *Ristorante Aphrodite* im Hotel Giardino mediterrane Spezialitäten.

Hostaria San Pietro da Gino, Passaggio San Pietro 6, Ascona, Tel. 09 17 91 39 76. Im rustikalen Innenhof wird fein gewürzte Mittelmeerküche serviert (Mo geschl.).

Valle Maggia

Der Berg der Wahrheit

Im Jahr 1900 gründeten der Antwerpener Fabrikantensohn **Henri Oedenkoven** und die Münchner Pianistin **Ida Hofmann** auf dem **Monte Verità**, dem ›Berg der Wahrheit‹ oberhalb von Ascona, eine vegetarische Kooperative, die bald zu einem Sammelbecken von Zivilisationsflüchtlingen aus ganz Europa werden sollte.

Gemeinsamer Nenner der Gemeinschaft aus Anarchisten, Theosophen, Spiritisten und anderen Utopisten war die Abkehr von bürgerlichen Normen, die in der Suche nach einem naturgemäßen Lebensstil mündete. Man ernährte sich von Rohkost, trug Kutten und Stirnbänder, badete nackt in den Gebirgsbächen und propagierte die freie Liebe. Ein Sanatoriumsbetrieb mit Licht- und Luftkuren brachte zwar etwas Geld, doch scheiterte das Projekt an Kapitalmangel und an ideologischen Differenzen.

Aus der Gründerzeit blieben die **Casa Anatta**, das einstige Wohnhaus der Kooperative, und die **Casa Selma**, eine Licht-Luft-Hütte der Vegetarier, erhalten. Beide Gebäude sowie der Holzpavillon **Elisarion** mit dem Rundgemälde *Chiaro mondo dei beati* gehören zum **Museum** (Via Collina 84, Tel. 09 17 85 40 40, www.monteverita.org, voraussichtlich bis Ende 2012 wegen Restaurierung geschl.), das die sozialutopischen Ideen der damaligen Lebensreformer dokumentiert.

32 Valle Maggia
Cevio – Valle de Bosco – Val Bavona – Val Lavizzara

Wilde Schönheit in reizendem Tal.

Verlässt man das zwischen Locarno und Ascona längst zersiedelte Schwemmlanddelta der *Maggia* und folgt dem Flusslauf bergauf, gelangt man bald in eines der zauberhaftesten Täler des Tessins. Zusammen mit seinen Seitenarmen ist das Valle Maggia zugleich eine der ausgedehntesten Talschaften des Kantons.

Im Verlauf ihrer 56 km langen Reise vom fast 2500 m hoch gelegenen Naret-See bis zur Mündung in den Lago Maggiore nimmt die Maggia etliche Zuflüsse auf. Dabei schuf sich das schnell fließende Gebirgswasser im Laufe der Zeit ein tief in den Gneis eingekerbtes wildromantisches Flussbett. Etwa in der Mitte des Tales liegt **Cevio** (418 m), Hauptort des Valle Maggia und bis 1798 Verwaltungssitz der eidgenössischen Landvögte. Herrschaftliche Gebäude wie der *Palazzo Pretorio* aus dem 17. Jh. zeugen noch von der einstigen Bedeutung des Bergdorfes. Im *Palazzo Franzoni* (17. Jh.) zeigt das **Museo di Valmaggia** (Tel. 091 75 42 3 68, www.museovalmaggia.ch, April–Okt. Di–Sa 10–12 und 14–18, So 14–18 Uhr) allerlei bäuerliches Gerät, etwa aus Speckstein gefertigtes Geschirr.

Hinter Cevio fächert sich das Tal in mehrere Seitenarme auf. Durch das *Valle di Campo* im Westen führt ein einziges Sträßchen, dem man bis ans Ende des **Valle de Bosco** nach *Bosco Gurin* folgen kann, dessen Pisten zahlreiche Wintersportgäste anziehen. Deutschsprachige Walser gründeten den 1506 m hoch gelegenen Ort im 13. Jh. In einem typischen, mit Steinplatten gedeckten Walser Holzhaus dokumentiert ein kleines *Museum* (Tel. 091 75 41 8 19, www.walserhaus.ch, Ostern–Okt. Di–Sa 10–11.30 und 13.30–17, So 13.30–17 Uhr) die Dorfgeschichte.

In *Foroglio* im **Val Bavona** scheint die Zeit stehen geblieben zu sein. Der fotogene Ort besteht aus traditionellen Bruchsteinhäusern. Hier lohnt die Einkehr im Grotto *La Froda*, von dem aus man bei einer Polenta auf den tosenden Wasserfall der *Calneggia* schauen kann.

Nach **Mogno** im abgeschiedenen **Val Lavizzara** finden auch Architektur-Fans den Weg. In dem Weiler schuf nämlich der Tessiner Meisterplaner Mario Botta mit der Kirche *San Giovanni Battista* 1995 ein Kleinod moderner Sakralarchitektur. Anstelle der von einer Lawine weggerissenen alten Kapelle erhebt sich nunmehr ein nach oben abgeschrägter futuristisch wirkender Kubus. Als Baustoff verwendete Botta weißen Peccia-Marmor aus dem Nachbarort und grauen Granit, die übereinander geschichtet besonders in der *Apsis* effektvolle geometrische Muster erzeugen.

Wer es auf dem engen Serpentinensträßchen bis hinauf nach Mogno geschafft hat, sollte noch ein Stück weiter bis **Fusio** (1281 m) fahren. Das verschachtelte Dorf mit steilen Gassen und traditionellen Bruchsteinhäusern schmiegt sich malerisch in den Talschluss. Von Fusio führt eine lohnende Wanderung zu den Quellseen der Maggia.

33 Centovalli

Eine Touristenattraktion ist die Centovalli-Bahn, hier beim malerischen Dorf Intragna

ℹ Praktische Hinweise

Hotel
Antica Osteria Dazio, Fusio-Mogno, Tel. 09 17 55 11 62, www.osteriadazio.ch. Gemütliche rustikale Zimmer, Tessiner Küche (Mitte Nov.–Mitte März geschl.).

33 Centovalli
Verscio – Intragna – Rasa

Vielfalt im ›Tal der hundert Täler‹.

Seit 1923 zuckelt mehrmals täglich die nostalgische **Centovalli-Bahn** (www.centovalli.ch) von Locarno durch das Centovalli bis ins 54 km entfernte italienische Domodossola. Dabei geht es durch 31 Tunnels und über 83 Brücken, vorbei an Maronenwäldern und malerischen Ortschaften.

Verscio liegt noch in der ebenen Landschaft des Pedemonte und ist Heimat des *Teatro Dimitri* (Tel. 09 17 96 15 44, www.teatrodimitri.ch), das den Ruf genießt, eine der besten Kleinkunstbühnen Europas zu sein. Das Ensemble um den Tessiner Clown Dimitri begeistert mit grotesken Nummern nicht nur junge Zuschauer. Im Haus erinnert das *Museo Comico* (an Vorstellungstagen März–Nov. tgl. 17–24 Uhr) an große Clowns und stellt Masken, Musikinstrumente sowie eine stattliche Sammlung von Porzellanelefanten aus. Die angeschlossene Komödiantenschule *Scuola Teatro Dimitri* gilt als Talentschmiede, unterrichtet werden u. a. Akrobatik, Jonglage und Pantomime.

Das Dorf **Intragna** (342 m) kündigt sich bereits von Weitem durch den 65 m hohen Campanile der Pfarrkirche *San Gottardo* an. 165 Stufen führen zur Turmspitze in 37 m Höhe hinauf. Im Kircheninneren lohnt ein Blick auf den Rokokoaltar mit Illusionsmalerei und auf die aus derselben Zeit stammende Marmorbalustrade vor dem Chor. Neben der Kirche offeriert die *Osteria Centrale* (Tel. 09 17 96 12 84) hausgemachte Eiscreme und Tessiner Brotkuchen.

Das Bergdörfchen **Rasa** (898 m) ist nur auf Saumpfaden oder von dem Ort Verdasio aus per Seilbahn (März–Mitte Nov. tgl. 9–13 und 14.20–18 Uhr, jeden 1. Di im Monat geschl.) zu erreichen und scheint wie aus einer anderen Zeit. Kein Autolärm stört das Idyll, die kubischen Steinhäuser vermitteln eine altertümliche Atmosphäre. Uriger Dorftreff ist der *Grotto Ghiridone,* in dem es unter einer schattigen Pergola eine vorzügliche Tessiner Wurst- und Käseplatte gibt.

Wallis – Naturidyll zwischen Rhônetal und Matterhorn

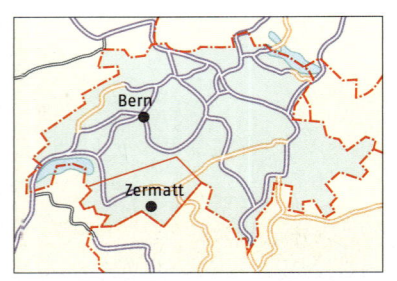

Im Süden der Schweiz liegt zwischen der oberen **Rhône** und dem **Genfer See** das Wallis, französisch *Le Valais*, mit 5226 km^2 der drittgrößte Kanton des Landes. Rund ein Drittel der insgesamt 307 000 Einwohner, vor allem im *Oberwallis*, sprechen deutsch, das *Unterwallis* ist französischsprachig. Durch die **Berner Alpen** im Norden und die Viertausender der **Walliser Alpen** im Süden natürlich abgeriegelt, blieb die Region bis ins 18. Jh. relativ isoliert. Das eigenwillige Völkchen der *Walser* konnte jahrhundertelang seine Selbstständigkeit bewahren, ehe es 1815 der Eidgenossenschaft beitrat. Verkehrstechnisch erschlossen wurde das Wallis durch den 1906 eröffneten Simplon-Tunnel und den 1913 folgenden Lötschberg-Tunnel. Seitdem hat vor allem der Transitverkehr ständig zugenommen. Zur Entlastung wurde ein 34,6 km langer Schienenweg durch die Alpen gebohrt: der Lötschberg-Basistunnel zwischen Frutigen und Raron. Die Lebensader des Wallis ist die **Rhône**. Tal und Seitentäler werden von den höchsten und schönsten Berggipfeln der Schweiz eingerahmt. Das 4478 m hohe **Matterhorn** südwestlich von **Zermatt** begeistert Millionen aus aller Welt. Bei **Crans-Montana** und **Verbier** legen erstklassige Wintersportgebiete. Die Kantonshauptstadt **Sion** und **Martigny** bieten zudem kunsthistorische Highlights.

34 Brig

Historische Kaufmannsstadt im Oberwallis.

Verkehrsgünstig liegt Brig (5000 Einw.), **Hauptort** des deutschsprachigen Oberwallis, in 681 m Höhe am Südufer der Rhône am Schnittpunkt der vier Alpenpass-Straßen von Simplon, Furka, Grimsel und Nufenen. Auf den ersten Blick ist Brig keine ausgesprochene Schönheit, in den verkehrsberuhigten Altstadtgassen kündet aber so manches stolze Patrizier- und Kaufmannshaus vom Glanz früherer Tage.

Auf den Grundmauern einer alten Römersiedlung gründete um 1215 der Bischof von Sion den Marktflecken Brig (»Brücke«), der im 17. Jh. seine beste Zeit erlebte. Damals kontrollierte der einflussreiche Kaufmann *Kaspar Jodok Stockalper* (1609–91) den Warentransport über den Simplon. Gleichzeitig verfügte der rührige Händler und Politiker über das einträgliche Salzmonopol und betrieb

Den 23 km langen Aletschgletscher begrenzen u. a. die Walliser Fiescherhörner

34 Brig

nahe Brig eigene Erzgruben. Mit dem 1658–78 am Beginn der Simplonstraße erbauten barocken **Stockalperpalast** hinterließ er der Stadt ihr Wahrzeichen. Das vierstöckige Hauptgebäude und ein Mauergeviert umgeben einen geräumigen Innenhof. Die Anlage wird von drei aus Granitblöcken zusammengefügten quadratischen Türmen dominiert, deren vergoldete Zwiebelhauben dem strengen Wehrcharakter eine anmutige Note verleihen. Den Hof umlaufen Arkadengänge mit zwe- und dreigeschossigen Loggien, die toskanische Einflüsse zeigen. 1948 erwarb die Stadt den Palast, seit 1960 beherbergt er das *Rathaus*. Das ebenfalls hier eingerichtete *Schlossmuseum* (Führungen Mai–Okt. Di–So 9.30, 10.30, 13.30, 14.30, 15.30, Juni–Sept. auch 16.30 Uhr) dokumentiert die Geschichte der Familie Stockalper.

TOP TIPP Grosser Aletschgletscher

Für Natur- und Wanderfreunde ist ein Abstecher zum 2001 von der UNESCO zum Weltnaturerbe erklärten Grossen Aletschgletscher nordöstlich von Brig ein Muss. 23 km ist er lang, der längste Gletscher der Alpen, und sein Eis bedeckt 117,5 km^2 zwischen **Konkordiaplatz**

Der barocke Stockalperpalast (17. Jh.) von Brig empfängt Besucher mit einem südlich anmutenden Innenhof

(2850 m) nahe des Jungfraujochs und der *Riederalp* (1919 m). Zu letzterer führt von Mörel an der Rhône eine Seilbahn (Mo–Sa 6–23, So 6–23.25 Uhr). Von der Bergsta-

Brig

t on kann man auf einem Höhenweg curch den *Aletschwald* zur schrundigen Eiszunge des Gletschers wandern. Bis zu 1300 m breit zieht sich der gewaltige Eisstrom in weitem Bogen nach Nordosten. Auf dem Grat der Riederfurka, den man in einem etwa 30-minütigen Fußmarsch von der Riederalp aus erreicht, informiert das **Pro Natura Zentrum Aletsch** (Tel. 0279286220, www.pronatura.ch/aletsch, Mitte Juni–Mitte Okt. tgl. 9–18 Uhr) in der *Villa Cassel*, einer ehem. Sommerresidenz, über das UNESCO Weltnaturerbe.

35 Zermatt

Malerisches Weltdorf am ›Berg der Berge‹.

Seinen Ruhm verdankt Zermatt dem Berg mit der markanten Spitze, dem zum Aushängeschild der Schweiz gewordenen **Matterhorn** (4478 m) – obwohl die frei stehende Felspyramide der Höhe nach ›nur‹ Nummer fünf der Schweiz ist. Seitdem Bergfreunde aus aller Welt den faszinierenden Alpengipfel im 19. Jh. entdeckten, hat sich Zermatt (1616 m) am Fuß des Matterhorns zu einem **Bergsteigerzentrum** und **Wintersportplatz** ersten Ranges gewandelt.

TOP TIPP

Geschichte Mitte des 19. Jh. zog die grandiose Bergwelt der Walliser Alpen zunächst vornehmlich englische Touristen und Bergsteiger an. Für sie entstand 1855 in dem damals kleinen Bergdorf Zermatt das *Hotel Monte Rosa*, das sich dank der großartigen Umgebung schnell zum Treffpunkt der Kletterszene entwickelte. Im Juli 1865 gelang dann dem englischen Forschungsreisenden und Alpinisten **Eduard Whymper** (1840–1911) die Erstbesteigung des Matterhorns, doch beim Abstieg der siebenköpfigen Seilschaft stürzten vier Männer in den Tod. Gleichwohl strömten nach Whympers aufsehenerregendem Paradestück immer mehr Besucher in die Alpenregion. 1898 eröffnete die Zahnradbahn auf den *Gornergrat* (3089 m) südlich von Zermatt [s.u.], die schnell als eine der aussichtsreichsten Bergbahnen der Schweiz berühmt wurde. Heute ist Zermatt auf 5800 Einwohner angewachsen und verfügt über Hotels, Pensionen und Ferienwohnungen mit rund 17500 Betten.

Besichtigung Bereits seit den 1970er-Jahren ist Zermatt autofrei, nur Elektromobile, Pferdeschlitten und Kutschen sind zugelassen. Für Motorfahrzeuge endet die Anfahrt auf den gebührenpflichtigen Parkplätzen und Parkhäusern im 5 km talabwärts gelegenen *Täsch*. Von dort verkehren Pendelzüge im 20-Minuten-Takt. Wer den Park & Ride-Service ab *Visp* im Rhônetal nutzt und von dort mit der Bahn (Fahrtdauer etwa 1,5 Std.) anreist, wird mit einem Gratisparkplatz in Visp belohnt.

Trotz etlicher zu groß geratener Hotelbauten fügt sich das lang gestreckte

Skifahrer genießen bei Zermatt das Wetter und die Aussicht auf das Matterhorn

35 Zermatt

Der Berg über Zermatt – dem Matterhorn verdankt der Bergort seine Berühmtheit

Zermatt im Großen und Ganzen harmonisch in den Talgrund ein. An den umliegenden Hängen heben sich grüne Matten und Lärchenwälder effektvoll vom darüber aufragenden majestätischen Gipfelkranz ab – 29 der 55 Schweizer Viertausender liegen im Einzugsbereich.

Die Lebensader des Dorfes ist die vom Bahnhof zum Marktplatz führende **Bahnhofstrasse**. Zwischen Hotels, schicken Boutiquen und Souvenirläden konnte sich noch so manches traditionelle Walserhaus behaupten. Das **Matterhorn Museum** (Tel. 0279674100, Mitte Dez.–Ostern. tgl. 15–19, Ostern–Juni und Okt. 14–18, Juli–Sept. 11–18 Uhr) informiert über die Geschichte des Berges, seine Erstbesteigung und über Zermatt im 19. Jh.

Das **Alpin Center** (Tel. 0279662460, www.alpincenter-zermatt.ch), der Bergführerverein Zermatts, organisiert Hochgebirgstouren, wie eine winterliche Exkursion zu den vereisten Wasserfällen der *Gornerschlucht*. Im Gebäude ist auch eine Ski- und Snowboardschule untergebracht. Mit dem nötigen Kleingeld kann man einen 20-minütigen *Helikopterflug* rund ums Matterhorn unternehmen und Skifahrer können sich ins Monte-Rosa-Gebiet (4200 m) oder zum Alphubeljoch (3780 m) fliegen lassen.

Gegenüber dem Bahnhof liegt die Talstation der elektrischen Zahnradbahn (www.gornergratbahn.ch, Mitte Dez.–April und Ende Nov.–Mitte Dez. tgl. 8–19, Mai–Mitte Juni und Mitte Okt.–Mitte Nov. 7.10–19, Mitte Juni–Mitte Okt. 7.10–20 Uhr) zum **Gornergrat**. Vom gezackten Felskamm über dem Gornergletscher bietet sich eine fulminante Aussicht auf die umliegenden Viertausender, z. B. auf Monte-Rosa-Massiv (4634 m), Liskamm (4527 m), Breithorn (4165 m) und Matterhorn herausragen. Bei Zermatt liegen drei **Skigebiete** mit insgesamt 350 Pistenkilometern, 68 Liftanlagen und einer 22 km langen Abfahrt vom Matterhorn glacier paradise nach Zermatt.

Praktische Hinweise

Information

Zermatt Tourismus, Bahnhofplatz 5, Zermatt, Tel. 0279668100, www.zermatt.ch

Hotels

******Cœur des Alpes**, Zermatt, Tel. 0279664080, www.coeurdesalpes.ch. Nobles Hotel-Garni in moderner Architektur. Die Suiten bieten durch extragroße Panoramafenster ausgezeichnete Ausblicke auf das Matterhorn.

35 Zermatt

Spektakuläre Streckenführung des Glacier Express über das Landwasserviadukt bei Filisur

Im Schnellzug durch die Berge

Täglich verbindet der **Glacier Express** die 291 km voneinander entfernten Bergdörfer Zermatt und St. Moritz miteinander – und wird dabei selbst zur Attraktion – denn die 1930 eröffnete Strecke führt panoramareich über den Hauptkamm der Alpen.

In 7,5 Stunden geht es vom Wallis ins Engadin, über 291 Brücken und Viadukte, durch 91 Tunnels. Zunächst schlängeln sich die knallroten Waggons der Schmalspurbahn von **Zermatt** durch das Mattertal ins 1000 m tiefer gelegene **Brig** hinab. Am jenseitigen Talhang geht es wieder hinauf und hoch über der Rhône verschwindet der Zug dann für 15,4 km im **Furka-Basistunnel**. In **Andermatt** berührt er den Fuß des St. Gotthard-Massivs, wird schließlich per Zahnradstange zum **Oberalppass** (2033 m), dem höchsten Punkt der Strecke, hinaufgezogen. Später geht es vorbei an **Disentis**, über dem erhaben die Benediktinerabtei St. Martin grüßt. Die enge Trasse führt dann weiter durch die wildromantische **Rheinschlucht** und vorbei am ebenso grandiosen 65 m hohen Landwasserviadukt bei **Filisur**.

Für das leibliche Wohl sorgt der Speisewagen **Gourmino**. Auch das Auge isst mit, denn an den riesigen Panoramafenstern zieht die großartige Landschaft wie im Film vorbei. Damit bei dem permanenten Auf und Ab der Strecke nichts Flüssiges verschüttet wird, werden die Getränke in extra schiefen Gläsern kredenzt.

***3100 Kulmhotel Gornergrat**, Zermatt, Tel. 027 9 66 64 00, www.gornergrat-kulm.ch. Im höchstgelegenen Hotel der Alpen, in 3100 m Höhe auf dem Gornergrat, gibt es auch eine Shopping Mall. Übernachtungsgäste können sich vor dem Frühstück in aller Ruhe den Sonnenaufgang am Matterhorn ansehen.

***Sarazena**, Bahnhofplatz 14, Zermatt, Tel. 027 9 66 59 00, www.hotel-sarazena.ch. Das gepflegte Hotel-Garni führt die alteingesessene Bergführerfamilie Zurniwen; Lokalkolorit ist also garantiert. Die Besitzer helfen auch bei Bergtouren.

Aparthotel Zurbriggen, Zermatt, Tel. 027 9 66 38 38, www.zurbriggen.ch. Olympiasieger Pirmin Zurbriggen vermietet komfortable und geräumige Apartments an der Klein Matterhorn Bahn ca. 10 Min. vom Ortszentrum.

Restaurants

Chez Heini, Wiesty 45, Zermatt, Tel. 027 9 67 16 30, www.dandaniell.ch. Uriges Lokal mit Kaminfeuer. Die Spezialität des rührigen Wirts Dan Daniell ist auf dem Holzfeuer gegrilltes Lammfleisch (Sommer So/Mo geschl.).

Le Chalet da Giuseppe, Vispastr. 26, Zermatt, Tel. 027 9 67 13 80, www.chalet-da giuseppe.ch. Hervorragende italienische Küche. Abends unbedingt reservieren!

36 Saas-Fee

Der nette Bergort liegt inmitten eines der bekanntesten Skigebiete des Wallis.

Auch das östlich von Zermatt gelegene **Saastal** kann sich über mangelnde Bergkulisse nicht beschweren. Den Hauptort Saas-Fee (1800 m) etwa rahmen 13 Viertausender und deren Gletscher ein. Die autofreie ›Perle der Alpen‹ erreicht man z. B. über den sehr schönen **Kapellenweg** vom tiefer gelegenen Saas-Grund (1562 m). Der in etwa 2 Stunden zu Fuß zu bewältigende alte Pilgerweg führt an 15 barocken Rosenkranzkapellen vorbei.

Im Ort zeigt das **Saaser Museum** (Dez.–April Di–So 10–11.30 und 14–17 Uhr, Juni und Sept./Okt. Di–So 10–11.30 und 13.30–17.30, Juli/Aug. tgl. 10–11.30 und 13.30–17.30) u.a. das Arbeitszimmer des deutschen Dramatikers *Carl Zuckmayer* (1896–1977), der seine letzten Lebensjahre in Saas-Fee verbrachte und auf dem Dorffriedhof begraben wurde.

37 Leukerbad

Bergwanderer und Seilbahnfahrer treffen sich im Drehrestaurant am Mittelallalin

Eine besondere Attraktion von Saas Fee ist die Fahrt mit der **Metro Alpin**: Von der Talstation Kalbermatten geht es zunächst mit einer Luftseilbahn auf das *Felskinn* (3000 m), dann überbrückt eine durch einen Tunnel verlaufende Standseilbahn in 8–10 Min. weitere 500 Höhenmeter zum *Mittelallalin* (3500 m) mit der größten Eisgrotte der Welt. Das Drehrestaurant auf dem Mittelallalin – das höchstgelegene der Welt – bietet in einer Stunde einen vollständigen Rundblick auf die Viertausender der Walliser Alpen und den Feegletscher.

ℹ️ Praktische Hinweise

Information
Saas-Fee/Saastal Tourismus, Saas-Fee, Tel. 027 958 18 58, www.saas-fee.ch

Hotel
***Popcorn Hotel**, Obere Dorfstr. 6, Saas-Fee, Tel. 027 958 55 00, www.popcorn.ch. Trendiges Hotel und Hostel mit Snowboard-Shop und Partys. Alle Zimmer verfügen über eine Playstation.

37 Leukerbad

Würzige Bergluft und heiße Quellen.

Der kleine **Luft-** und **Thermalkurort** Leukerbad (1411 m, 1900 Einw.) duckt sich pittoresk in den Talschluss des wildromantischen Flüsschens Dala, im Norden abgeschlossen von der imposanten steil aufragenden Wand des Daubenhorns. Die heißen Quellen des Ortes waren bereits den Römern bekannt und auch Johann Wolfgang von Goethe machte auf seiner Italienreise 1779 hier Station. Mit Temperaturen von 48–51 °C strömt das kalziumsulfathaltige Wasser aus der Erde, das Rheuma- und Stoffwechselerkrankungen lindern soll. Heute verfügt Leukerbad mit 22 Freiluft- und Hallenbädern über ein beeindruckendes **Thermalbadangebot**. Vier der Thermalbäder sind öffentlich, etwa die *Burgerbad Therme* (Tel. 027 472 20 20, www.burgerbad.ch, tgl. 8–20 Uhr) mit Sauna und Dampfbad oder die *Lindner Alpentherme* (Tel. 027 472 10 10, www.alpentherme.ch, tgl. 8–20 Uhr) mit römisch-irischem Bad und Sauna.

Neben Wellnessangebot und Kurbetrieb hat Leukerbad das ganze Jahr über einiges zu bieten. An den Hängen des *Torrenthorn* (2888 m) kann man sehr gut Ski laufen. **Wanderer** lassen sich mit der Seilbahn auf den *Gemmipass* (2314 m) bringen, von dem ein alter Säumerweg am Daubensee vorbei ins Berner Oberland nach Kandersteg führt. Sportliche finden in der fast senkrechten **Daubenhornwand** zwischen 2500 und 3000 m

37 Leukerbad

einen mit Kabeln, Leitern sowie Stahlstiften gut präparierten Steig, in dem auch ohne Pickel und Steigeisen geklettert werden kann.

ℹ Praktische Hinweise

Information
Leukerbad Tourismus, Rathaus, Leukerbad, Tel. 027 472 71 71, www.leukerbad.ch

38 Crans-Montana

Skilaufen und Golfen hoch über der Rhône.

Malerisch auf einer Sonnenterrasse über dem Rhônetal liegt Crans-Montana (1500 m). Bereits vor gut 100 Jahren genossen Sommerfrischler und lungenkranke Kurgäste das milde und trockene Hochgebirgsklima. Damals entstanden erste Hotels und **Kurbetriebe**, die die beiden Dörfer Crans-sur-Sierre im Westen und den höher gelegenen östlichen Nachbarn Montana-Vermala schnell zusammenwachsen ließen.

Der so entstandene Doppelort ist heute eins der bedeutendsten **Wintersportzentren** im Wallis und eine feste Größe im internationalen Skizirkus. 26 Seilbahnen und Skilifte erschließen ringsum etwa 140 km präparierte Pisten, und mit Kunsteisbahn, Rodelbahn, Halfpipe und einer Sprungschanze kommen auch andere Sportarten nicht zu kurz.

Im Sommer machen mehrere **Golfplätze** Crans-Montana zu einem Mekka der Golfer. Der 18-Loch-Parcour *Severiano Ballesteros* (Tel. 027 48 5 97 97) zählt zu den landschaftlich reizvollsten in den Alpen. Saisonhöhepunkt auf dem 6165 m langen Green (Par 72) ist das *European Masters Turnier* im September.

Ausflüge

Da eine Fahrt von Crans mit der Luftseilbahn auf die **Bella Lui** (2543 m) nicht mehr möglich ist, sollte man eine Wanderung dorthin unternehmen. Belohnt wird man mit einem beeindruckenden Panorama über das Rhônetal und die Walliser Alpen bis zum Mont Blanc an der schweizerisch-französisch-italienischen Grenze.

Reizvoll ist ein Abstecher ins **Val d'Anniviers**, einem jenseits von Sierre abgehenden südlichen Seitental der Rhône. Am Weg liegen schmucke Bergdörfer wie *Vissoie* oder *Grimentz* mit typischen Holzhäusern der Walser. **Zinal** (1678 m) im Talschluss ist Startpunkt für anspruchsvolle Hochgebirgstouren zum Zinalrothorn (4221 m) und zur Dent Blanche (4357 m).

ℹ Praktische Hinweise

Information
Crans-Montana Tourisme, Crans-Montana, Tel. 027 485 04 04, www.crans-montana.ch

Lieber ein Bad in der Alpentherme oder eine Kletterpartie in der steilen Daubenhornwand?

Der Turmaufbau markiert das Rathaus Hôtel de Ville in Sions Rue du Grand-Pont

Hotel

***Hôtel du Lac**, Crans-Montana 1, Tel. 027 4813414. www.hoteldulac-cransmontana.ch. Beschauliche Lage direkt am Ufer des Grenon-Sees.

39 Sion

Kleine Bischofsstadt mit großer Historie.

Zwischen zwei felsigen Hügeln mit mittelalterlichen Burgen liegt am Nordufer der Rhône die französischsprachige **Kantonshauptstadt** des Wallis. Sion (29 700 Einw.) ist Sitz der Verwaltung und hat kulturgeschichtlich einiges zu bieten.

Geschichte Bereits in der Jungsteinzeit war an dieser Stelle eine Siedlung der keltischen Seduner. Als die Römer kurz vor der Zeitenwende das Wallis eroberten, nannten sie den Ort **Sedunum** und errichteten auf dem Felshügel Valère über dem Fluss eine Festung. Im Jahr 585 wurde Sion Bischofssitz und die günstig gelegene Stadt erblühte als Markt und Handelszentrum. Mit Sion trat 1815 die ganze Region der Eidgenossenschaft bei. Bis heute ist die Stadt traditionelles Zentrum des **Wein-** und **Obstanbaus** im fruchtbaren Rhônetal. Im 20. Jh. siedelten sich zudem Elektrofirmen sowie Tabak und Holz verarbeitende Betriebe an.

Besichtigung Die mittelalterliche Altstadt lässt sich am besten von der großzügigen quadratischen *Place de la Planta* erkunden, von der aus man über die Rue de Conthey ostwärts das **Maison Supersaxo** erreicht. Das um 1505 errichtete Patrizierhaus des Landeshauptmannes Georg Supersaxo (1450–1529) verfügt über einen prachtvollen *Festsaal* im zweiten Obergeschoss. Seine spätgotische Holzdecke ziert ein zwölfeckiges Medaillon, das die Geburt Christi zeigt.

Gewissermaßen die Hauptstraße der Altstadt ist die *Rue du Grand-Pont*. Etwa in ihrer Mitte steht das 1657–65 erbaute **Hôtel de Ville**, das mit seiner Renaissancefassade und dem von einer astronomischen Uhr geschmückten Glockenturm zu den gefälligsten Rathäusern der Schweiz zählt. Ein paar Schritte zurück nach Westen gelangt man zur **Cathédrale Notre-Dame-du-Glarier**. Der wuchtige fünfstöckige romanische Glockenturm geht auf das 12. Jh. zurück, das Kirchenschiff wurde nach einem Brand im 15. Jh. im spätgotischen Stil wieder aufgebaut. Ein wahres Juwel ist der geschnitzte gotische Flügelaltar (1505) im Chor.

39 Sion

Der Tourbillon-Hügel (li.) und der Hügel Valère (re.) mit Notre-Dame-de-Valère über Sion

Beim Aufstieg zu den beiden Burghügeln gelangt man in der *Rue des Chateaux* zunächst zu zwei der sechs Walliser Kantonsmuseen. Das **Musée d'art** (Juni–Sept. Di–So 11–18, Okt.–Mai Di–So 11–17 Uhr) in der ehem. bischöflichen Residenz zeigt mittelalterliche Kirchenkunst sowie Bilder von Walliser Malern des 19. und 20. Jh. Im gegenüberliegenden **Espace d'archéologie de la Grange-à-l'Evêque** (Juni–Sept. Di–So 13–18, Okt.–Mai Di–So 13–17 Uhr) verdient die Präsentation jungsteinzeitlicher Steinkistengräber aus der Region besondere Beachtung.

Wahrzeichen von Sion ist die hoch auf dem Valère-Hügel thronende Kirche **Notre-Dame-de-Valère**. Die dreischiffige Pfeilerbasilika wurde erstmals 1049 erwähnt. Ihr heutiges Erscheinungsbild stammt im Wesentlichen aus dem 12./13. Jh. und verkörpert eine gelungene Mischung aus romanischen und frühgotischen Stilelementen. Die Apsis schmücken *Fresken* aus dem 15. Jh., das aus Nussbaumholz geschnitzte barocke *Chorgestühl* (1662–64) zeigt Szenen aus der Passion Christi. An der Südwand ist eine kostbare Sammlung orientalischer *Brokatstoffe* ausgestellt. In die zum Teil über 1000 Jahre alten Gewebe wurden früher Feliquien eingehüllt.

Die von *Peter Maggenberg* bemalte *Orgel* (um 1420, 1988 restauriert) gilt als eine der ältesten bespielbaren Orgeln der Welt. Jedes Jahr im Juli und August erklingt sie im Mittelpunkt des *Festival International de l'orgue ancien de Valère* (Karten über Sion Tourisme, s.u.).

Vom Valère-Hügel hat man eine herrliche Sicht in das Rhônetal und auf den benachbarten Burghügel *Tourbillon*. Ihn krönte einst die 1294 erbaute Bischofsburg, von der jedoch nach einem Brand 1788 lediglich Ruinen blieben.

ℹ Praktische Hinweise

Information
Sion Tourisme, Place de la Planta, Sion, Tel. 02 73 27 77 27, www.siontourisme.ch

Restaurant
Le Cheval Blanc, Rue du Grand-Pont 23, Sion, Tel. 02 73 22 18 67, www.au-cheval-blanc.ch. Fisch und Meeresfrüchte zu erschwinglichen Preisen (So/Mo geschl.).

40 Martigny

Das Kunststädtchen am Rhôneknie ist bekannt für sein rühriges Kulturzentrum.

Bereits die Römer wussten die verkehrsgünstige Lage an der Mündung der Drance in die Rhône zu schätzen, wo sich zudem mehrere **Handelswege** trafen. Wie damals verläuft auch heute die Straße von Genf zum Simpon über Martigny, führen Fernstraßen von hier aus nach Frankreich und über den Grossen St. Bernhard nach Italien. Das 16 800 Einwohner zählende Martigny erkennt man von weitem an der über der Stadt thronenden Ruine der mittelalterlichen **Bischofsburg** *La Bâtiaz*.

Von der *Place Centrale* mit ihren gemütlichen Straßencafés gelangt man in wenigen Minuten zu den südöstlich gelegenen *römischen Ausgrabungen*. Hier sind die Fundamente eines gallo-römischen Tempels im postmodernen Betonbau der **Fondation Pierre Gianadda** (Rue du Forum 59, Tel. 02 77 22 39 78, www.gianadda.ch, Juni–Nov. tgl. 9–19, Dez.–Mai tgl. 10–18 Uhr) integriert, die verschiedene Museen unter ihrem Dach vereint. Die *Stiftung* organisiert wechselnde Ausstellungen auf höchstem Niveau, ein Besuch der *Pinakothek* mit Werken von Cézanne, Van Gogh, Toulouse-Lautrec und Picasso aus der Sammlung Franck ist für Liebhaber moderner Malerei ein Muss. Im weitläufigen *Skulpturengarten* gibt es Arbeiten von Joan Miró, Auguste Rodin und Henry Moore zu entdecken.

Im *Gallo-römischen Museum* sind archäologische Funde aus der Region ausgestellt, neben Fragmenten römischer Monumentalbronzen auch eine marmorne Venusstatue. Das *Automobilmuseum* schließlich lässt die Herzen von Oldtimer-Fans höher schlagen. Hier findet sich fast alles, was in der Automobilgeschichte Rang und Namen hat, z.B. ein Rolls-Royce Silver Ghost (1923), ein blauer Bugatti Typ 40 (1928) oder ein kutschenähnlicher Benz aus dem Jahr 1897.

Ausflüge

10 km rhôneabwärts von Martigny an einer Engstelle des Tals ließ um 515 der Burgunderkönig *Sigismund* die Augustinerabtei **St-Maurice** (Avenue d'Agaune 15, Tel. 02 44 86 04 04, www.abbaye-stmaurice.ch) errichten, die als das älteste Kloster auf Schweizer Boden gilt. Die *Stiftskirche* mit ihrem romanischen Glockenturm (11. Jh.) verwahrt hinter einer gepanzerten Tür westlich des Kreuzganges den bedeutenden *Kirchenschatz* (Führungen Juli/Aug. Di–Sa 10.30, Di–So 14 und 15.15, Sept.–Juni Di–So 14.45 Uhr). Dessen Schmuckstück ist ein mit Perlen und Edelsteinen besetztes Reliquienkästchen aus merowingischer Zeit. Raritäten sind außerdem der mit kunstvollen Silberreliefs verzierte Mauritiusschrein (12. Jh.) und das mit Edelsteinen besetzte silberne Kopfreliquiar des hl. Candidus (12. Jh.).

Gut 25 km östlich von Martigny liegt im Val de Bagnes der Wintersportort **Verbier** (1500 m). *Snowboarder* schätzen die ›Vier-Täler-Region‹ ringsum wegen der steilen Buckelpisten, Halfpipes, Sprungschanzen und beflaggten Abfahrten. Von dem Chaletdorf am Fuß des Mont Fort (3330 m) aus kann man im Sommer auch sehr gut wandern. Der Aussichtsgipfel *Pierre Avoi* (2472 m) z.B. ist für den herrlichen Panoramablick auf den Mont Blanc bekannt.

Gallo-römische Kunst und moderne Malerei finden sich in der Fondation Pierre Gianadda

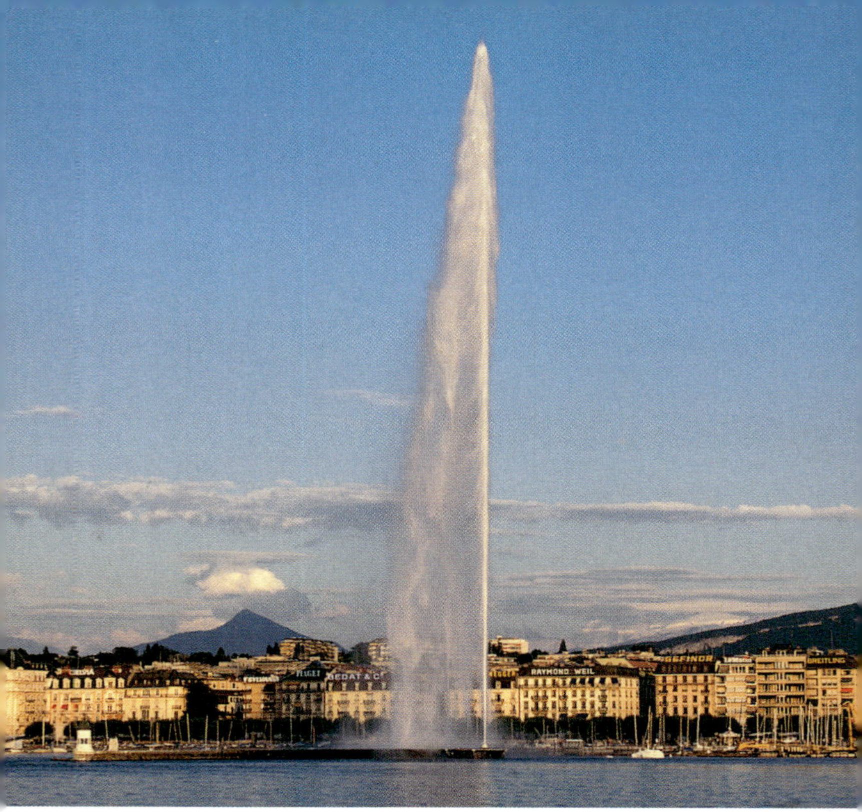
RAYMOND WEIL
GEFINOR
BREITLING

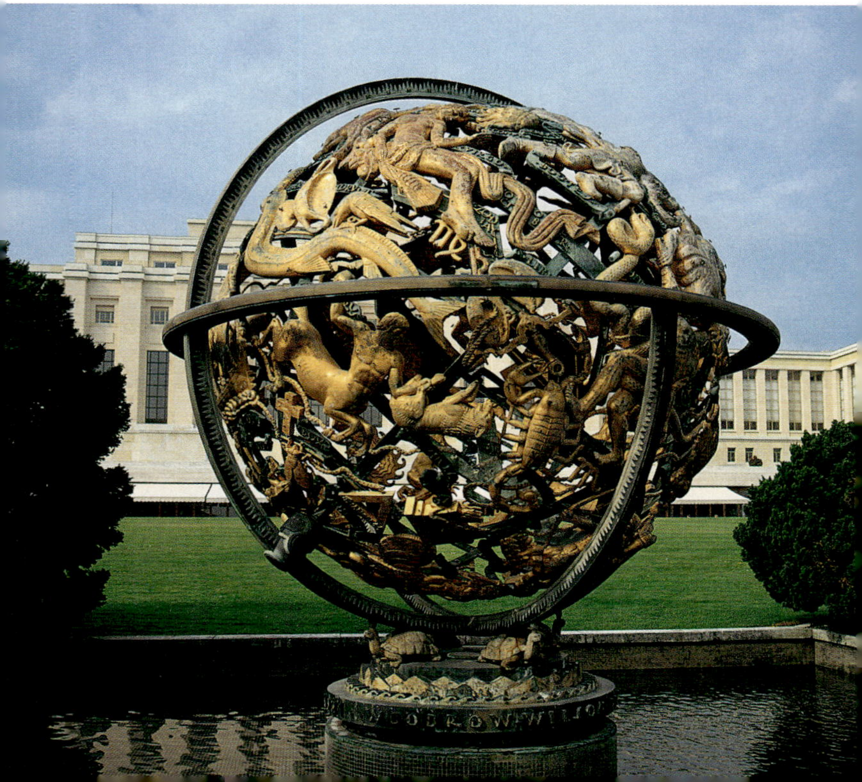

Genf und Westschweiz – französisches Savoir-vivre und kosmopolitisches Flair

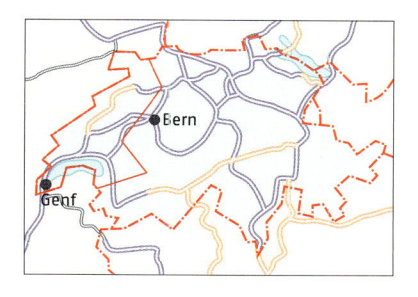

Das Herz der französischen Schweiz schlägt am **Genfer See** (franz. Lac Léman), dessen Südufer zu Frankreich, dessen sonnenverwöhnte Nordufer allerdings zur Eidgenossenschaft gehören. Der mit 581 km^2 nach dem Plattensee zweitgrößte Binnensee Mitteleuropas schmiegt sich im Süden mondförmig an den Fuß der schroff abfallenden *Savoyer Alpen* mit dem schneebedeckten **Mont Blanc** (4807 m) als zentralem Blickfang. Im kosmopolitischen **Genf** am äußersten Westufer wird große Politik gemacht, hier haben internationale Organisationen wie beispielsweise der *Weltfriedensrat* oder die *Vereinten Nationen* (UNO) ihren Sitz bzw. ihr europäisches Zentrum. Egal, wo es in der Welt gerade kriselt: In den Genfer Konferenzsälen spricht man am runden Tisch darüber.

Im Osten des Genfer Sees, an der *Waadtländischen Riviera* zwischen **Lausanne** und **Villeneuve**, fallen Rebhänge sanft zum Seeufer ab, an den Promenaden wetteifern Ginkos und Dattelpalmen mit farbenprächtigen Magnolien und Rhododendren. Zur französischen Grenze hin markiert der **Jura** den Übergang zur frankophonen Westschweiz. In dem lang gestreckten, wenig besuchten Mittelgebirge wechseln bewaldete Kuppen, offenes Weideland und Torfmoore miteinander ab – ein ideales Terrain für Wanderer und Biker.

41 Genf

Seemetropole zwischen calvinistischer Ethik und weltoffener Diplomatie.

Genf (franz. *Genève*) ist anziehend, elegant – und reich. Kecke Zungen behaupten, dass in der ›Stadt der Banker und Diplomaten‹ mehr Millionäre als Arbeitslose leben. Dazu kommt die herrliche Lage der Stadt in 377 m Höhe am südwestlichen Ausläufer des Genfer Sees beiderseits der Stelle, an der die Rhône den See verlässt. Von den gepflegten Uferpromenaden mit ihren großzügigen Grünflächen und romantischen Gärten genießt man eine fantastische Aussicht auf die Savoyer Alpen am gegenüberliegenden französischen Ufer.

Oben: *Wasserspiel – die 140 m hohe Fontäne der Jet d'Eau gilt als Wahrzeichen Genfs am Lac Léman*
Unten: *Titanenwerk – mythologische Motive verschiedener Kulturen der Welt greift das Denkmal vor dem Palais de Nations in Genf auf*

Geschichte Keltische Stämme errichteten am Ufer des Sees Pfahlbauten und befestigten um 200 v. Chr. den heutigen Altstadthügel links der Rhône mit einem Wehr. 121 v. Chr. gründeten die militärisch überlegenen Römer an dieser Stelle einen Handelsposten namens **Genava**. Im Jahr 443 wurde dieser zur ersten Hauptstadt der Burgunder gekürt, 1033 fand sie Anschluss an das Heilige Römische Reich Deutscher Nation.

Weltbewegende Impulse gingen 1536 von Genf aus, als der Theologe *Jean Calvin* (1509–64) seine Heimatstadt zu einer Hochburg der **Reformation** ausrief. Die calvinistische Idee eines sittenstrengen Gottesstaates faszinierte halb Europa, doch die katholisch orientierten Staaten verfolgten deren Anhänger meist gnadenlos. Tausende von protestantischen Flüchtlingen fanden in der Rhônestadt Asyl, unter ihnen im 17. Jh. die französische **Hugenotten**, die als Bankiers, Uhren- und Textilfabrikanten Genf zu einer prosperierenden Handelsmetropole und einem der bedeutendsten Finanzplätze Europas machten. Unter dem Ein-

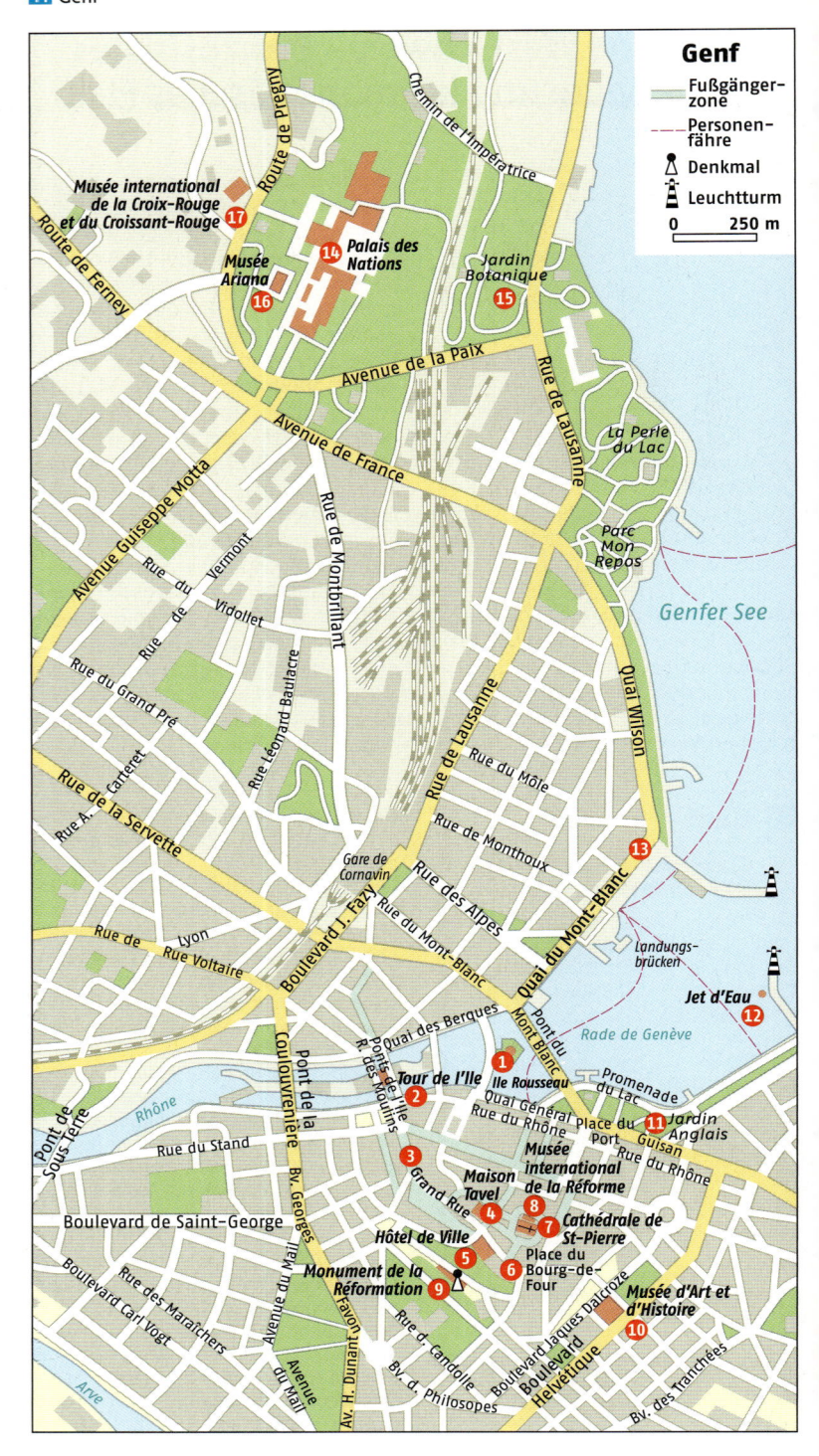

41 Genf

Kleinteilig wirkt Genfs Altstadt vom Kirchturm der Cathédrale de St-Pierre aus

fluss der Französischen Revolution übernahm 1792 eine **revolutionäre Regierung** nach französischem Muster die Geschicke der Stadt. Doch schon 1798 annektierte Napoleon Bonaparte (1769–1821) Genf und ernannte es zur Hauptstadt des *Departement Léman*. Nach Napoleons Sturz schloss sich Genf mit seinem Umland 1815 als 22. Kanton der Eidgenossenschaft an.

Genf ist mit 190 700 Einwohnern nach Zürich die zweitgrößte Stadt der Schweiz. Hier haben nicht weniger als 200 internationale Organisationen und diplomatische Vertretungen ihren Sitz. Als erster bedeutender Verband ließ sich das 1863 von dem Schweizer Philanthropen und späteren Friedensnobelpreisträger *Henri Dunant* (1828–1910) ins Leben gerufene **Internationale Rote Kreuz** in der Seemetropole nieder. Diesem Beispiel folgte u.a. 1919 der *Völkerbund*, den die **UNO** abgelöst hat, deren europäisches Zentrum seit 1946 Genf ist. Auch als **Tagungsort** ist die Stadt beliebt, wenn es um international bedeutsame Themen geht. So fanden hier z.B. 1994 die erste *www-Konferenz* zum damals neuen Phänomen ›Internet‹ statt, 2001 die *UNO-Weltkonferenz gegen Rassismus* und 2010 die *Weltkonferenz der Parlamentspräsidenten*.

Vieille Ville, die Altstadt

Ein Bummel durch das historische Genf beginnt am besten an der Rhône-Insel **Ile Rousseau** ❶, in deren Nähe die *Pont des Bergues* die beiden Flussufer miteinander verbindet. Das Inselchen erinnert mit seinem Namen und einem Denkmal an den berühmten Genfer Philosophen *Jean-Jacques Rousseau* (1712–1778). Knappe 100 m flussabwärts folgen die beiden parallel verlaufenden Brücken *Ponts de l'Ile*. Zwischen ihnen erhebt sich auf einer weiteren Insel der mittelalterliche **Tour de l'Ile** ❷, der einstmals Teil der Stadtbefestigung aus dem 13. Jh. war.

Südwärts, am linken Rhône-Ufer, verläuft die Fußgängerzone zunächst über die *Rue de la Cité* und dann über deren Verlängerung, die **Grand Rue** ❸, den *Altstadthügel* hinauf. Sie ist gesäumt von herausgeputzten Patrizierhäusern aus dem 15.–18. Jh., im Gebäude mit der Nr. 40 erblickte Rousseau das Licht der Welt. Hier präsentiert der *Espace Rousseau* (Tel. 02 23 10 10 28, www.espace-rousseau.ch, Di–So 11–17.30 Uhr) eine audiovisuelle Tour zu Leben und Arbeit des Philosophen.

In der *Rue du Puits-Saint-Pierre*, einer Seitengasse der Grand Rue, steht das **Maison Tavel** ❹, das älteste Wohnhaus der Stadt. Es ist urkundlich bereits 1303 erwähnt. Die schmucke gotische Fassade geht auf das Jahr 1334 zurück. Die Räumen (Di–So 10–18 Uhr) vom Keller bis zum Dachgeschoss zeigen Exponate zur Stadtgeschichte und zum Alltagsleben. Darunter fällt ein Reliefmodell von Genf aus dem Jahr 1850 auf. Im nahen **Hôtel de**

Genf

Ville ⑤ wurde 1864 die erste *Genfer Konvention* zur Gründung des im Jahr zuvor angeregten Roten Kreuzes unterzeichnet. Der älteste Teil des Rathauses ist die 1455 errichtete Tour Baudet. Die Renaissancefassade mit dem schmucken Eingangsportal erhielt das repräsentative Gebäude im 16. Jh.

Östlich davon befand sich an der **Place du Bourg-de-Four** ⑥ einst das römische Forum. Im Mittelalter wurde auf dem damals wichtigsten Platz der Stadt Markt gehalten, heute laden Straßencafés zum Verweilen oder kleine Andenkenläden zum Stöbern ein.

Den höchsten Punkt des Altstadthügels nimmt die **Cathédrale de St-Pierre** ⑦ (Tel. 02 23 11 75 75, Juni–Sept. Mo–Sa 9.30–18.30, So 12–18.30, Okt.–Mai Mo–Sa 10–17.30, So 12–17.30 Uhr, Turm schließt jeweils 30 Min. früher) ein. Der 1150–1232 errichtete und später mehrfach erweiterte romanische Bau steht auf den Grundmauern eines römischen Marstempels und dreier Vorgängerkirchen, deren älteste auf das 4. Jh. zurückgeht. Ein 1895 auf die Vierung gesetzter metallener Spitzturm überragt die zwei quadratischen *Kirchtürme* aus dem 13. Jh. Von oben bietet sich ein schöner Rundblick über Stadt und See. Das 2011 erneuerte Glockenspiel umfasst drei Oktaven.

Der 64 m lange **Innenraum** der Kathedrale verströmt den Geist calvinistischer Strenge, denn kaum ein Ausstattungsstück überlebte den Bildersturm der Reformation. Rund 300 Säulen mit fein skulptierten *Kapitellen* gliedern das dreischiffige Gotteshaus. Im ersten Joch an der Südseite befindet sich die im gotischen Flamboyantstil gehaltene *Makkabäerkapelle*, die Kardinal Jean de Brogny 1405 gestiftet hatte. Sehenswert sind auch die Maßwerkfenster.

Bei Grabungen entdeckte man unter der Kathedrale spätrömische *Mosaikböden*. Der Eingang zur **Site archéologique** (Cour Saint-Pierre 6, Tel. 02 23 10 29 29, www.site-archeologique.ch, tgl. 10–17 Uhr) liegt rechts vom 1756 im klassizistischen Stil veränderten Hauptportal St. Pierres. Die Ausstellungsräume sind unterirdisch mit der benachbarten *Maison Mallet* verbunden.

Im Erdgeschoss der Maison Mallet aus dem 18. Jh. präsentiert das **Musée international de la Réforme** ⑧ (Rue du Cloître 4, Tel. 02 23 10 24 31, www.musee-reforme.ch, Di–So 10–17 Uhr) bedeutende Zeugnisse der Reformation, die Calvin am 21. Mai 1536 nebenan in St. Pierre ausgerufen hatte. Die Ausstellung vermittelt neben der religiösen Bedeutung der Reformation auch deren kultur- und sozialgeschichtliche Auswirkungen bis heute.

Auf dem höchsten Punkt der Altstadt von Genf erhebt sich die Cathédrale de St-Pierre

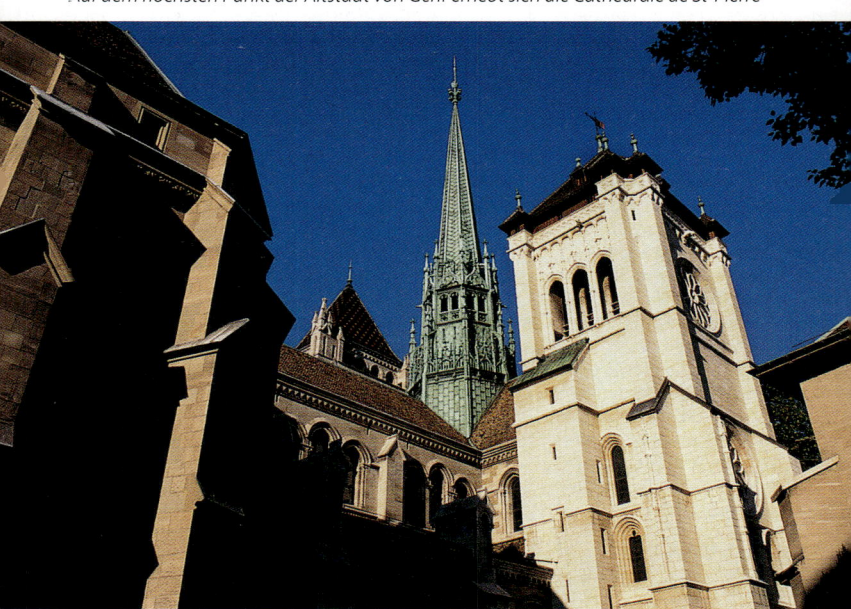

41 Genf

Das Hotel Beau-Rivage ist eines der renommiertesten Genfer Luxushotels am Quai du Mont-Blanc

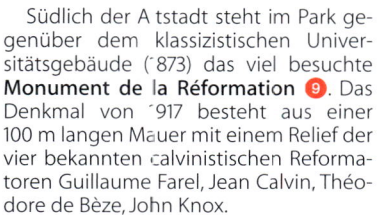

Rotes Kreuz und Roter Halbmond vertreten die Menschlichkeit weltweit – auch in ihrem Genfer Museum

Südlich der Altstadt steht im Park gegenüber dem klassizistischen Universitätsgebäude (1873) das viel besuchte **Monument de la Réformation** ⑨. Das Denkmal von 1917 besteht aus einer 100 m langen Mauer mit einem Relief der vier bekannten calvinistischen Reformatoren Guillaume Farel, Jean Calvin, Théodore de Bèze, John Knox.

Nahebei findet sich das **Musée d'Art et d'Histoire** ⑩ (Rue Charles-Galland 2, Tel. 02 24 18 26 00, www.ville-ge.ch/mah, Di–So 10–18 Uhr). Die kunst- und kulturhistorische Sammlung umfasst mehr als eine halbe Million Exponate, angefangen bei steinzeitlichen Funden, Keramik und antikem Schmuck bis hin zu zeitgenössischer Malerei. Das berühmteste Gemälde der Pinakothek ist der ›Wunderbare Fischzug‹, 1444 von Konrad Witz (1400–1454) gemalt. Es zeigt, wie Jesus auf dem Wasser (des Genfer Sees!) wandelt.

Attraktionen am See

Der reizvolle Spaziergang entlang der südlichen Seepromenade, der *Promenade du Lac*, beginnt am **Jardin Anglais** ⑪, Genfs Englischem Garten. Die alljährlich neu arrangierte *Blumenuhr* hat einen Durchmesser von 4 m. Nicht zu übersehen ist auch der **Jet d'Eau** ⑫, das Wahrzeichen von Genf. Die *Fontäne* im See schießt dank einer Pumpenleistung von 1360 PS mit einer Geschwindigkeit von 200 km/h 140 m aus dem Wasser empor.

Vom **Quai du Mont-Blanc** ⑬ am nördlichen Seeufer genießt man an schönen Tagen eine fulminante Aussicht auf das Mont-Blanc-Massiv. In den feinen Hotels am Quai logierte im 19. Jh. der europäische Hochadel. Vor dem berühmten *Beau-Rivage* erinnert eine Gedenktafel an die österreichische Kaiserin Elisabeth (*1837), genannt Sisi, die am 10. September 1898 vor dem Hoteleingang von dem italienischen Anarchisten Luigi Luccheni niedergestochen wurde.

Internationale Angelegenheiten

Über den Quai Wilson erreicht man das weitläufige **UNO-Viertel** mit dem **Palais des Nations** ⑭ (Tel. 02 29 17 48 96, www.unog.ch, Führungen April–Juni tgl. 10.30, 12, 14.30 und 16, Juli/Aug. tgl. 10.30–17, Sept.–März Mo–Fr 10.30, 12, 14.30 und 16 Uhr) im Nordwesten der Innenstadt. Der einstige Völkerbundpalast wurde 1929–37 im neoklassizistischen Stil erbaut und gehört mit einer Grundfläche von 25 000 m^2 bis heute zu den größten Gebäuden der Welt. Die dem See zugewandte Fassade ist 600 m lang, der Monumentalbau hat 34 Konferenzräume und 2800 Büros. Im Rahmen der einstündigen Führungen sind die riesigen Konferenzsäle zugänglich. Auch ein Film zur Arbeit der UNO wird gezeigt.

Erholung bietet der nahe **Jardin Botanique** ⑮ (Tel. 02 24 18 51 00, www.ville-ge.ch/cjb, April–Okt. tgl. 8–19.30, Nov.–März 9.30–17 Uhr) jenseits der Eisenbahngleise. Zum Botanischen Garten gehört neben exotischen Pflanzen und einem Kräutergarten auch ein kleiner Zoo.

41 Genf

Gegenüber dem Südflügel des Palais des Nations ist in einem hübschen Neorenaissance-Gebäude das **Musée Ariana** 16 (Tel. 02 24 18 54 54, Di–So 10–17 Uhr) untergebracht. Es verfügt über eine der europaweit besten Sammlungen von Keramik, Porzellan, Steingut und Glas.

Weiter stadtauswärts dokumentiert das **Musée international de la Croix-Rouge et du Croissant-Rouge** 17 (Tel. 02 27 48 95 25, www.micr.org, wg. Umbau 2012 geschl.) die Geschichte des Roten Kreuzes und des Roten Halbmondes. Der einem Schützengraben nachempfundene Eingang des postmodernen Glaskomplexes weist auf die ernstesw Thematik hin. Hier hat auch das *Internationale Komitee vom Roten Kreuz* seinen Sitz.

Praktische Hinweise

Information
Genève Tourisme, Rue du Mont-Blanc 18, Genf, Tel. 02 29 09 70 00, www.geneve-tourisme.ch

Flugzeug
Genève Aéroport, Route de l'Aéroport 21, Grand-Saconnex (4 km nordwestlich), Tel. 02 27 17 71 11, Infoline 09 00 57 15 00 (1,19 CHF/Min. aus dem Schweizer Festnetz), www.gva.ch. Bus Nr. 10 und Züge zum Hauptbahnhof.

Schiff
Compagnie Générale de Navigation (CGN), Quai du Mont-Blanc, Genf, Tel. 02 27 16 42 50, Infoline 08 48 81 18 48, www.cgn.ch. Linien- und Ausflugsschiffe u. a. nach Lausanne und Montreux.

Hotel
***Best Western Hôtel Strasbourg**, Rue Pradier 10, Genf, Tel. 02 29 06 58 00, www.bestwestern-strasbourg.ch. Zentral gelegenes gutes Mittelklassehaus der bekannten Hotelgruppe mit solide eingerichteten Zimmern.

Restaurants
La Favola, Rue Jean Calvin 15, Genf, Tel. 02 23 11 74 37, www.lafavola.com. Italienische Küche, direkt an der Kathedrale (Sa mittags und So geschl.).

Patara, Quai du Mont-Blanc 13 (im Hotel Beau-Rivage), Genf, Tel. 02 27 31 55 66, www.patara-geneva.ch. Das ausgezeichnete Hotelrestaurant offeriert exquisite thailändische Küche.

42 Lausanne

Kantonshauptstadt der Waadt mit Pariser Lebensart.

Die Erkundung der liebenswerten Universitätsstadt Lausanne verlangt etwas Kondition, denn der Ortskern verteilt sich auf **drei Hügel**, die teils durch steile Treppenwege, teils durch Brücken miteinander verbunden sind. Die für Autos größtenteils gesperrte Altstadt hoch über dem Genfer See entpuppt sich als ein Labyrinth aus verwinkelten Gassen. Im See spiegelt sich die Silhouette der Savoyer Alpen, vom gegenüberliegenden französischen Ufer leuchten nachts die Lichterketten. ›Genfer See‹ sagen übrigens nur die Genfer, in Lausanne und anderswo im Kanton Waadt heißt er **Lac Léman**.

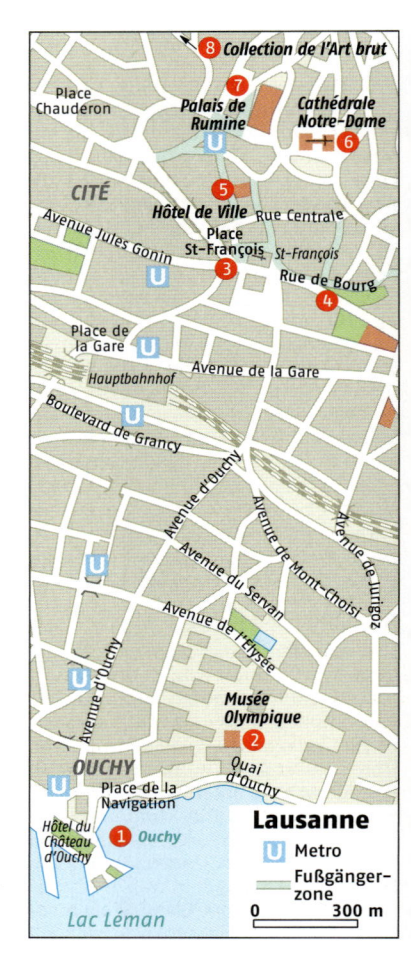

Die Türme der Cathédrale Notre-Dame beherrschen die Altstadt von Lausanne

Geschichte Das römische **Lousanna** war um die Zeitenwende ein bedeutender Handelshafen, der selbst einen verheerenden Angriff der Alemannen im Jahr 379 überstard. 590 verlegte man den Bischofssitz von Avences nach Lausanne, das zu einem wichtigen **Marktstädtchen** der Waadt heranwuchs. 1536 annektierten die Berner Lausanne und führten den protestantischen Glauben ein. Erst 1798 löste sich Lausanne vom Berner Joch, erklärte sich zur *République Lémanique* und trat als **Kantonshauptstadt** der Waadt 1803 dem Schweizer Bund bei.

Im 19. Jh. schüttete man die mittelalterlichen Stadtgräben zu und trug die Befestigungen ab. So konnte Lausanne ungehindert mit dem unterhalb am Lac Léman liegenden Hafen Ouchy zusammenwachsen, den seit 1877 eine Standseilbahn mit der Oberstadt verband. 2006 wurde der Betrieb eingestellt, 2008 die alte Bahn durch eine moderne, vollautomatische U-Bahn ersetzt.

Im Schatten Genfs stieg Lausanne im 20. Jh. zur wichtigsten Dienstleistungsmetropole der Westschweiz auf. Außerdem nahmen hier das Internationale Olympische Komitee (IOC) und das Eidgenössische Bundesgericht ihren Sitz. Die Universität und der Bau moderner Messehallen taten ein Übriges, Lausanne mit 135 000 Einwohnern zur heute fünftgrößten Stadt der Schweiz zu machen.

Besichtigung Lausanne erschließt sich am einfachsten vom Hafen **Ouchy** ❶ aus. Wer mit dem Schiff oder Wagen anreist, landet automatisch hier an der *Place de la Navigation*. Um den großen Platz reihten sich bereits im 19. Jh. die Hotels, das im neogotischen Stil erbaute *Hôtel du Château d'Ouchy* (www.chateaudouchy.ch) von 1893 zählt bis heute zu den feinsten Adressen am Genfer See.

Am Quai d'Ouchy erreicht man das **Musée Olympique** ❷ (Tel. 02 16 21 65 11, www.olympic.org/museum, April–Okt. tgl. 9–18, Nov.–März Di–So 9–18 Uhr), vor dessen mit Säulen geschmückter weißer Marmorfassade in einer Granitschale ständig das Olympische Feuer brennt. Besucher des Museums können sich über die Geschichte der Olympischen Spiele von der Antike bis heute informieren und z. B. Videofilme mit sportlichen Höhepunkten ansehen. Während der Renovierung des Gebäudes von Frühjahr 2012 bis Herbst 2013 ziehen Teile der Sammlung auf die *MS Helvétie*, ein Belle-Époque-Schiff der Seenflotte, das dann am Quai de Belgique vor dem Museum vor Anker liegt.

Vom Hafen fährt die U-Bahn hinauf in die Altstadt, die **Cité**. Gäste wie Einheimische treffen sich auch auf der verkehrsreichen **Place St-François** ❸, die u. a. von repräsentativen Bankgebäuden umgeben ist. In der Platzmitte steht die Kirche *St-François* aus dem 14. Jh., ihr Turm stammt aus dem frühen 16. Jh. Nach Norden beginnt mit der lebhaften Einkaufsmeile **Rue de Bourg** ❹ die Fußgängerzone der Stadt. Hier liegt an der Place de la Palud das **Hôtel de Ville** ❺. Das 1675 erbaute zweistöckige Renaissance-Rathaus verziert ein hübscher Uhrturm, über

Lausanne

dessen Zifferblatt eine allegorische Darstellung der Justitia zu sehen ist. Jeden Mittwoch und Samstag findet vormittags vor dem Verwaltungsbau ein lebhafter Blumen- und Gemüsemarkt statt.

Neben dem Rathaus führen die überdachten *Escaliers du Marché* steil zur frühgotischen **Cathédrale Notre-Dame** 6 hinauf, die Papst Gregor X. 1275 im Beisein König Rudolfs von Habsburg weihte. Der prachtvolle dreischiffige Kirchenbau mit seinen fünf Türmen ist das Wahrzeichen von Lausanne und lässt stilistische Parallelen zu den großen nordfranzösischen Kathedralen erkennen. Herausragend ist die plastische Ausschmückung der *Apostelpforte* an der Südseite, an der eine polychrome Skulpturengruppe u.a. Propheten, Apostel und die Himmelfahrt Mariä darstellt. Das *Rosenfenster* im südlichen Querschiff entstand um 1240 und bildet in seinen Glasmalereien die Schöpfungsgeschichte ab. Wer spät abends unterwegs ist, kann einer noch heute gepflegten Tradition beiwohnen, wenn zwischen 22 und 2 Uhr der Nachtwächter vom 75 m hohen Mittelturm der Kathedrale zu jeder vollen Stunde die Zeit ausruft.

Nur wenige Schritte westlich, an der *Place de la Riponne*, steht das **Palais de Rumine** 7, in dem gleich zwei kantonale Sammlungen untergebracht sind. Das *Musée cantonal des Beaux-Arts* (Tel. 02 13 16 34 45, www.musees-vd.ch, während der Wechselausstellungen Di/Mi 11–18, Do 11–20, Fr–So 11–17 Uhr) zeigt Werke Schweizer Künstler des 18.–20. Jh., darunter der Waadtländer Félix Vallotton. Das *Musée cantonal d'Archéologie et d'Histoire* (Tel. 02 13 16 34 30, www.musees-vd.ch, Di–Do 11–18, Fr–So 11–17 Uhr) präsentiert auf dem Gebiet des heutigen Kantons entdeckte Grabungsfunde, u.a. eine Goldbüste des römischen Kaisers Marc Aurel. Darüber hinaus verfügt das Museum über interessante geologische, mineralogische und zoologische Abteilungen.

Ein außergewöhnliches Kunsterlebnis garantiert die **Collection de l'Art brut** 8 (Tel. 02 13 15 25 70, www.artbrut.ch, Di–So 11–18 Uhr, Juli/Aug. auch Mo) im Nordwesten von Lausanne. Die faszinierende, aber auch erschütternde Sammlung macht mit den künstlerischen Werken von Außenseitern bekannt, von Spiritisten, psychisch Kranken oder Sträflingen, die unbehelligt von Kunststilen, ästhetischen Normen und gesellschaftlichen Tabus ihrer Kreativität und ihren Empfindungen Ausdruck geben.

Maßwerkbögen und reicher Skulpturenschmuck zieren das mächtige Portal der Kathedrale Notre-Dame

Praktische Hinweise

Information

Lausanne Tourisme, Place de la Gare 9, Lausanne, Tel. 02 16 13 73 73, www.lausanne-tourisme.ch

Schiff

Compagnie Générale de Navigation (CGN), Av. de Rhodanie 17, Lausanne, Tel. 02 16 14 62 00, Infoline 08 48 81 18 48, www.cgn.ch. Vom Hafen Ouchy verkehren Linienschiffe zu allen größeren Häfen am Genfer See, auch nach Evian auf der französischen Seite.

Hotels

****Le Château d'Ouchy**, Place du Port 2, Lausanne, Tel. 02 13 31 32 32, www.chateaudouchy.ch. Das Burgschloss aus dem 12. Jh. am Seeufer präsentiert sich heute als umfassend restauriertes Komforthotel.

***Du Marché**, Rue Pré du Marché 42, Lausanne, Tel. 02 16 47 99 00, www.hoteldumarche-lausanne.ch. Zentral und doch ruhig gelegen in der Oberstadt. Zimmerpreise annehmbar.

43 Montreux

Juwel der waadtländischen Riviera ist der Kurort Montreux am Nordufer des Lac Léman

Restaurants

Café Romand, Place Saint-François 2, Lausanne, Tel. 02 13 12 63 75, www.caferomand.ch. Typische Mischung aus Café, Brasserie und Restaurant (So geschl.).

Les Trois Rois, Rue du Simplon 7, Lausanne, Tel. 02 16 16 38 22. Brasserie in unmittelbarer Bahnhofsnähe mit sehr guten Fleischgerichten (So geschl.).

43 Montreux

Bildschönes Jazzer-Mekka an der Waadtländer Riviera.

Der Logenplatz am Nordufer des Genfer Sees machte den ehem. **Winzer-** und **Fischerort** im 19. Jh. zu einem der ersten Ferienorte Europas. In den mondänen Fin-de-siècle-Hotels fand sich die vornehme Gesellschaft damals zur herbstlichen Traubenkur ein. Die einstige Pracht zeigt sich noch im 1904 eröffneten Luxushotel *Montreux Palace*, das bis heute als *Fairmont Le Montreux Palace* eines der führenden Häuser am Lac Léman ist.

Montreux zieht sich mehrere Kilometer am Ufer entlang und ist mittlerweile auf 25 000 Einwohner angewachsen. Seit 1967 trifft sich hier alljährlich im Juli die internationale Jazzszene ebenso wie die Musikerinnen und Musiker anderer Sparten zum **Montreux Jazz-Festival**. In Montreux gab Nina Simone eines ihrer ersten Konzerte, verdienten sich Macy Gray und Angie Stone internationale Sporen, feierten Huey Lewis & The News ihr 20-jähriges Jubiläum, verzauberte der Pianist Brad Mehldau seine Zuhörer. Eintrittskarten (erhältlich ab Mitte April, Tel. 02 19 66 44 44, Callcenter Ticketcorner aus dem Ausland Tel. 09 00 80 08 00/1.19 CHF/min, www.montreuxjazz.com) für das renommierte Festival sind teuer, die Hotels auf Wochen im Voraus ausgebucht.

Darüber hinaus kann Montreux im Ortsteil Veytaux mit einem der meistbe-

Jazz Train: Ein rollender Spielort beim Montreux Jazz Festival

Montreux

TOP TIPP suchten Schlösser der Schweiz aufwarten, dem **Château de Chillon** (Tel. 021 96 68 9 10, www.chillon.ch, April–Sept. tgl. 9–19, März/Okt. 9.30–18, Nov.–Febr. 10–17 Uhr), das die Grafen von Savoyen im 11./12. Jh. auf einer kleinen Felseninsel nahe dem Seeufer erbauten. Die meisten Touristen zieht es zu den dunklen Verliesen und Folterkammern, die durch den englischen Dichter Lord Byron (1788–1824) berühmt wurden. Der verewigte 1816 die Burg in seiner Ballade ›Der Gefangene von Chillon‹, die vom Schicksal des Genfer Priors François Bonivard inspiriert war. Dieser lag wegen seiner reformerischen Ideen sechs Jahre in Chillon in Ketten und wurde erst 1536 während der Berner Eroberung der Waadt befreit. Die Wohn- und Wirtschaftsräume des Schlosses gruppieren sich um einen mächtigen Bergfried, den wuchtige Mauern und halbrunde Flankentürme umschließen. Außer den düsteren Kerkern in den Kellergewölben ist vor allem der *Große Grafensaal* mit einer spätgotischen Kassettendecke sehenswert.

Ausflüge

Für Kinder ist das *Schweizer Spielmuseum* (www.museedujeu.com, Di–So 11–17.30 Uhr) im Nachbarort **La Tour-de-Peilz** überaus spannend, zeigt es doch vom einfachen Brettspiel bis zu den neuesten Computerspielen eine umfassende Spielesammlung.

An der Seepromenade im benachbarten **Vevey** erinnert ein bronzenes *Standbild* mit Spazierstock und Melone an den US-amerikanischen Filmemacher und Komiker *Charles Chaplin* (1889–1977), der in dem Winzerstädtchen an der Waadtländer Riviera seinen Lebensabend verbrachte und auch auf dem örtlichen Friedhof begraben liegt.

Das Waadtländer **Weinbaugebiet Lavaux** zwischen Vevey und Lausanne wurde 2007 in die Liste des UNESCO-Welterbes aufgenommen. Schon im 12. Jh. haben Mönche auf den steilen Terrrassen über dem Genfer See Rebstöcke angepflanzt. Der blau-gelbe *Train des vignes* fährt von Vevey durch die Weinberge hinauf nach Puidoux-Chexbres. In dem Winzerdorf lassen sich die lokalen Weine in fast jedem Keller oder in den typischen Kneipen probieren.

ℹ Praktische Hinweise

Information
Montreux-Vevey Tourisme, Rue du Théâtre 5, Montreux, Tel. 08 48 86 84 84, www.montreux-vevey.com

Hotels
★★★★**Eden Palace au Lac**, Rue du Théâtre 11, Montreux, Tel. 02 19 66 08 00, www.edenpalace.ch. Nostalgischer, aber frisch renovierter Belle-Epoque-Palast am Ufer des Lac Léman mit schönem Park und Restaurant-Terrasse am See.

★★★**Hotel Splendid**, Grand-Rue 52, Montreux, Tel. 02 19 66 79 79, www.hotel-splendid.ch. Familiär geführtes Hotel mit gemütlichen Zimmern in einem Gebäude vom Ende des 19. Jh.

Restaurants
Denis Martin, Rue du Château 2, Vevey, Tel. 02 19 21 12 10, www.denismartin.ch. Direkt am See kocht einer der Stars am Schweizer Kochhimmel nur abends neue Nouvelle Cuisine (So/Mo geschl.).

TOP TIPP **Ermitage**, Rue du Lac 75, Montreux, Tel. 02 19 64 44 11, www.ermitage-montreux.com. Auf der herrlichen Terrasse direkt am See des 4-Sterne-Hotels wird mit Michelin-Stern ausgezeichnete Nouvelle Cuisine serviert. Berühmt sind die Fischgerichte (Mitte Sept.–Mitte Juni So/Mo geschl.).

Einst schmachteten politische Gefangene in den Kerkern von Château de Chillon in Montreux

Zeitreise – ein wunderbar erhaltener mittelalterlicher Stadtkern zeichnet Fribourg aus

Fribourg

Gotische Altstadt am ›Röstigraben‹.

Mitten durch Fribourg zieht sich die deutsch-französische **Sprachgrenze**, scherzhaft auch ›Röstigraben‹ genannt. Das im Umland übliche ›Grüezi‹ wird durch ein ›Bonjour‹ ersetzt, man trifft sich nicht in der ›Beiz‹, sondern im ›Bistro‹, in dem anstelle von ›Rösti‹ belegte ›Baguettes‹ serviert werden. Kurz: Fribourg ist ein Stück französische Schweiz mit deutschsprachigen Einsprengseln.

Geschichte Den Grundstein für die Stadt legte der Zähringer **Berchtold IV.** 1157 in einer Flussschleife auf dem linken Hochufer der Sarine (dt. *Saane*). Tuchwebereien und Gerbereien verhalfen ihr schon bald zu wirtschaftlicher Blüte. Als erste französischsprachige Stadt schloss Fribourg sich 1481 der **Eidgenossenschaft** an. Als Bundesgenossin von Bern beteiligte sie sich 1536 an der Besetzung der Waadt und annektierte 1554 ihrerseits die Grafschaft *Gruyère*. Anders als die Berner hielten die Fribourger jedoch am katholischen Glauben fest und ihre Stadt entwickelte sich zu einer Hochburg der **Gegenreformation**. 1613 wurde der Bischofssitz aus dem reformierten Lausanne nach Fribourg verlegt, 1889 hier die Katholische Universität gegründet. Mit 35 500 Einwohnern ist die **Hauptstadt** des gleichnamigen Kantons heute kulturelle und wirtschaftliche Metropole des Freiburgerlandes.

Besichtigung Der denkmalgeschützte Altstadtkern mit mehr als 200 gotischen Gebäuden gehört zu den schönsten mittelalterlichen **Stadtbildern** der Schweiz. Er reicht im Nordosten bis zum erhöhten Ufer der Sarine, das von zahlreichen Kirchen gesäumt wird. Unter ihnen nimmt die gotische **Cathédrale St-Nicolas** eine Sonderstellung ein. Auf den Fundamenten einer romanischen Vorgängerkirche wurde der Bau im Jahr 1283 begonnen, doch vollendet war das dreischiffige Gotteshaus erst gut 200 Jahre später. Im Glockenstuhl des 74 m hohen, oben flach abschließenden Viereckturmes hängt als älteste der elf Glocken die 1367 gegossene *Barbaraglocke*. An der **Kirchenfassade** ist der reiche Skulpturenschmuck am **Hauptportal** aus dem 14. Jh. sehenswert, das Bogenfeld zeigt eine Reliefdarstellung des Jüngsten Gerichts. Im **Inneren** kontrastieren die in leuchtenden Farben gehaltenen *Glasfenster* (1896–1936) des polnischen Jugendstilmalers Joseph Mehoffer mit barocken *Altären* und gotischem *Chorgestühl*.

Vom ursprünglichen Bau der nahe gelegenen **Basilique de Notre-Dame** aus dem 12. Jh. blieb lediglich der romanischgotische Glockenturm erhalten. Das heutige Gesicht der Basilika bestimmt die klassizistische Fassade aus dem 18. Jh. Den Platz zwischen den beiden Kirchen ziert ein 1547 von Hans Gieng geschaffener **Figurenbrunnen**.

Sehenswert ist auch das **Espace Jean Tinguely & Niki de Saint Phalle** (Tel. 02 63 05 51 40, Mi–So 11–18, Do bis 20 Uhr) in der Rue de Morat etwas weiter nordwestlich. Die ausgefallenen Mobiles und Skulpturen des Künstlerpaares sind in einem umgebauten früheren Trambahndepot zu bewundern. Der gebürtige Fribourger Jean Tinguely (1925–1991) schuf 1984 die aus Alteisen gefertigte Brunnenfigur des *Fontaine Jo Siffert* im Park am Bahnhof. Sie erinnert an den Fribourger Formel-1-Piloten Jo Siffert, der 1971 tödlich verunglückte.

Seit 1580 führt die pittoreske **Pont de Berne**, eine gedeckte Holzbrücke, von der Altstadt über die Sarine an das rechte Flussufer. Hier sind noch Teile der alten **Stadtbefestigung** aus dem 13./14. Jh. erhalten, darunter die Türme *Tour de Berne* (Berntor), *Tour des Chats* (Katzenturm) und die um 1250 errichtete *Tour Rouge* (Roter Turm).

Ausflüge

Eines der meistbesuchten Ausflugsziele im Freiburgerland ist das mittelalterliche Bilderbuchdorf **Gruyères** (830 m, 1800 Einw.). Der einstige Sitz der Grafen von Greyerzer liegt 25 km südlich von Fribourg auf einem Hügel über der Sarine und zeichnet sich durch seine umlaufende, mit Türmen befestigte *Ringmauer* aus. Besucher lassen ihre Autos auf den großen Parkplätzen am Ortsrand zurück und schlendern zu Fuß durch das Dorf. Entlang der autofreien Dorfstraße reihen sich denkmalgeschützte Häuser, die meisten aus dem 15. oder 16. Jh. Im gräflichen *Schloss* sind ein kleines Historisches Museum und die Multimediaschau ›Gruyères‹ (Tel. 02 69 21 21 02, www.chateau-gruyeres.ch, April–Okt. tgl. 9–18, Nov.–März tgl. 10–16.30 Uhr) zu sehen.

Gruyère, ähnlich wie das Dorf, heißen die grüne sanfthügelige Umgebung und der hier produzierte würzige Hartkäse aus Kuhmilch. Über seine Herstellung kann man sich in der großen *Schaukäserei* (Juni–Sept. tgl. 9–19, Okt.–Mai tgl. 9–18 Uhr) von **Pringy** gegenüber dem Bahnhof informieren.

Praktische Hinweise

Information

Fribourg Tourisme, Av. de la Gare 1, Fribourg, Tel. 02 63 50 11 11, www.fribourgtourism.ch

Restaurant

Restaurant zum Schild, Planche-Supérieure 21, Fribourg, Tel. 02 63 22 42 25, www.le-schild.ch. Gehobene Küche mit Gerichten der Saison in einem alten Sandsteinhaus (So/Mo geschl.).

Der Brunnen in der Rue du Bourg von Gruyères steht genau im Dorfzentrum

Wald und Weinberge umgeben den Bieler See, im Osten kann man die Alpen erahnen

45 La Chaux-de-Fonds

Uhrenstadt im Schweizer Jura.

Mit knapp 38 000 Einwohnern ist La Chaux-de-Fonds (1000 m) die größte Stadt im Jura. Dabei war der in einem Hochtal gelegene Ort im 18. Jh. noch ein unbedeutendes **Bauerndorf**. Sein rasches Wachstum verdankt der Ort der seit Beginn des 18. Jh. im Jura stark expandierenden **Uhrenindustrie**, die sogar zum Weltkulturerbe der UNESCO erklärt wurde. Heimelige Gassen oder eine Flaniermeile sucht man in der nach einem Brand 1794 im Schachbrettmuster neu angelegten Stadt vergebens.

Die meisten Besucher zieht es ins **Musée international D'Horlogerie** (Rue des Musées 29, Tel. 03 29 67 68 61, www.mih.ch, Di–So 10–17 Uhr). Hier ist alles zusammengetragen, was mit der Geschichte der Zeitmessung zu tun hat, angefangen von frühen Sonnenuhren und mittelalterlichen Turmuhren bis hin zu modernen High-Tech-Chronometern für Astronauten. Erstaunlich, wie bei dem didaktisch hervorragend aufbereiteten Rundgang durch die Säle die Zeit vergeht!

Zwei bekannte Persönlichkeiten haben in La Chaux-de-Fonds das Licht der Welt erblickt. An den Autokonstrukteur **Louis Chevrolet** (1878–1941) erinnert im Ort freilich nichts mehr, er machte sein Glück in Amerika.

Charles-Edouard Jeanneret jedoch, besser bekannt als **Le Corbusier** (1887–1965), hat zumindest einige architektonische Frühwerke hinterlassen. Das bekannteste ist die orientalisch inspirierte *Villa Turque* in der Rue du Doubs 167 (Tel. 03 29 12 31 23, wg. Renovierung auf unbestimmte Zeit geschl.). Das *Verkehrsbüro* an der Place Le Corbusier (Tel. 03 28 89 68 95) informiert über einen Rundgang zu zehn Gebäuden des berühmten Architekten.

46 Biel

Im Seeland am Fuß des Jura.

Das 52 700 Einwohner zählende Biel (fr. *Bienne*) an der Nordostspitze des gleichnamigen Sees ist Zentrum der Schweizer **Uhrenindustrie**, große Namen wie *Rolex*, *Omega* und *Swatch* haben hier ihren Firmensitz.

Die Basler Fürstbischöfe gründeten die Stadt um das Jahr 1220 und bestimmten bis Ende des 18. Jh. ihre Geschicke. 1798 kam Biel zu Frankreich und wurde beim Wiener Kongress 1815 dem Kanton Bern zugeschlagen. Den Kern der mittelalterlich geprägten Altstadt bildet der malerische lange **Marktplatz**. Ihn säumen ansehnliche Gebäude – z.B. das *Rathaus* (1530–34) im spätgotischen Flamboyantstil und das *Zunfthaus zu Waldleuten* (1559–61) mit seinem Treppengiebel und einem von einer Zwiebelhaube gekrönten Eckerker. Figurenbrunnen lockern das Stadtbild auf. In der Obergasse

46 Biel

Mit dem Ausflugsboot kann man den Bieler See und seine lieblich grünen Ufer auf angenehme Weise erkunden

etwa steht der originelle, im 16. Jh. von Michael Wumard geschaffene *Teufelsbrunnen*, der einen Engel mit einem lüsternen Teufel auf dem Rücken darstellt.

Praktische Hinweise

Information

Tourismus Biel Seeland, Bahnhofplatz 12, Biel, Tel. 03 23 29 84 84, www.biel-seeland.net

Schiff

Bielersee-Schifffahrtsgesellschaft (BSG), Badhausstr. 1a, Biel, Tel. 03 23 29 88 11, www.bielersee.ch. Linienschiffsverkehr in der Region, auch auf der Aare sowie bis zum Lac Neuchâtel und zum Murtensee (April–Okt. tgl., Nov.–März nur So).

Hotel

Villa Lindenegg, Rue du Lindenegg 5, Biel, Tel. 03 23 22 94 66, www.lindenegg.ch. Die kleine Villa in einem Park am Altstadtrand hat acht helle, unterschiedliche Gästezimmer. Im Erdgeschoss befindet sich ein Bistro (Mo geschl.).

47 Solothurn

Barocke Ambassadorenstadt an den südöstlichen Ausläufern des Jura.

Solothurn an der Aare ist eine Gründung der Zähringer aus dem 12. Jh., errichtet auf den Ruinen des niedergegangenen römischen *Salodurum*. Die sehr gut erhaltene **Altstadt** kann sich mit den schönsten mittelalterlichen Stadtbildern der Schweiz messen. Nach dem Anschluss an die Eidgenossenschaft 1481 erhielt die **Kapitale** des gleichnamigen Kantons wesentliche städtebauliche Impulse durch die französischen Gesandten, die 1530–1792 ihre Botschaft in Solothurn hatten und etliche Palais und barocke Stadthäuser errichten ließen.

Der kompakte Altstadtkern erschließt sich am besten auf einem Spaziergang durch die vom *Baseltor* zum *Bieltor* laufende **Hauptgasse**. Gleich neben dem von zwei Rundtürmen flankierten Ba-

---

Auf Messers Schneide

1886 beschloss die Schweizer Armee ihre Soldaten mit einem **Taschenmesser** auszurüsten, das neben einer Klinge auch über einen Schraubenzieher zum Auseinandernehmen des Gewehres verfügen sollte. Zunächst wurde der Bedarf mit deutschen Klingen aus Solingen gedeckt, doch schon wenige Jahre später konnte man auf Messer made in Switzerland zurückgreifen. Die internationale Karriere des ›Schweizer Messers‹ begann nach dem Ende des Zweiten Weltkrieges, als amerikanische GIs ihre Vorliebe für das **Swiss Army Knife** entdeckten.

Nur die Firma **Victorinox** in Ibach im Kanton Schwyz und die inzwischen zu Victorinox gehörende Firma **Wenger** in Delémont im Jura dürfen heute das Schweizer Kreuz auf der roten Messerschale verwenden. Die Firmen produzieren täglich ca. 66 000 der begehrten Objekte, rund 80 % davon gehen ins Ausland. Insgesamt sind rund 360 Modelle im Angebot, angefangen vom vergleichsweise einfachen Prototyp bis zum Messer mit Kugelschreiber, Zigarrenschneider, Steigeisenschlüssel, Teleskopstab, Lupe samt Zusatzfunktionen wie Kompass und Höhenmesser. Das größte heißt **Giant Knife** und verfügt über 141 Funktionen.

Doch je dicker und variationsreicher, desto unpraktischer sind die Messer. Der Schweizer **Milizsoldat** hat deswegen nur das klassische Modell in der Tasche, mit Klinge, Ahle, Dosenöffner und Schraubenzieher.

Die Hauptgasse in Solothurn endet an der Freitreppe der St.-Ursen-Kathedrale

seltor aus dem 15. Jh. steht die **St.-Ursen-Kathedrale** (wg. Renovierung bis Sept. 2012 geschl.). Man betritt den 1762–73 nach Plänen des Tessiner Baumeisters Gaetano Matteo Pisoni gestalteten frühklassizistischen Bau über eine monumentale Freitreppe. Das *Innere* ist reich an Stuckaturen und lässt den bestimmenden italienischen Einfluss erkennen. Der Domschatz (Besuch auf Anfrage unter Tel. 03 26 22 19 91) ist im 60 m hohen Kirchturm ausgestellt und präsentiert u.a. das *Hombacher Sakramentar*, eine um das Jahr 983 entstandene Handschrift.

Am nahen Marktplatz steht der **Zeitglockenturm** aus dem 12. Jh. Das älteste erhaltene Baudenkmal der Stadt gefällt durch ein neben dem astronomischen Zifferblatt angebrachtes Figurenspiel aus dem 16. Jh., das den König zwischen Krieg und Tod zeigt. Vom Marktplatz sind es nur ein paar Schritte zum **Rathaus**. Seine ansonsten manieristische Fassade wird von dem viereckigen Mittelturm (1476) mit Renaissanceportal bestimmt, den zwei mit Zwiebelkuppeln abgeschlossene Tortürme einfassen.

Gegenüber im **Alten Zeughaus** aus dem 17. Jh. präsentiert das *Militärmuseum* (Tel. 03 26 27 60 70, www.museum-alteszeughaus.ch, Di–Sa 13–17, So 10–17 Uhr) eines der umfassendsten historischen Waffenarsenale Europas. Beeindruckend sind vor allem die 400 aufgereihten Rüstungen Schweizer Söldner.

Praktische Hinweise

Information
Solothurn Tourismus, Hauptgasse 69, Solothurn, Tel. 03 26 26 46 46, www.solothurn-city.ch

Hotel
Baseltor, Hauptgasse 79, Solothurn, Tel. 03 26 22 34 22, www.baseltor.ch. Kleines Haus mit 11 frisch renovierten Zimmern und gutem Restaurant.

JURA TROIS-LACS
DREI-SEEN-LAND

NATUR FERIEN KULTUR

Weitere Angebote unter **www.j3l.ch**

© V. Bourrut

Schweiz aktuell A bis Z

Vor Reiseantritt

ADAC Info-Service:
Tel. 01805 1011 2 (0,14 €/Min. aus dem deutschen Festnetz; max. 0,42 €/Min. aus Mobilfunknetzen).

Unter dieser Telefonnummer können ADAC Mitglieder kostenloses **Informations-** und **Kartenmaterial** zur Schweiz anfordern.

ADAC im Internet:
www.adac.de
www.adac.de/reisefuehrer

Schweiz im Internet:
www.ch.ch
www.swissworld.org/de

Über das Ferienland Schweiz informiert **Schweiz Tourismus**:

Call Center Europa,
Tel. 00800 10020030 (gebührenfrei, Mo – Fr 8 – 19 Uhr), www.myswitzerland.com. Unter dieser Adresse können auch verschiedene Broschüren heruntergeladen werden.

Allgemeine Informationen

Reisedokumente

Reisende aus Deutschland und Österreich brauchen einen gültigen Personalausweis oder Reisepass, für Kinder unter 13 Jahren genügen auch Kinderreisepass, Kinderausweis oder der Eintrag im Pass eines Elternteils.

Kfz-Papiere

Führerschein und Zulassungsbescheinigung 1 (vormals Fahrzeugschein) sind mitzuführen. Die Mitnahme der Internationalen Grünen Versicherungskarte wird empfohlen.

Krankenversicherung

Die in die übliche Versicherungskarte integrierte *Europäische Krankenversicherungskarte* garantiert die medizinische Versorgung. Sicherheitshalber empfiehlt sich der Abschluss einer zusätzlichen *Reisekranken- und Rückholversicherung*.

Hund und Katze

Der in der EU vorgeschriebene Heimtierausweis mit eingetragener Kennzeichnung des Tieres durch Mikrochip und gültiger Tollwutimpfung (Erstimpfung mind. 21 Tage vor Grenzübertritt) wird anerkannt.

Zollbestimmungen

Zollfrei einführen dürfen Personen ab 17 Jahren 200 Zigaretten oder 50 Zigarren oder 250 g Tabak, 2 l alkoholische Getränke bis 15 % und 1 l Spirituosen über 15 %. Die Mitnahme anderer Waren ist bis zu einem Wert von 300 CHF zollfrei. Beschränkt ist dabei noch die Mitnahme größerer Mengen von Fleisch, Wurst und Butter, Näheres unter www.ezv.admin.ch.

Geld

Währungseinheit ist der Schweizer *Franken* (CHF oder SFr), unterteilt in 100 *Rappen*. Münzen gibt es zu 5, 10 und 20 Rappen sowie zu 1/2, 1, 2 und 5 Franken. Geldscheine sind im Wert von 10, 20, 50, 100, 200 und 1000 Franken in Umlauf.

Die gängigen *Kreditkarten* werden in Banken, allen großen Hotels, zahlreichen Restaurants und Geschäften sowie bei den Autovermietern akzeptiert. An *EC-Maestro-Geldautomaten* kann man rund um die Uhr Geld abheben.

Tourismusämter im Land

In allen für Urlauber interessanten Schweizer Orten gibt es Tourismusbüros. Die Adressen sind im Haupttext unter **Praktische Hinweise** aufgeführt.

Notrufnummern

Polizeinotruf: Tel. 117
Feuerwehr: Tel. 118
Unfallrettung: Tel. 144
aus Mobilnetzen generell Tel. 112

Pannenhilfe des TCS:
Tel. 140 (rund um die Uhr),
aus Mobilnetzen Tel. 031 8505311

ADAC Notrufzentrale München:
Tel. 0049/89/222222 (rund um die Uhr)

Allgemeine Informationen – Anreise

ADAC Ambulanzdienst München: Tel. 00 49/89/76 76 76 (rund um die Uhr)
ACS Pannendienst-Nummer: Tel. 04 46 28 88 99, www.acs.ch
TCS Zentrale Hilfestelle: Tel. 02 24 17 22 20, www.tcs.ch
ÖAMTC Schutzbrief Nothilfe: Tel 00 43/(0)1/2 51 20 00, www.oeamtc.at

Diplomatische Vertretungen

Deutsche Botschaft, Willadingweg 83, 3006 Bern, Tel. 03 13 59 41 11, www.bern.diplo.de
Österreichische Botschaft, Kirchenfeldstr. 77-79, 3005 Bern, Tel. 03 13 56 52 52, www.aussenministerium.at/bern

Besondere Verkehrsbestimmungen

Tempolimits (in km/h): Für Pkw, Wohnmobile bis 3,5 t und Motorräder gilt innerorts 50, außerorts 80, auf Schnellstraßen 100 und auf Autobahnen 120. Gespanne dürfen innerorts 50, außerorts, auf Schnellstraßen und auf Autobahnen 80 fahren, Wohnmobile über 3,5 t innerorts 50, außerorts 80, auf Schnellstraßen und auf Autobahnen 100.

Schneeketten sind auf manchen Passstraßen bei entsprechender Witterung Pflicht, in längeren Tunneln aber nicht erlaubt. In **Tunnels** fährt man mit Abblendlicht. Auf engen **Passstraßen** hat das von unten kommende Fahrzeug Vorfahrt. Telefonieren während der Fahrt ist nur mit **Freisprechanlage** erlaubt. In Städten mit sog. Blauen Zonen **Parken** nur mit Parkscheibe (Schild ›Parkieren mit Parkscheibe‹ beachten) erlaubt.

Alles gut erreichbar: Jungfraubahn vor dem gleichnamigen Gipfel

Promillegrenze: 0,5
Verkehrsverstöße, auch Geschwindigkeitsüberschreitungen, werden mit hohen Geldbußen geahndet

Strom

Die Netzspannung beträgt 230 Volt. Da deutsche Stecker nicht in alle Steckdosen passen, empfiehlt sich die Mitnahme eines **Zwischensteckers**, der z. B. in den ADAC Geschäftsstellen erhältlich ist.

Anreise

Auto

Deutschland und die Schweiz sind über die Autobahnen Karlsruhe – Basel (A 5) und Stuttgart – Schaffhausen (A 81) verbunden. Die wichtigste Alpentransitroute führt von der Zentralschweiz durch den *St.-Gotthard-Tunnel* ins Tessin. Er ist, besonders in der Hauptsaison, sehr stark befahren. Alternativ erreicht man von Bern aus über Kandersteg (Autoverladung) durch den *Lötschberg-Tunnel* das Wallis und über den *Simplonpass* das Tessin. Von Österreich, den östlichen Bundesländern und Bayern aus führt die Autobahn München – Bregenz (Achtung: Korridor-Vignette für Österreich nötig) – St. Gallen mit Weiterfahrt nach Chur (Graubünden) und durch den *San-Bernardino-Tunnel* nach Bellinzona (Tessin).

Aktuelle Infos zu Straßenlage, Passübergängen, Tunnel und Bauarbeiten bieten ADAC, www.adac.de/reise-freizeit unter *Verkehr*, sowie TCS, www.tcs.ch unter *Verkehrsinfo*.

Autobahngebühr: Schweizer Autobahnen und weiß-grün ausgeschilderte Schnellstraßen sind gebührenpflichtig. Eine *Vignette* muss deutlich sichtbar an der Windschutzscheibe angebracht werden. Vignetten sind erhältlich bei ADAC Geschäftsstellen, an Grenzübergängen und Tankstellen.

Bahn

Von Deutschland und Österreich aus bestehen sehr gute **ICE-** und **EC-Verbindungen** in die Schweiz.

Fahrplanauskunft:
Deutsche Bahn, Tel. 018 05 99 66 33 (persönlich, 0,14 €/Min. aus dem dt. Festnetz; max. 0,42 €/Min. aus Mobilfunknetzen), Tel. 080 01 50 70 90 (sprachgesteuert, gebührenfrei), www.bahn.de

Mythos Gotthard

Das St.-Gotthard-Massiv in der Zentralschweiz ist Kulturgrenze, Wasser- und Klimascheide in einem. Es ragt im **Pizzo Rotondo** bis zu 3124 m hoch auf und ist wegen seiner Gletscher und Schluchten nur schwer zu passieren. Gleichwohl war schon im 12. Jh. der Passweg über ›den Gotthard‹ die wichtigste Nord-Süd-Verbindung zwischen Mitteleuropa und Oberitalien. Einen wirtschaftlichen Boom löste die 1882 zwischen den Orten Göschenen und Airolo in Betrieb genommene **St.-Gotthard-Bahn** aus. Die Eisenbahn, damals dampfgetrieben, heute elektrifiziert, verläuft durch einen 14,9 km langen Tunnel, an dem 3400 Arbeiter neun Jahre lang gebohrt hatten.

Auch für den modernen Kraftfahrzeugverkehr ist die St.-Gotthard-Passstraße zwischen dem oberen Reusstal bei Andermatt und Airolo im Tessintal (Scheitelhöhe 2108 m) die kürzeste Querverbindung durch die Alpen. Teil der außerordentlich stark befahrenen Route ist der 1980 eröffnete **St.-Gotthard-Straßentunnel**. Er verläuft größtenteils parallel zur Bahnröhre, ist ganzjährig befahrbar und mit 16,9 km der längste Tunnel der Welt. Gleichzeitig bildet er ein wahres Nadelöhr zwischen München und Turin. Kein Wunder, zu Ferienzeiten durchfahren ihn bis zu 30 000 Fahrzeuge pro Tag. Wie wichtig die Gotthardroute im Alpentransit ist, zeigte sich im Herbst 2001, als der Tunnel nach einem Unfall drei Monate geschlossen wurde und als Folge davon die Ausweichstrecke durch den San-Bernardino-Tunnel total überlastet war.

Generell ist die Kapazitätsgrenze des St.-Gotthard-Tunnels sowohl für die Bahn als auch für die Straße längst erreicht. Seit 1997 ist daher im Rahmen des Projektes AlpTransit ein neues Megaprojekt in Bau, der **Gotthard-Basistunnel**. Dafür wird am Fuß des Gebirges auf 500 m Höhe ein 57 km langer Tunnel fast geradlinig durch die Alpen getrieben. Das Jahrhundertbauwerk soll die Bahnfahrt von Zürich nach Mailand um etwa die Hälfte auf 2,5 Stunden verkürzen – 2017 sollen die ersten Züge fahren. Interessierte können sich im **Infozentrum** im Bergdörfchen Sedrun, 10 km östlich von Andermatt, über die Großbaustelle auf dem Laufenden halten (Mi–Mo 10–18 Uhr, Auskünfte unter Tel. 08 19 36 51 20, www.alptransit.ch).

Österreichische Bundesbahn, Tel. 05 17 17, www.oebb.at

Schweizerische Bundesbahnen, Tel. 0900 300 300 (1,19 CHF/Min. aus dem Schweizer Festnetz), www.sbb.ch

Flugzeug

Von den internationalen Flughäfen der Schweiz sind Zürich, Basel und Genf die wichtigsten. Diese drei Flughäfen werden von mehreren deutschen und österreichischen Städten mehrmals täglich angeflogen.

Flughafen Zürich, Tel. 09 00 30 03 13 (1,99 CHF/Min. aus dem Schweizer Festnetz), www.flughafen-zuerich.ch. Der bei Kloten 13 km außerhalb des Stadtzentrums gelegene Flughafen ist mit Zug oder S-Bahn (S 2, S 16) in 10 Minuten erreichbar.

EuroAirport Basel-Mulhouse-Freiburg, Tel. 06 13 25 31 11, www.euroairport.com. Die Buslinie 50 verbindet den nordwestlich der Stadt gelegenen Flughafen mit dem Hauptbahnhof Basel von 5–24 Uhr alle 7–15 Minuten.

Genève Aéroport, 4 km nordwestlich von Genf, Tel. 02 27 17 71 11, Infoline 09 00 57 15 00 (1,19 CHF/Min. aus dem Schweizer Festnetz), www.gva.ch. Mit dem alle 12 Minuten verkehrenden Zug erreicht man die Genfer Innenstadt in nur 6 Minuten. Busse ins Zentrum verkehren alle 8–15 Minuten.

Bank, Post, Telefon

Bank

Banken in der Schweiz haben meist Mo–Fr 8.30–16.30 Uhr geöffnet, in kleineren Orten oft 12–14 Uhr geschl. Wechselstuben an Flughäfen und größeren Bahnhöfen haben teils auch am Wochenende und an Feiertagen bis 23 Uhr geöffnet.

Post

Die Postämter sind in der Regel Mo–Fr 7.30–12 und 14–18, Sa 8–11 Uhr geöffnet.

Telefon

Internationale Vorwahlen:
Schweiz 0041
Deutschland 0049
Österreich 0043

Es folgt die Rufnummer ohne die Null. Innerhalb der Schweiz ist die Ortsvorwahl **mit** der Null fester Bestandteil der Telefonnummern und muss **immer** mitgewählt werden.

Die Benutzung handelsüblicher **Mobiltelefone** ist in der ganzen Schweiz möglich. In den Bergen allerdings muss man mit Funklöchern rechnen.

Die meisten öffentlichen Telefone bieten ein elektronisches Telefonbuch und sind mit *Telefonkarten* (Taxcards) benutzbar. Karten zu 5, 10 und 20 CHF gibt es bei der Post sowie an Bahnhöfen und Kiosken.

■ Einkaufen

Öffnungszeiten

Die Geschäfte sind in der Regel Mo–Fr 8–18.30, Sa 8–17 Uhr offen. Mitunter gibt es eine Mittagspause 12–14 Uhr. Donnerstags oder freitags öffnen viele große Supermärkte und Kaufhäuser bis 21 Uhr.

Souvenirs

Zu den beliebtesten Mitbringseln aus der Schweiz gehören **Lebensmittel**, allen voran Käse und Schokolade, aber auch regionale Spezialitäten wie Bündner Fleisch und Süßes wie Engadiner Nuss-, Zuger Kirsch- oder Aargauer Rüblitorte. Günstig kauft man in Migros-Supermärkten ein, die zudem ein breites Sortiment von Bio-Produkten anbieten, aber weder Zigaretten noch Alkohol führen.

Die Schweiz ist als Produzent qualitätvoller zuverlässiger **Uhren** berühmt, wobei von der preiswerten Swatch bis hin zur teuren Rolex alles zu haben ist. Juweliere bieten auch exklusiven **Schmuck** an. Bedeutend günstiger wiederum ist da der Kauf eines der beliebten und vielseitigen Offizierstaschenmessers.

Ein schönes Andenken sind **Bergkristalle**, die man, vielfältig verarbeitet, in den meisten Bergorten kaufen kann. An **Kunsthandwerk** finden sich regionaltypische Holzschnitzereien, bemalte Keramik, Trachtenpuppen, St. Gallener Spitzen sowie Stickereien u.a.m.

■ Essen und Trinken

Die traditionelle Schweizer Küche ist bodenständig und basiert auf den Produkten des Landes: Gerste, Kartoffeln, Fleisch, Süßwasserfisch. Wer jedoch heute einen Gourmetführer wie Gault Millau oder Guide Michelin zur Hand nimmt, stellt fest, dass die Schweizer Gastronomie mittlerweile kulinarische Genüsse auf höchstem Niveau offeriert. Zu einer wahren **Schlemmer-Hochburg** hat sich beispielsweise die Region um den Genfer See entwickelt. Doch auch in einfachen Dorfbeizen und Landgasthöfen kann man gut speisen und schmackhafte regionaltypische Küche genießen.

Typisch für das Tessin sind die **Grotti** genannten einfachen Wirtschaften. Ursprünglich war der Grotto ein Weinkeller, in dem man sich zu einem Gläschen traf. Die urigen Kneipen bieten daher auch keine große Küche, sondern servieren in der Regel zum Wein kalte Platten mit lokalen Wurst- und Käsespezialitäten. Als schattige Freiluftlokale haben sie nur im Sommerhalbjahr geöffnet.

Weine und Spirituosen

Das Angebot Schweizer Weine ist überraschend vielfältig. Die besten Tropfen werden an den terrassierten Hängen des Genfer Sees, vor allem im Lavaux zwischen Lausanne und Montreux, gekeltert. Bevorzugt wird hier die Chasselas-Traube kultiviert, aus der wunderbare Rotweine wie **St-Saphorin** und **Dézaley** gemacht werden. Ein angehender Spitzenwein aus dem Rhônetal im Wallis ist der spritzige weiße **Fendant**. Ein weiterer Walliser Wein ist der aus Gamay- und Blauburgundertrauben gemischte vollmundige rote **Dôle**. Im Tessin kann man vor allem den Merlot probieren, der als trockener und fruchtiger **Merlot del Ticino**, als milderer **Merlot rosato** oder weißer **Merlot blanco** erhältlich ist.

An Hochprozentigem sind diverse Obstbrände in Umlauf, am bekanntesten ist das 40-prozentige **Zuger Kirschwasser** aus der Innerschweiz. Im Wallis brennt man aus Birnen den **Williams** und aus Traubentrester den **Marc**. Dazu kommen etliche lokale Kräuterliköre und Alpenbitter.

In Gaststätten herrscht wie in allen öffentlichen Gebäuden generell **Rauchverbot**. Das Bundesgesetz erlaubt es aber den Kantonen, reine Raucherbetriebe

Essen und Trinken

»Isch es rächt gsi?« – Spezialitäten vom Aargau bis Zürich

Sozusagen als das Nationalgericht der Schweiz gelten die **Rösti**, obwohl sie ursprünglich aus dem Kanton Bern stammen. In der Romandie jenseits des Röstigrabens [s. S. 123] nennt man diese beliebte Beilage Pommes à la bernoisé. Zutaten für die Berner Rösti sind geraspelte rohe Kartoffeln, die mit Salz und Pfeffer gewürzt in der heißen Pfanne zu Fladen gebraten werden.

Ein Hauptgang der deftigen Art ist die **Berner Platte**, eine mit Sauerkraut servierte Schlachtplatte mit einer enormen Portion Fleisch, angefangen von gepökelten Rippchen über Speck bis hin zu Eisbein (Wädli).

Die Zürcher Nachbarn haben auch ihre Spezialitäten, allen voran das **Geschnetzelte**. Für das Ragout werden dünne Kalbfleischstreifen mit einer gehackten Zwiebel kurz gebraten und mit einer Pilzrahmsauce abgelöscht. Stilecht reicht man dazu Rösti, doch oft füllen Spätzle den Teller, was den süddeutschen Einfluss erkennen lässt. Alternativ zum Geschnetzelten genießt man in Zürich den **Ratsherrentopf**, einen mit verschiedenen Fleisch- und Gemüsesorten gefüllten Eintopf. Raffinierter kommt die Luzerner **Chügelipastete** daher, für die Blätterteig mit kleingewürfeltem Kalbsbrät, Pilzen, Rosinen und Mandeln gefüllt wird.

In der bäuerlich geprägten Zentralschweiz wird vergleichsweise einfach gekocht. Da gibt es beispielsweise den **Urner Häfelichabis** und den **Nidwaldner Stunggis**. Beides sind herzhafte Eintopfgerichte, das eine mit Weißkohl und Lamm, das andere mit Kartoffeln, Gemüse und Schweinefleisch. Im Halbkanton Nidwalden ist auch der **Ofetori** verbreitet, ein im Ofen mit Speckstreifen überbackener sahniger Kartoffelbrei.

In den Tälern von Graubünden wird das weit über die Kantonsgrenzen hinaus bekannte würzige luftgetrocknete **Bündner Fleisch** aus der mageren Oberschale einer Rinderkeule gewonnen. Hauchdünn geschnitten ist es eine Köstlichkeit. Tradition hat auch die nahrhafte **Bündner Gerstensuppe**, die eine ganze Hauptmahlzeit ersetzt.

Schoppa da Jotta, die gehaltvolle Bündner Gerstensuppe mit Speck

Wenn von der Bündner Küche gesprochen wird, dürfen **Capuns** nicht unerwähnt bleiben: Die mit Spätzleteig und Fleischstückchen gefüllten Mangoldblätter stehen in vielen Landgasthöfen auf der Speisekarte.

In der Romandie sind französische Einflüsse unverkennbar. In Genf sollte man eine der vorzüglichen Wurstsorten probieren, beispielsweise die mit Anis und Kümmel abgeschmeckte **Longeoles**. Am Genfer See spielt naturgemäß **Fisch** eine wichtige Rolle. Als einer der feinsten Süßwasserfische gilt der Eglifisch. Die fettarme und leicht verdauliche Barschart kommt meist als Filet auf den Tisch. Weitere geschätzte Seefische sind Saibling und die in Gourmetkreisen viel gerühmten Weißfelchen. Auch die Fischsuppe darf nicht fehlen, in der Waadt heißt sie **Soupe de Poisson au Lac**.

Im Tessin fühlt man sich nicht nur des milden Klimas wegen fast wie in Italien, auch die Küche gibt sich betont südländisch. **Risotto** und **Polenta**, **Gnocchi** und **Ravioli** künden von der Nähe zur Lombardei. Als Hauptgang werden **Coniglio**, Kaninchen, oder **Brasato al Merlot**, ein in Rotwein geschmorter Rinderbraten, kredenzt.

Essen und Trinken – Feiertage – Festivals und Events

Alles Käse – oder was?

Über 400 verschiedene Käsesorten werden im Land der Almen hergestellt. Am bekanntesten sind der **Appenzeller**, ein würziger Rohmilchkäse mit maiskorngroßer Lochung, und der **Emmentaler**, ein je nach Reifegrad leicht süßlicher Bergkäse mit bis zu 2 cm großen Löchern, die während der dreimonatigen Gärung durch die sich entwickelnde Kohlensäure entstehen.

Die Eidgenossen wissen auch sehr gut, was man mit Käse alles machen kann. Vor allem das **Fondue** ist eine typisch Schweizer Spezialität, die über die Landesgrenzen hinaus bekannt ist und längst Einzug in die Küchen der Welt gehalten hat. Der sprachliche Stamm weist auf französische Wurzeln hin (franz. fondre = schmelzen). Meist wird für das Gericht ein Gruyère oder Vacherin aus dem Fribourgerland zusammen mit Weißwein, einem Schuss Obstler, mit einem Hauch Knoblauch sowie einer Prise Muskat und Pfeffer abgeschmeckt und geschmolzen. Mit Weißbrotstücken fischt man den sämigen Sud schließlich in geselliger Runde aus dem großen Fonduetopf. Eine beliebte Variante ist das **Raclette** (franz. racler = abschaben). Traditionell wird zu dieser aus dem Wallis stammenden Bauernmahlzeit ein bis zu 6 kg schwerer Käselaib der Sorte Bagnes oder Gomser halbiert und die Schnittfläche auf einem speziellen Tischgrill geschmolzen. Den butterigen Schmelz schabt man ab und isst ihn zusammen mit Pellkartoffeln und eingelegten Silberzwiebeln – schlicht, aber köstlich.

und Raucherzimmer mit Bedienung zuzulassen. Daher gibt es keine einheitliche Regelung für die ganze Schweiz.

■ Feiertage

1. Januar (Neujahr), Karfreitag, Ostermontag, Christi Himmelfahrt, Pfingstmontag, Fronleichnam, 1. August (Bundesfeiertag: Schweizer Nationalfeiertag), 25. Dezember (Weihnachten), 26. Dezember (Stephanstag) gelten in der ganzen Schweiz. 6. Januar (Heilige Drei Könige), 19. März (St. Joseph), 1. Mai (Tag der Arbeit), 29. Juni (Peter und Paul), 15. August (Mariä Himmelfahrt), 1. November (Allerheiligen), 8. Dezember (Mariä Empfängnis) werden nicht in allen Kantonen begangen.

■ Festivals und Events

Januar

Grindelwald, *World Snow Festival* (www.jungfrauregion-events.ch): Internationale Künstler schaffen fantasievolle Skulpturen aus Eis und Schnee.

Chateau d'Oex, *Festival International de Ballons* (www.ballonchateaudoex.ch): Kühe und riesige Eisbären schweben am Himmel, mit Guggenmusik (schrägen Bläsern) und Lichtspektakel.

Februar/März

Basel, *Basler Fasnacht* (www.fasnacht.ch, Mo–Do nach Aschermittwoch): Bis zu 20 000 maskierte Karnevalisten feiern in den Straßen und Gassen der Stadt.

März/April

Landesweit, *Osterprozessionen*: In zahlreichen Städten und Dörfern ziehen Prozessionen durch die teils mit Blumenteppichen geschmückten Straßen.

Luzern, *Lucerne Festival* zu Ostern (www.lucernefestival.ch): Klassik-Konzerte für die Passionszeit.

April

Zürich, *Sechseläuten* (www.sechselaeuten.ch, 3. So und Mo): Frühlingsfest, das traditionell den Winter austreibt.

Appenzell, *Wahlversammlung der Landsgemeinde* (4. So): Die Abstimmungen unter freiem Himmel begleitet eine Kirmes mit Budenzauber und Fahrgeschäften.

Stans, *Stanser Musiktage* (www.stansermusiktage.ch): Weltmusik und Jazz.

Lugano, *Lugano Festival* (www.luganofestival.ch, Anf. April–Ende Mai): Klassik-Konzerte internationaler Orchester.

Juni

Basel, *ArtBasel* (www.artbasel.com): Bedeutende internationale Kunstmesse.

Interlaken, *Tell-Freilichtspiele Interlaken* (www.tellspiele.ch, Ende Juni–Anf. Sept.): Aufführung des Schweizer Nationalepos' ›Wilhelm Tell‹ von Friedrich von Schiller auf der Freilichtbühne von Interlaken mit Hunderten von Laiendarstellern.

Festivals und Events – Klima und Reisezeit

Juli

Zürich, *Zürifäscht* (www.zuerifaescht.ch), 1. Wochenende, alle drei Jahre, nächster Termin 5.–7. Juli 2013): Größtes Volksfest der Schweiz mit Musik, Marktbuden und Feuerwerk.

Montreux, *Montreux Jazz Festival* (www.montreuxjazz.com): Tausende von Musikfreunden und die Großen der Szene finden sich beim berühmten Festival ein.

Bern, *Gurtenfestival* (www.gurtenfestival.ch): Schnell, hart, laut – das Open-Air lockt Rockfans aus ganz Europa an.

Brünigpass/Oberwalden, *Brünigschwinget* (www.bruenigschwinget.ch): Mann gegen Mann ermitteln die Aktiven in der schön gelegenen Naturarena am Pass den Meister dieser dem Ringen ähnlichen altertümlichen Kampfsportart.

Gstaad, *Menuhin Festival Gstaad* (www.menuhinfestivalgstaad.ch, Mitte Juli–Anfang Sept.): Yehudi Menuhin initiierte das Festival mit Konzerten klassischer Musik – sein Name verpflichtet zu Qualität.

August

Locarno, *Film Festival Locarno* (www.pardolive.ch): Filme mit Anspruch und Ambitionen sind beim renommierten Festival am Lago Maggiore zu sehen.

Zürich, *Street Parade* (www.streetparade.com): Schrill und bunt präsentiert sich mit über 500 000 Ravern eine der größten Techno-Partys Europas.

Zürich, *Zürcher Theater Spektakel* (www.theaterspektakel.ch): Avantgardistische und experimentelle Produktionen aus aller Welt an verschiedenen Spielorten.

Luzern, *Lucerne Festival im Sommer* (www.lucernefestival.ch, Mitte Aug.–Mitte Sept.): Klassische Musik der Spitzenklasse – von Sinfonien bis Musica nova.

September

Zürich, *Weltklasse Zürich* (www.diamondleague-zuerich.com): Die großen Stars der Leichtathletik im Letzigrund-Stadion.

Oktober

Lugano, *Festa d'Autunno* (www.luganotourism.ch): 1. Wochenende, gastronomischen Spezialitäten und Weine der Region auf den Plätzen der Stadt.

Oktober/November

Sarnen, Kerns, Stans u.a., *Älplerchilbi*: In den Kantonen Nid- und Obwalden, Uri und Schwyz feiert man den Erntedank mit Fahnenschwingen, Trachtentanz u.a.

November

Bern, *Zibelemärit*: Volkstümlicher Markt mit allerlei Zwiebelprodukten sowie Kunsthandwerk aus der Region.

Dezember

Appenzell, *Silvesterchlausen* (www.appenzell.info): Traditionelle Maskenumzüge zum Jahreswechsel im ganzen Kanton.

Klima und Reisezeit

Grundsätzlich herrscht in der Schweiz ein gemäßigtes Kontinentalklima. Allerdings beschert die starke Höhengliederung dem Land eine Vielzahl von regionalen Klimazonen. So stauen sich z. B. am *Alpennordrand* häufig feuchte atlantische Luftmassen und sorgen für Niederschläge, während geschützte Bergtäler wie das Wallis und Unterengadin weniger Wolken abbekommen. Auf der *Alpensüdseite* wiederum liegen die Temperaturen im Jahresmittel um drei Grad höher als in der Nordschweiz. Am Lago Maggiore und Luganer See schließlich beginnt der Frühling bereits im März und mildes Herbstwetter ist bis in den November hinein keine Seltenheit.

Die **Schneegrenze** liegt an der Alpennordseite bei 2500 m, im inneralpinen Raum bei etwa 3300 m. Zu jeder Jahreszeit kann in den Bergen **Föhn** auftreten, ein trockener warmer Fallwind, der für Sonnenschein sorgt, jedoch bei vielen Menschen Kopfschmerzen, Herz- und Kreislaufbeschwerden auslöst.

Beste **Reisezeit** für Wanderer und Biker sind die Sommermonate, die sich auch für Badeferien an den Seen anbieten. Die Wintersportsaison dauert von Mitte Dezember bis April.

Klimadaten Zürich

Monat	Luft (°C) min./max.	Wasser (°C)	Sonnenstd./Tag	Regentage
Januar	-3/ 2	4	2	11
Februar	-2/ 5	4	3	10
März	1/10	5	5	9
April	4/15	8	6	11
Mai	8/19	13	6	12
Juni	12/23	17	7	13
Juli	14/25	20	7	13
August	13/24	21	7	13
September	11/20	19	6	10
Oktober	6/14	14	3	10
November	2/ 7	10	2	10
Dezember	-1/ 3	7	2	10

Klimadaten Lugano

Monat	Luft (°C) min./max.	Wasser (°C)	Sonnen-std./Tag	Regentage
Januar	0/ 6	5	6	6
Februar	1/ 8	6	4	7
März	4/12	6	5	8
April	7/15	9	6	10
Mai	11/20	15	6	14
Juni	14/24	19	7	11
Juli	17/27	22	8	9
August	16/26	24	7	10
September	14/22	21	6	8
Oktober	9/17	16	5	8
November	4/11	10	4	8
Dezember	1/ 7	8	4	6

Sport

Die Schweiz bietet jede Menge Möglichkeiten für ein breit gefächertes Sportprogramm. Neben Wandern, Rad fahren, Golfen sowie den klassischen Wasser- und Wintersportarten haben sich auch Trend-Sportarten wie Bungeejumping, River Rafting, Helicopter Skiing und Eisklettern etabliert.

Baden

Im Sommer können Wasserratten an zahlreichen öffentlich zugänglichen Uferabschnitten von Seen und Flüssen unbeschwerten Badespaß genießen. Beliebte Urlaubsorte mit Strandbädern sind Weggis und Vitznau am Vierwaldstätter See, Ascona und Locarno am Lago Maggiore sowie Lugano am Luganer See. Wer vor kaltem Gletscherwasser nicht zurückschreckt, findet an den Tessiner Gebirgsflüssen Maggia und Verzasca idyllische Badeplätze.

Bergsteigen

Die Schweiz bietet Hochgebirgstouren für alle Ansprüche. Bergsportzentren sind Grindelwald (Jungfrau-Region), Pontresina (Bernina-Gruppe) und Zermatt (Walliser Alpen). In Zermatt organisiert das *Alpin Center* (Tel. 02 79 66 24 60, www.alpincenter-zermatt.ch) u.a. die Besteigung des Matterhorns. Eine Liste der Bergsportschulen erhält man beim *Verband der Bergsportschulen Schweiz* (Tel. 07 93 35 10 91, www.bergsportschulen.ch). Der *Schweizer Bergführerverband* in Zürich bietet eine Liste aller diplomierten Bergführer der Schweiz (Tel. 04 43 60 53 66, www.4000plus.ch).

Golf

Mehr als 90 Golfplätze machen die Schweiz zu einer guten Adresse für Golfer. Schweiz Tourismus (www.myswitzerland.com) hält eine Broschüre mit Golf-Hotels bereit. Informationen bei:

Schweizerischer Golfverband (ASG), Place de la Croix-Blanche 19, 1066 Epalinges, Tel. 02 17 85 70 00, www.asg.ch

Radfahren

Die Schweiz kann sich guten Gewissens als ›Veloland‹ bezeichnen, verfügt sie doch über 8500 km Radwanderwege. Entlang der ausgeschilderten Routen können *Tourenradler* dank des gut ausgebauten öffentlichen Verkehrsnetzes bei Bedarf auf Bahn und Bus umsteigen. Auch für *Mountainbiker* gibt es überaus reizvolle Reviere in allen Schwierigkeitsgraden. Eine Hochburg der Biker-Szene ist der Kanton Graubünden mit den Ferienregionen Flims-Laax-Falera und Klosters. Die meisten Tourismusbüros halten kostenlose Broschüren mit regionalen Tourentipps bereit. Offizielle Routenführer der neun großen nationalen Radwanderwege und ausführliche Informationen gibt es bei:

Veloland Schweiz, Spitalgasse 34, 3011 Bern, Tel. 03 13 18 01 28, www.veloland.ch

Segeln und Surfen

Segler finden u.a. auf dem Zürichsee, Thuner See, Genfer See, Luganer See und Lago Maggiore ideale Reviere vor. Für Windsurfer sind Silvaplaner und Silser See im Oberengadin zu empfehlen. Die Adressen von Segel- und Surfschulen können bei Schweiz Tourismus (www.myswitzerland.com) erfragt werden.

Wandern

60 000 km markierte Wanderwege sprechen für sich – auf Schusters Rappen kann man die Schweiz ausgezeichnet erkunden. Gewandert wird z.T. auf jahrhundertealte Säumerpfaden, die vor der verkehrstechnischen Erschließung über Alpenpässe führten. Das *Wegenetz* ist einheitlich markiert: einfache bis mittelschwere Routen sind gelb gekennzeichnet, anspruchsvolle Bergwanderwege rot-weiß und Hochgebirgstouren mit leichten Kletterpartien oder Gletschertraversierungen blau-weiß. Zu den klassischen Wanderregionen gehören Berner Oberland, Wallis, Engadin und Tessin.

Sport – Statistik

Aussichtsreich wandern lässt es sich im Simmental im Berner Land

Immer populärer wird das *Winterwandern*. Ferienorte wie Arosa, Grindelwald, Wengen, Davos oder St. Moritz bieten während der schneereichen Jahreszeit gespurte und markierte Wege an. Der Winterwanderweg von der Fiescheralp zur Riederalp z. E. ist wegen der herrlichen Panoramaausblicke auf den Aletschgletscher beliebt. Hoch über Grindelwald führt eine schöne Winterwanderroute von der Bergstation First zur Bussalp.

Auf etlichen *Fernwanderwegen* kommen auch Tourengänger auf ihre Kosten. Der **Kulturweg Alpen** etwa beginnt am Genfer See und führt in 61 Tagesetappen über 650 km im Zickzack ins Engadin. Auskünfte darüber erteilt:

Naturfreunde Schweiz (NFS),
Pavillonweg 3, 3012 Bern,
Tel. 03 13 06 67 67, www.naturfreunde.ch

In den Tourismusbüros der Ferienorte erhalten Gäste kostenlose Broschüren mit regionalen Wandertipps. Auskünfte über Unterkunft in Hütten, mehrtägige Routen, Sicherheitsempfehlungen etc. erteilt:

Schweizer Alpen-Club (SAC),
Monbijoustr. 61, 3000 Bern 23,
Tel. 03 13 70 18 18, www.sac-cas.ch

Wintersport

Die Schweiz ist ein Wintersportparadies par excellence, in dem Gäste zwischen mehr als 30 Skiregionen wählen können. Zu den attraktivsten Skigebieten für *Abfahrts-* und *Larglauf* gehören die Jungfrau-Region sowie die Hänge um Davos, Klosters und St. Moritz. In diesen Gebieten sind manche Pisten und Loipen bis 22 Uhr mit Flutlicht beleuchtet

In der Schweiz finden natürlich auch *Snowboarder* ein weites Betätigungsfeld. Moderne Snowboardparks bieten etwa Laax, Verbier, Arosa, Saas Fee und Davos. In allen großen Wintersportorten können Skier, Snowboards und die zugehörigen Schuhe ausgeliehen werden.

Der jährlich aktualisierte *ADAC SkiGuide* (www.adac-skiguide.de) bietet detaillierte Angaben zu Pisten, Loipen, Liften, Winterwanderwegen, Ski- und Snowboardschulen u.a. Weiteres Informationsmaterial erhält man bei den Tourismusbüros der jeweiligen Skiorte.

Statistik

Lage: Die Schweiz liegt am südlichen Rand Mitteleuropas, Nachbarländer sind im Westen Frankreich, im Osten Österreich und Liechtenstein und im Süden Italien. Im Norden bilden Rhein und Bodensee die Grenze zu Deutschland. Der Gebirgsstaat umfasst eine Fläche von 41 285 km^2, die sich im Wesentlichen in Alpen (60%), Mittelland (30%) und Jura (10%) aufteilt.

Bevölkerung: In der Schweiz leben gut 7,8 Mio. Menschen. Der Ausländeranteil beläuft sich auf 22%.

Hauptstadt: Die Bundesregierung hat ihren Sitz in Bern (132 500 Einw.).

Verwaltung: Seit 1848 ist die Schweizerische Eidgenossenschaft ein föderalistischer parlamentarischer Bundesstaat. Er besteht aus 26 Kantonen, die jeweils über eine eigene Verfassung und Gesetzgebung verfügen. Eine Besonderheit der Schweizer Demokratie ist, dass die Bürgerinnen und Bürger an allen wichtigen Entscheidungen durch Volksabstimmungen direkt beteiligt sind.

Sprache: Es gibt vier offizielle Landessprachen: Deutsch wird in der Nord- und Zentralschweiz gesprochen, in der auch Romandie genannten Westschweiz herrscht das Französische vor und das Tessin ist als einziger Kanton italienischsprachig. Als gleichgestellte Landessprache ist das Rätoromanische anerkannt, das lediglich im Kanton Graubünden von etwa 60 800 Menschen gesprochen wird. Dazu gibt es eine Vielzahl lokaler Dialekte. Im deutschen Sprachraum wird beispielsweise zwischen Basel-, Bern- und Zürichdeutsch unterschieden, in den ländlichen Gebieten des Tessins spricht man lombardischen Dialekt.

Statistik – Unterkunft – Verkehrsmittel im Land

Wirtschaft: Die Schweiz ist im Wesentlichen ein Dienstleistungsland. Handel, Verkehr, Banken, Versicherungen und Tourismus machen gut 70 Prozent des Bruttoinlandsproduktes aus. Der industrielle Sektor hat sich auf hochwertige Nischenprodukte spezialisiert, die wichtigsten Branchen sind Maschinenbau-, Elektro- und Rüstungsindustrie. Immer wichtiger wird die Medizintechnik. Im Großraum Basel konzentrieren sich Unternehmen der chemischen und pharmazeutischen Industrie, am Genfer See hat mit Nestlé einer der weltweit größten Nahrungsmittelkonzerne seinen Hauptsitz. Einen wichtigen Beitrag zum Außenhandelsüberschuss leistet die Uhrenindustrie. Von den jährlich 40 Mio. in der Schweiz produzierten Uhren gehen 95 % in den Export. Ebenfalls stark exportorientiert ist die Textil- und Bekleidungsindustrie. Die Land- und Milchwirtschaft ist zwar hoch produktiv, doch hinsichtlich bebauter Fläche und Zahl der Beschäftigten stark rückläufig.

■ Unterkunft

Bed & Breakfast

Bed & Breakfast ist populär. In den Ferienregionen bieten zahlreiche Privathäuser und Pensionen preisgünstige Unterkünfte mit Frühstück an. Auskünfte erteilt:
Bed And Breakfast Switzerland,
Sonnenweg 3, 4144 Arlesheim,
Tel. 06 17 02 21 51, www.bnb.ch

Camping

Rund 600 Campingplätze gibt es in der Schweiz, der überwiegende Teil davon liegt ausgesprochen idyllisch an See- oder Flussufern. Die Plätze sind je nach Lage und Komfort in Kategorien von 1 bis 5 Sternen eingestuft. Eine Beschreibung geprüfter Campingplätze bietet der jährlich neu erscheinende **ADAC Camping Caravaning Führer Südeuropa**, der im Buchhandel und bei den ADAC Geschäftsstellen erhältlich ist (Info: www.campingfuehrer.adac.de).
Ausgewählte Plätze stellt der Schweizer Camping Guide **CampingNET** unter der Adresse www.camping.ch vor.

Ferienhäuser und -wohnungen

In den Schweizer Ferienorten werden zahlreiche familienfreundliche Häuser und Ferienwohnungen zu relativ günstigen Preisen vermietet. Besonders beliebt sind die Reka-Feriendörfer. Ein entsprechender Katalog ist zu beziehen über den Veranstalter:
Schweizer Reisekasse Reka,
Neuengasse 15, 3001 Bern,
Tel. 03 13 29 66 33, www.reka.ch

Hotels und Pensionen

Rund 275 000 Betten stehen in den mehr als 5500 Schweizer Hotels und Pensionen zur Verfügung. Das Angebot reicht vom einfachen Ein-Sterne-Garni-Hotel bis zum noblen Fünf-Sterne-Haus. Die Schweizer Hotellerie ist für hohen Standard und perfekten Service bekannt, das Preisniveau liegt allerdings vor allem in den größeren Städten und den namhaften Ferienorten deutlich über dem europäischen Durchschnitt.
Der von **hotelleriesuisse** (Unternehmensverband der Schweizer Hotellerie) herausgegebene *offizielle Schweizer Hotelführer* ist im Internet unter www.swisshotels.com zu finden.

Jugendherbergen

Für die Nutzung der 54 Schweizer Jugendherbergen gilt keine Altersbeschränkung, etliche sind auch auf Familien mit Kindern eingestellt. Ein aktuelles Verzeichnis kann angefordert werden bei:
Schweizer Jugendherbergen,
Schaffhauserstr. 14, 8042 Zürich,
Tel. 04 43 60 14 14, Reservierungen und Buchungen unter www.youthhostel.ch

Günstige Übernachtungsmöglichkeiten bieten auch die ebenfalls eher einfach eingerichteten **Backpacker Hostels**. Es gibt sie u.a. in Bern, Grindelwald, Interlaken, Laax, Lausanne, Luzern und Zürich. Auskünfte bei:
Swiss Backpacker News,
Am Bach 7, 5502 Hunzenschwil,
Tel. 06 28 92 26 75, www.backpacker.ch

■ Verkehrsmittel im Land

Bahn

Das Bahnnetz in der Schweiz ist hervorragend ausgebaut und umfasst über 5000 Streckenkilometer (davon 3000 km von der SBB). Touristisch besonders interessant sind **Panoramazüge** wie etwa der Glacier Express (www.glacierexpress.ch,

Verkehrsmittel im Land

Symbol Schweizer Nobelhotellerie: das 1913 eröffnete Gstaad Palace

s. S. 106) oder die nostalgische Centovalli-Bahn (www.centovalli.ch, s. S. 101).

Generelle Auskünfte und Bestellungen beim **Rail Service** der **Schweizerischen Bundesbahnen (SBB)**, Tel. 09 00 30 03 00 (1,19 CHF/Min. aus dem Schweizer Festnetz), www.sbb.ch

Für das reguläre Streckennetz bietet das Swiss Travel System einige **Sondertarife** (www.swisstravelsystem.ch): die für einen Monat gültige *Swiss Card* etwa oder den für 4, 8, 15, 22 bzw. 30 Tage gültigen *Swiss Pass*. Letzterer erlaubt freie Fahrt innerhalb der gesamten Schweiz, wobei auch Postbusse, Schiffe sowie der öffentliche Nahverkehr in vielen Städten eingeschlossen sind. Als *Swiss Youth Pass* ist er für alle unter 26 Jahre günstiger. Mit Mit der *Swiss-Half-Fare-Card* fährt man monatlich zum halben Preis, auch Bergbahnen geben darauf Rabatt. Mit der *Swiss-Travel-System-Familienkarte* reisen Kinder bis 16 Jahren kostenlos mit.

Die beliebten Panoramazüge durch die Alpen wie Bernina Express, Glacier Express oder Arosa Bahn sowie historische Züge betreibt die:

Rhätische Bahn, Bahnhofstr. 25,
7002 Chur, Tel. 08 12 88 65 65,
www.rhb.ch

Bus

Das dichte Liniennetz der gelben Postbusse, in der Schweiz ›Postautos‹ genannt, erschließt selbst die abgelegensten Bergdörfer. Im Linienverkehr werden zudem attraktive Rundfahrten angeboten, z. B. mit dem ›Palm Express‹ von St. Moritz über den Malojapass nach Lugano. Tickets und Informationen erhält man in allen **Postämtern** und im Internet unter www.post.ch.

Flugzeug

Linienflüge zwischen Basel, Genf, Lugano und Zürich bietet die Swiss an (www.swiss.com).

Mietwagen

In allen größeren Orten kann man bei internationalen Mietwagen-Agenturen Fahrzeuge leihen. An den Bahnhöfen betreibt die Schweizerische Bundesbahn einen Mietwagendienst. Für Mitglieder bietet die **ADAC Autovermietung GmbH** günstige Bedingungen. Buchungen sind möglich bei den ADAC Geschäftsstellen, unter Tel. 089/76 76 34 34 oder im Internet auf www.adac.de/autovermietung.

Schiff

Auf dem Zürichsee, Vierwaldstätter See, Genfer See, Lago Lugano, Lago Maggiore und allen anderen größeren Gewässern verkehren Linienschiffe. Während der Sommersaison fahren außerdem Ausflugsboote, darunter historische Schaufelraddampfer, die Urlaubsorte an. Die jeweiligen Schifffahrtsgesellschaften sind im Haupttext unter Praktische Hinweise genannt.

Taxi

Taxifahren ist in der Schweiz relativ teuer und die Preise pro gefahrenem Kilometer können von Ort zu Ort variieren. Jeder Wagen ist mit Taxameter ausgestattet. Zu dem angezeigten Preis können Zuschläge für Nachtanfahrten, sperriges Gepäck etc. kommen.

Mehr erleben, besser reisen!

Ägypten	■ ■	Ibiza & Formentera	■ ■
Algarve	■ ■	Irland	■ ■
Allgäu	■ ■	Israel	■ ■
Alpen – Freizeitparadies	■	Istanbul	■ ■
Amsterdam	■ ■ ■	Italien – Die schönsten Orte und Regionen	■ ■
Andalusien	■ ■	Italienische Adria	■ ■
Australien	■ ■	Italienische Riviera	■ ■
Bali & Lombok	■		
Baltikum	■ ■	Jamaika	■
Barcelona	■ ■ ■		
Bayerischer Wald	■	Kalifornien	■ ■
Berlin	■ ■ ■	Kanada – Der Osten	■ ■
Bodensee	■ ■	Kanada – Der Westen	■ ■
Brandenburg	■ ■	Karibik	■
Brasilien	■	Kenia	■ ■
Bretagne	■ ■	Korfu & Ionische Inseln	■ ■
Budapest	■ ■ ■	Kreta	■ ■
Bulg. Schwarzmeerküste	■	Kroatische Küste – Dalmatien	■ ■
Burgund	■		
City Guide Germany	■	Kroatische Küste – Istrien	■ ■
Costa Brava und Costa Dorada	■	Kuba	■ ■
Côte d'Azur	■ ■	Kykladen	■ ■
		Lanzarote	■ ■
Dänemark	■ ■	Leipzig	■ ■ ■
Deutschland – Die schönsten Autotouren	■ ■	Lissabon	■ ■
Deutschland – Die schönsten Orte und Regionen	■	London	■ ■ ■
Deutschland – Die schönsten Städtetouren	■	Madeira	■ ■
Dominikanische Republik	■	Mallorca	■ ■
		Malta	■ ■
Dresden	■ ■ ■	Marokko	■ ■
Dubai, Vereinigte Arab. Emirate, Oman	■	Mauritius & Rodrigues	■
		Mecklenburg-Vorpommern	■ ■
Elsass	■ ■	Mexiko	■
Emilia Romagna	■	München	■ ■ ■
Florenz	■ ■ ■	Neuengland	■ ■
Florida	■ ■	Neuseeland	■ ■
Franz. Atlantikküste	■	New York	■ ■ ■
Fuerteventura	■ ■	Niederlande	■ ■
		Norwegen	■ ■
Gardasee	■ ■	Oberbayern	■ ■
Golf von Neapel	■ ■	Österreich	■ ■
Gran Canaria	■ ■		
Hamburg	■ ■ ■	Paris	■ ■ ■
Harz	■ ■	Peloponnes	■
Hongkong & Macau	■	Piemont, Lombardei, Valle d'Aosta	■
		Polen	■ ■
		Portugal	■ ■
		Prag	■ ■ ■

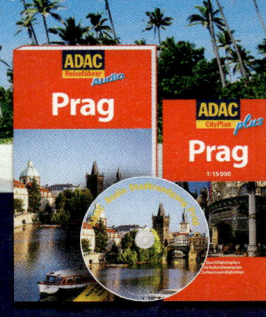

Provence	■ ■
Rhodos	■ ■
Rom	■ ■ ■
Rügen, Hiddensee, Stralsund	■ ■
Salzburg	■ ■ ■
St. Petersburg	■
Sardinien	■ ■
Schleswig-Holstein	■ ■
Schottland	■ ■
Schwarzwald	■ ■
Schweden	■ ■
Schweiz	■ ■
Sizilien	■ ■
Spanien	■ ■
Südafrika	■
Südengland	■ ■
Südtirol	■ ■
Sylt	■
Teneriffa	■ ■
Tessin	■ ■
Thailand	■ ■
Thüringen	■ ■
Toskana	■ ■
Trentino	■ ■
Türkei – Südküste	■ ■
Türkei – Westküste	■ ■
Tunesien	■ ■
Umbrien	■
Ungarn	■ ■
USA – Südstaaten	■
USA – Südwest	■ ■
Usedom	■ ■
Venedig	■ ■ ■
Venetien & Friaul	■ ■
Wien	■ ■ ■
Zypern	■ ■

■ **ADAC Reiseführer**
je Band 144 bzw. 192 Seiten

■ **ADAC Reiseführer plus**
(mit Extraplan)
je Band 144 bzw. 192 Seiten

■ **ADAC Reiseführer Audio**
(mit Extraplan und Audio-CD)
je Band 144 oder 192 Seiten

Mehr erleben, besser reisen ... mit ADAC Reiseführern

Register

A

Areschlucht 31, 32
Aargau 13
Abegg Stiftung 24
Acquacalda 88
Affoltern 25
Airolo 131
Aletschgletscher 9, 103
Aletschwald 104
Alpengarten Schyn ge Platte 31
Alpenrose-Trail 34
Alp Languard 81
Altdorf 8, 65
Andermatt 12, 29, 105
Andstraich 41
Appenzell 13, 15, 36, 134, 135
Appenzellerland **58–59**
Ardez 82
Arosa 7, 69, **74–75**, 137
Arp, Hans 11, 46, 94
Ascona 6, 86, **97–99**, 100, 136
Augusta Raurica 42

B

Bachalpsee 34
Ballenberg 31, 32
Ball, Hugo 11
Basel 10, 12, 13, 15, 36, **36–43**, 125, 134
Bella Lui 108
Bellinzona 10, 15, **86–88**, 90, 130
Berchtold IV. 123
Berchtold V. 12, 18, 22, 27
Bergell 7, 10, 85
Bern 10, 12, 13, 14, 15, **18–26**, 27, 135
Berner Alpen 13, 14, 18, 32, **34**, 35, 102
Bernina 10, 80, 81, 136, 139
Beuys, Joseph 41
Bèze, Theodore de 117
Biasca 88
Biel 125, 125–126
Böcklin, Arnold 40, 51
Bonaparte, Napoleon 13, 115
Botta, Mario 10, 41, 91, 100
Bovalhütte 81
Breil 74
Breithorn 105
Brienz 31
Brienzer See 18, 27, 30, **31–32**, 32
Brig **102–104**, 104, 105
Brüningpass 135
Bussalp 137
Byron, Lord 14, 30, 122

C

Calvin, Jean 13, 113, 117
Casa Anatta 100
Casa Selma 100
Cassonsgrat 72
Centovalli 86, **101**
Centovalli-Bahn 101, 139
Cervinia 105
Cevio 86, 100
Chagall, Marc 48
Château de Chillon 10, 122
Chevrolet, Louis 125

Chur **69–71**, 72, 74, 78
Collina d'Oro 92
Corippo 96
Crans-Montana 102, **108–109**
Crap Masegn 73
Crap Sogn Gion 72

D

Daubenhorn 107
Daubenhornwand 107
Davos 15, 69, **75–78**
Degas, Edgar 91
Dent Blanche 108
Diavolezza 81
Disentis 72, 74, 106
Drei-Pässe-Fahrt 29
Dufourspitze 9
Dunant, Henri 14, 115
Duncan, David Douglas 62
Dürrenmatt, Friedrich 14

E

Eiger 9, 14, 15, 18, 32, 33, 34
Eigernordwand 34
Einstein, Albert 21
Emmental 25
Entlebuch 65
Erasmus von Rotterdam 36

F

Falera 69, 72, 73
Farel, Guillaume 117
Faulhorn 31, 33, 34
Feegletscher 107
Feininger, Lyonel 23
Felskinn 107
Fil de Cassons 72
Filisur 106
Flims 69, 72
Flimser Bergsturz 72
Flimserstein 72
Flims-Laax-Falera 69, 136
Flüelen 60
Fribourg 10, 12, 13, **123–124**
Frisch, Max 14
Furka 29, 102, 106
Furkapass 29
Fusio 86, 100
Füssli, Heinrich 51

G

Gallus 55
Gandria 92
Genf 8, 13, 14, 15, 111, **113–118**
Genfer Konventionen 15
Genfer See 13, 102, 113, 132, 136, 138, 139
Gessler, Heinrich 8, 64
Giacometti, Alberto 10, 41
Giacometti, Augusto 70
Giacometti, Giovanni 70
Gieng, Hans 20
Giessbachfälle 31, 32
Glacier Express **106**, 138
Glarus 12

Gletsch 29
Goetheanum 41
Goethe, Johann Wolfgang von 14
Gogh, Vincent van 11
Gornergrat 104, 105
Göschenen 29, 131
Gotschnagrat 77
Goya, Francisco 11
Graubünden 13
Greina-Pass 88
Grimentz 108
Grimsel 29, 102
Grindelwald 9, 32, 33, 34, 134, 136, 137
Grindelwaldgletscher 33
Grosser Heidiweg 72
Grosser St. Bernhard 111
Grosse Scheidegg 34
Gruyère 123
Gruyères 124
Gstaad 7, **26–27**, 135
Guarda 83
Guggemuusig 41

H

Harder 31
Haslital 18, 29
Hausstock 74
Heidi 72
Herisau 59
Hesse, Herrmann 92
Hodler, Ferdinand 40, 51

I

Ilanz 72, 74
Innertkirchen 29, 32
Interlaken 14, 18, **30–31**, 34
Internationales Rotes Kreuz 115, 118
Intragna 86, 101
Isole de Brissago 99

J

Jakobshorn 76
Jawlensky, Alexej von 23, 91, 98
Jungfrau 13, 14, 18, 29, 30, 31, **32–35**, 136, 137
Jungfraujoch 32, 35
Jura 14, 113, 125, 126

K

Kalbermatten 107
Kandertal 32
Kandinsky, Wassily 23
Karl der Große, Kaiser 12, 49, 69, 85
Karl der Kühne, König 13
Kartause Ittingen 45
Kauffmann, Angelica 70
Kirchner, Ernst Ludwig 70, 76
Kistenpass 74
Klee, Paul 23, 91, 98
Kleine Scheidegg 34
Kleines Matterhorn 105
Klosters 77, 136, 137

141

Kloster St. Johann in Müstair 10, **84–85**
Kloten 53
Knox, John 117
Küblis 76
Kulturweg Alpen 137
Küssnacht 8, 64

L

Laax 69, 72, 73, 136, 137
La Chaux-de-Fonds 14, **125**
Lago di Vogorno 96
Lago Maggiore 6, 86, 93, 97, 98, 99, 100
Lago Retico 88
Langnau 25
La Tène 12
La Tour-de-Peilz 122
Lausanne 113, **118–121**, 123
Lauterbrunnen 32, 33, 34
Lavertezzo 96
Le Corbusier (Jeaneret, Charles-Edouard) 10, 14, 52, 125
Lenk 26
Leu, Hans d. Ä. 51
Leukerbad **107–108**
Lichtenstein, Roy 41
Linthal 74
Liskamm 105
Locarno 10, 86, 90, **93–97**, 135
Lötschberg-Tunnel 102, 130
Lottigna 88
Löwenbräuareal 53
Ludwig der Deutsche, Kaiser 46, 48
Luganer See 86, 89
Lugano 6, 9, 86, **89–93**, 135
Lukmanier 86, 88
Luzern 12, 13, 14, **60–66**, 134

M

Maienfeld 72
Malojapass 79, 85, 139
Mann, Erika 46
Männlichen 9, 32, 34
Mann, Thomas 14, 46, 75
Maran 75
Maria Einsiedeln 60, **66**
Martigny **110–111**
Matterhorn 9, 102, **104**, 105
Mauritiusquelle 78
Meiental 29
Meiringen 32
Meride 92
Metro Alpin 107
Meyer, Adolf 23
Meyer, Hieronymus 13
Meyer, Rudolf 13
Mittelallalin 107
Mönch 18, 32
Montagnola 92
Mont Blanc 33, 108, 111, 113, 117
Monte Brè 89, 92
Monte Rosa 9, 105
Monte San Giorgio 92
Monte San Salvatore 89
Monte Verità 97, 100
Montreux 10, **121–122**, 135
Montreux Jazzfestival 121
Morcote 92
Morteratschgletscher 81

Motta Naluns 82
Muata-Hügel 73
Mülenen 29
Muottas Muragl 81
Mürren 32, 33
Müstair 84
Mythen 66

N

Niederhorn-Massiv 28
Niesen 27, 29
Nietzsche, Friedrich 79
Norbert von Chur 85
Nufenen 102

O

Oberalppass 72
Oberwalden 135
Olivone 88

P

Paracelsus 36
Pascuis da Boval 81
Pestalozzi, Johann Heinrich 46
Philosophenweg 81
Picasso, Pablo 40, 54, 62, 111
Pilatus 60, 64
Piz Bernina 81
Piz Buin 77
Piz Palü 81
Piz Terri 74
Pizzo Rotondo 131
Plaun la Greina 74
Pontresina **80–82**, 136
Prasüras 83
Prättigau 77
Pringy 124
Pro Natura Zentrum Aletsch 104
Punt Muragl 81
Puzzatsch 74

R

Rasa 101
Reinhart, Oskar 55
Rheinfall 9, 36, 43, 44
Rheinschlucht 69, **72**, 106
Rhône 115
Rhônegletscher 29
Riederalp 103, 104
Riederfurka 104
Riggisberg **24**
Rigi 60, 64, 67
Rigi-Kulm 14, 65
Rilke, Rainer Maria 14
Ronco sopra Ascona 98
Rosenlauischlucht 31, 32
Rotes Kreuz 8, 14, 115, 116, 118
Rütlischwur 7, 12
Rütliwiese 8, 60

S

Saanen 26
Saanenland 18, 26
Saas Fee 106–107, 107
Saas Grund 106
Samedan 79
San Bernardino 86, 130
Säntis 36, 58, 59

Savoyer Alpen 113, 118
Schaffhausen 9, 13, 36, **43–44**
Schanfigg 74
Schatzalp 77
Schilthorn 33
Schloss Hünegg 27, 28
Schloss Interlaken 30
Schloss Laufen 44
Schloss Oberhofen 27, 28
Schloss Schadau 28
Schloss Spiez 28
Schloss Thun 27
Schöllenenschlucht 29
Schreckhorn 33
Schwägalp 59
Schwarzer Mönch 33
Schweizerischer Nationalpark 8
Schwyz (Kanton) 60
Schwyz (Ort) **66**
Schynige Platte 31
Scuol **82–83**
Segantini, Giovanni 70, 78, 85
Segnaspass 72
Sihl-See 60
Silser See 79, 136
Sils-Maria 79, 82
Silvaplaner See 79, 136
Silvretta-Gruppe 77
Simmental 26
Simplon 102, 111
Sion 102, **109–110**
Soglio 85
Solothurn 10, 13, **126–127**
Sosto 88
Spiez 27, 28
Spyri, Johanna 72
Staubbachfall 32
St. Beatus-Höhlen 27, 28
Stein 58, 59
Stein am Rhein **45**
Steiner, Rudolf 41
St. Gallen 10, 12, 13, **55–58**
St. Gotthard 12, 14, 15, 29, 86, 88, 90, 130, **131**
St-Maurice 111
St. Moritz 7, 14, 15, 69, **78–80**, 106, 137, 139
St. Remigius 73
Surselva **72–74**
Sustenpass 29

T

Teatro Dimitri 101
Technorama 55
Tell, Wilhelm 7, 8, 12, 60, 64, 65
Tessin 6, 7, 13, 14, 15, **86–101**
Thun 26, 27
Thuner See 18, **27–29**, 29
Tinguely, Jean 10, 40, 41, 52, 124
Trümmelbachfälle 32
Tschingelhörner 72

U

Unterwalden 8, 12, 60, 66, 135
Urnäsch 59
Urner See 65

V

Val Bavona 100
Val d'Anniviers 108

Val de Bagnes 111
Val di Campo 88
Val Lavizarra 100
Val Lavizzara 100
Valle de Bosco 100
Valle di Blenio **88–89**
Valle di Campo 100
Valle Leventina 88, 89
Valle Maggia 86, **100–101**
Val Verzasca 96
Vella 74
Verbier 7, 102, 111, 137
Vereinte Nationen
 (United Nations, UNO) 7, 8, 15, 113
Verscio 101
Vevey 122
Via Mala 9, 69, 70

Vierwaldstätter See 6, 8, 9, 12, 14, 60, **65**, 136, 139
Villeneuve 113
Visp 104
Vissoie 108
Vitznau 65
Vorabgletscher 73
Vrin 74

W

Waadt 13
Waadtländer Weinbaugebiet Lavaux 122
Walliser Alpen 102, 104, 108
Weggis 6, 60, 64, 65, 136
Weissfluh 76
Weisshorn 75

Wengen 32, 33, 34
Werefkin, Marianne von 11, 98
Wetterhorn 33
Whymper, Eduard 14, 104
Wilderswil 31
Winterthur **55**
Wolfgangpass 75, 77

Z

Zermatt 102, **104–106**
Zernez 83
Zillis 70
Zinal 108
Zinalrothorn 108
Zug 12, **67**
Zürich 6, 9, 10, 12, 13, 14, 15, 36, **46–54**, 55, 134

Impressum

Chefredaktion: Dr. Hans-Joachim Völse
Textchefin: Dr. Dagmar Walden
Chef vom Dienst: Bernhard Scheller
Lektorat, Bildredaktion: Elisabeth Schnurrer
Aktualisierung: Cornelia Schubert
Karten: Computerkartographie Carrle
Layout: Martina Baur
Herstellung: Ralph Melzer
Druck, Bindung: Rasch Druckerei und Verlag
Printed in Germany

Ansprechpartner für den Anzeigenverkauf:
Kommunalverlag GmbH & Co KG,
MediaCenterMünchen, Tel. 089/92 80 96-44

ISBN 978-3-89905-958-8

Neu bearbeitete Auflage 2012
© ADAC Verlag GmbH, München

Das Werk einschließlich aller seiner Teile ist urheberrechtlich geschützt. Jede Verwendung ohne Zustimmung des Verlags ist unzulässig und strafbar. Das gilt insbesondere für Vervielfältigungen, Übersetzungen, Mikroverfilmungen und die Verarbeitung in elektronischen Systemen. Die Daten und Fakten für dieses Werk wurden mit äußerster Sorgfalt recherchiert und geprüft. Wir weisen jedoch darauf hin, dass diese Angaben häufig Veränderungen unterworfen sind und inhaltliche Fehler oder Auslassungen nicht völlig auszuschließen sind. Für eventuelle Fehler können die Autoren, der Verlag und seine Mitarbeiter keinerlei Verpflichtung und Haftung übernehmen.

Bildnachweis

Umschlag-Vorderseite: Fahnenschwinger und Alphornbläser auf Männlichen vor der Berglandschaft des Berner Oberlandes. Foto: Prisma/F1 online

AKG: 12, 13 (3), 14, 15 (2), 23, 72 – Bürgin: 37 – Confiserie Sprüngli: 54 – Corbis: 41 unten (Lindsay Hebberd) – Alessandro Della Bella: 75 – DVJF: 53 (Pfeiffer) – Eising: 4/3 (Wh. von 133), 133 – Lionel Flusin: 11 unten rechts (Wh. von 121 unten), 121 unten – Fotex Medien Agentur: 58/59 (McPhoto) – Ralf Freyer: 2/4, 19, 20, 21, 22, 25, 26 unten, 27, 28, 29, 41 oben, 42 unten, 42/43, 52, 55 unten, 56, 58 links, 63 (2), 68 unten, 70, 71 (2), 82, 106, 117 rechts, 123, 126, 128 oben rechts und links, 128 Mitte rechts und links – Rolf Goetz: 2/2 (Wh. von 84 links) 73 oben links, 84 links – Huber: 16/17, 65, 125 (S. Eigstler), 35 (Damm), 45, 77, 80 (R. Schmid), 64 (R. Richter), 5/1 (Wh. von 93), 10/11 (Wh. von 93), 68 oben, 73 unten, 83, 87, 88 links, 93, 95 oben, 98, 101 (Gräfenhain) – Stefan Hunziker: 81 – IFA-Bilderteam: 3/4 (Wh. von 122), 32, 122 (Harris), 33 (Jacobs), 74 (Jung) – Rainer Jahns: 44 – Volkmar E. Janicke: 112 unten – Thomas Kliem: 121 oben – Laif: 3/1 (Wh. von 24), 24 (Wieland), 51 (Georg Knoll), 55 oben (Frommann), 61 (Heiko Specht), 79 oben (Kuerschner), 91 oben (Eid), 105, 107, 108, 110, 111, 112 oben, 115, 116, 128 unten links (Martin Kirchner) – Look: 5/4 (Wh. von 127), 8 oben (Wh. von 57), 57, 127 (Christian Heeb), 4/1 (Wh. von 96/97), 8/9 (Wh. von 96/97), 96/97, 102/103 (Andreas Strauss), 4/2 (Wh. von 34), 30, 34, 38, 40, 119 (Ingolf Pompe), 48/49 (Quadriga Images), 79 unten, 117 links, 128 unten rechts (Rainer Martini), 67, 120 (Max Galli), 76, 96 unten (Jan Greune), 137 (Hauke Dressler) – Masterfile: 2/3 (Wh. von 104), 9 oben (Wh. von 104), 104 (Jon Arnold Images) – Mauritius Images: 6 unten (Wh. von 73 oben rechts), 73 oben rechts (N.N.), 88/89 (Steffen Beuthan) – Peter Mertz: 3/3 (Wh. von 99), 99 – Linus Morgan: 5/3 (Wh. von 91 unten), 91 unten – Photo-Press: 95 unten (JBE) – Prisma: 8 unten (Martin Plšb) – Royal Hotel Winter & Gstaad Palace AG: 26 oben, 139 – Christoph Sonderegger: 2/1 (Wh. von 84/85), 4/4 (Wh. von 7 oben), 5/2 (Wh. von 130), 6 oben (Wh. von 124), 6/7 unten, 7 oben, 8 mitte (Wh. von 84/85), 11 unten links (Wh. von 130), 84/85, 109, 124, 130 – Süddeutscher Verlag Bilderdienst: 92 – Superbild: 49 unten (Esbin Anderson) – Travelstock44: 3/2 (Wh. von 47), 10 (Wh. von 47), 47 (Jürgen Held)

Appenzellerland.
Vom Bodensee bis zum Säntis.

Wanderurlaub im Appenzell – alles inklusive mit der Appenzeller Ferienkarte.

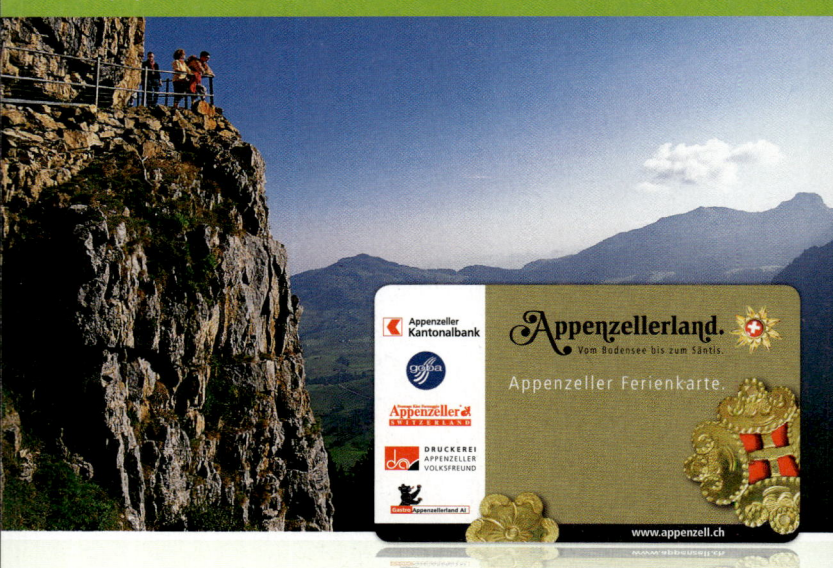

Über Wiesen und sanfte Hügel, auf gut ausgebauten Tal- und Bergwegen bis hoch in den Alpstein, erreichen Sie Ihr Tagesziel. Lassen Sie sich von einer Seilbahn gratis auf alpine Gipfel schweben und geniessen Sie die Aussicht auf unsere grandiose Bergwelt. Zahlreiche Gasthäuser warten mit Appenzeller Spezialitäten auf hungrige und durstige Wandergäste.

Übrigens: Die Appenzeller Ferienkarte mit über 18 Gratis-Angeboten – von den Luftseilbahnen bis zum Natur-Moorbad – gibt's ab 3 Übernachtungen kostenlos.

Appenzellerland Tourismus AI
CH-9050 Appenzell
Tel. +41 (0)71 788 96 41
Fax +41 (0)71 788 96 49
info@appenzell.ch

www.appenzell.ch